L'OCCITAN
SANS PEINE

Méthodes ASSIMIL®

Volumes reliés, abondamment illustrés
et enregistrés sur cassettes ou compact discs

"Sans Peine"

Le nouvel allemand sans peine
L'américain sans peine
Le nouvel anglais sans peine
L'arabe sans peine (tome1)
L'arabe sans peine (tome2)
Le brésilien sans peine
Le chinois sans peine (tome1)
Le chinois sans peine (tome2)
L'écriture chinoise
Le danois sans peine
Le nouvel espagnol sans peine
L'espéranto sans peine
Le nouveau grec sans peine (moderne)
L'hébreu sans peine (tome1)
L'hébreu sans peine (tome2)
Le hindi sans peine
Le hongrois sans peine
L'indonésien sans peine
Le nouvel italien sans peine
Le japonais sans peine (tome1)
Le japonais sans peine (tome2)
Le japonais : l'écriture kanji
Le latin sans peine
Le nouveau néerlandais sans peine
Le norvégien sans peine
Le polonais sans peine
Le nouveau portugais sans peine
Le roumain sans peine
Le nouveau russe sans peine
Le serbo-croate sans peine
Le suédois sans peine (tome1)
Le suédois sans peine (tome2)
Le tchèque sans peine
Introduction au thaï
Le turc sans peine
Le vietnamien sans peine

"Perfectionnement"

Perfectionnement allemand
Perfectionnement anglais
Perfectionnement espagnol
La pratique du néerlandais
Perfectionnement italien

"Langues régionales"

Le basque unifié (initiation)
Le corse sans peine
Le créole sans peine
L'initiation au breton sans peine
Le breton sans peine (tome1)
Le breton sans peine (tome2)
L'occitan sans peine

"Affaires"

Le nouvel anglais des affaires
L'espagnol des affaires

"Civilisations"

Les Américains (Perfectionnement, accents, comportements)

"Bilingues" (1 livre + cassettes)

Pour mieux connaître l'arabe
Pour mieux connaître le chinois

"Loisirs"

La guitare sans peine (cours en 2 cassettes et 24 fiches)
Le solfège sans peine (cours en 3 cassettes et un livret)
Le bridge sans peine (cours en 6 cassettes et deux livres)

"Expressions idiomatiques"

Espagnol : ¡no me digas!

méthode quotidienne

ASSIMIL®

L'OCCITAN
SANS PEINE

par **Alain NOUVEL**

Maître de conférences et Directeur de recherches
à l'université de Constantine.
Chargé de conférences à l'Université de Montpellier
Secrétaire-adjoint de défense et promotion
des langues de France.

Préface de **Charles CAMPROUX**

Professeur à l'Université de Montpellier
Directeur de la Revue des Langues Romanes
Vice-président de l'Institut d'Études Occitanes.

Illustrations : J.-L. Goussé

ASSIMIL®

B.P. 25
94431 Chennevières-sur-Marne Cedex
FRANCE

 ISBN : 2-7005-0065-2

DU MEME AUTEUR : OUVRAGES PRINCIPAUX

Les noms de la roche et de la montagne dans les termes et les noms de lieux du Massif Central, au regard des langues d'Europe, d'Asie et d'Afrique. Essai d'archéolinguistique (origines historiques et préhistoriques de l'occitan, ses rapports avec les autres langues de ces continents) – Thèse d'état, 1975, 300 p., (2ème édition résumée).

Le français parlé dans le «Midi de la France» : dictionnaire illustré de 3200 mots empruntés à l'occitan par le français parlé dans le Midi. Plus de 5000 expressions très pittoresques 1975, – 150 p.

L'occitan, langue de civilisation occidentale (Origines, passé, présent, avenir) – 2ème volume illustré de la collection CONNAISSANCE DE L'OCCITANIE dirigée par A. Nouvel et A. Dupuy, 1975, 100 p.

Les noms de personnes de l'Occitanie (origines, étymologie) – *A paraître en 1976,* un vol. illustré de 100 p. (coll. CONNAISSANCE DE L'OCCITANIE).

Les noms de lieux de l'Occitanie (origines, étymologie) – *A paraître en 1976,* un vol. illustré de 100p., (coll. CONNAISSANCE DE L'OCCITANIE).

EN COLLABORATION AVEC A. DUPUY

Petite encyclopédie occitane – Ouvrage dans lequel est rassemblé l'essentiel des connaissances (géographie, économie, histoire, lettres et langue, arts, religion, cuisine, jeux et sports) concernant l'ensemble du pays d'oc (Gascogne, Languedoc, Provence, Limousin, Auvergne) – 1973, 300 p. (200 illustrations et 100 cartes).

Historique de l'Occitanie – Première définition et présentation de l'Occitanie, avec preuves et documents – No.1 de la collection CONNAISSANCE DE L'OCCITANIE – 1975, 110 p.

TOUS CES OUVRAGES SONT DISPONIBLES CHEZ L'AUTEUR (A L'EXCEPTION DES TITRES DES EDITIONS ASSIMIL).

Alain Nouvel BP. 129 ; 34003 – Montpellier Cedex

A la mémoire de
Frédéric MISTRAL
et de
Louis ALIBERT
qui ont tant aimé notre chère langue d'oc.

préface

Ce livre veut être à la fois une méthode pour apprendre la langue d'oc ou langue occitane à ceux qui l'ignorent, une présentation à grands traits de la civilisation des pays d'oc, et, en même temps, une affirmation de la variété de ces mêmes pays.

L'apprentissage de la langue repose, dans l'ensemble, sur le dialecte linguistiquement reconnu comme central, mais, à partir de là, l'auteur ne prétend pas imposer un «occitan» abstrait et artificiel qui risquerait de n'être plus qu'un sabir savantasse. Tout au contraire, il souligne la réalité des divers parlers provençaux, languedociens, gascons, limousins, auvergnats. Le lecteur, l'étudiant, qui se sera ainsi initié à l'occitan aura, dès lors, toute facilité pour approfondir la connaissance particulière du parler qui lui sera le plus cher. Suivant l'expression même de l'auteur, «il n'y a pas d'impérialisme d'une région particulière». Tout homme d'oc «accepte la diversité dans l'unité et la tolérance».

La présentation des grands traits de la civilisation d'oc est heureusement équilibrée entre un passé dont nous vivons encore non seulement en terre d'oc, mais dans toute la France, et qui a même étendu son rayonnement humaniste beaucoup plus loin, et un présent aux multiples facettes dans les conditions d'un monde moderne dont l'avenir ne peut se passer d'un certain retour aux sources.

La variété des provinces de langue d'oc est ici pertinemment soulignée : chacune d'entre elles doit conserver son visage propre pour contribuer en commun à ce renouveau de l'antique langue d'oc, rénovée et toujours vive, qu'appelait Frédéric Mistral quand il chantait :

Dis Aup i Pirenèu, e la man dins la man,
Troubaire, aubouren dounc lou vièi parla rouman.

Charles Camproux.

introduction

1. ELABORATION DE CE LIVRE.

Le choix des thèmes a été effectué par Alain Nouvel, avec la collaboration de Christiane Nouvel-Alaux, agrégée de l'Université, de telle sorte que vous puissiez étudier l'occitan sans aucune peine, mais aussi connaître la culture, les paysages et l'âme de l'Occitanie; dans un souci d'unité et d'agrément les leçons s'enchainent logiquement.

Alain Nouvel en a écrit les textes. Pour éviter l'écueil d'une langue trop universitaire, le texte fut soumis à Raymond Rouquet, de Versols (Rouergue), qui est un occitan profondément attaché à sa terre d'oc et maniant parfaitement «la langue du cœur».

Pour les problèmes concernant la graphie et le choix de certains termes, nous remercions Jacme Taupiac, de Montauban, Diplômé supérieur d'études occitanes, Secrétaire de la normalisation philologique de l'Institut d'Etudes Occitanes.

Par ailleurs, il nous faut remercier pour leur aide précieuse au niveau de la dialectialisation : Jacme Taupiac (pour le Gascon), Yves Poggio et

Pierre Pessemesse (pour le Provençal), Jean Roux (pour le Limousin), Claude Lasdolors (pour l'Auvergnat), lesquels ont également relu le texte définitif avec l'assistance de Roger Teulat de la faculté de Clermont Ferrand, dont les nombreux conseils furent très appréciés. André Dupuy a bien voulu participer à la relecture des épreuves, nous l'en remercions vivement.

L'enregistrement fut effectué par Maurice Andrieu (Languedocien), Martine, Renée Christian et André Lagarde (Languedociens), Alain Nouvel (Rouergat), Pierre Pessemesse (Provençal), Jacme Taupiac (Gascon), Jean Roux (Limousin), Claude Lasdolors (Auvergnat) et Guilhem Nouvel-Alaux (5 ans).

2. LES PROBLEMES A RESOUDRE.

Ecrire l'assimil-occitan présentait au départ de grandes difficultés, à cause des problèmes que pose notre langue.

La graphie

Actuellement, la langue d'oc s'écrit selon deux graphies fort différentes ; la graphie qualifiée de «mistralienne» (et qu'il serait plus exact d'appeler «roumanillienne») et celle qu'utilisent les écrivains dits «occitanistes», appelée classique ou régulière.

Voilà donc le premier problème qu'il fallait résoudre. Pour choisir, il était nécessaire de faire appel aux données historiques.

Les Troubadours, écrivaient dans une graphie tendant à unifier la langue d'oc écrite, tout en conservant les variantes dialectales dans la langue orale : en effet, on remarque cette **koiné** assez régulièrement dans leurs œuvres.

Quand la langue d'oc cessa d'être employée dans les écrits officiels, cette graphie fut peu à peu oubliée , pour laisser place à presque autant de graphies que d'écrivains, ce qui rendait la lecture des textes difficilement accessible à ceux qui ne les avaient pas écrits.

Au XIXème siècle, des écrivains et des linguistes comme Estieu, Perbosc, Roux, Crouzillat ou Honnorat, considérant qu'il fallait mettre un terme à cette confusion fort gênante, reprirent la graphie des Troubadours comme base de leurs principes orthographiques.

Frédéric Mistral, conscient de l'acuité de ce problème, salua avec enthousiasme ce retour aux sources, générateur d'ordre et de logique, et critiqua fermement le système proposé par Roumanille qui visait à écrire à peu près comme l'on prononçait dans une partie de la Provence, c'est-à-dire sans marquer le -s du pluriel, le -t du participe passé etc... Ecoutons F. Mistral juger ce second système dans une lettre adressée à Roumanille le 14 août 1853 :
«...*Je vous le demande, quelle est la langue qui n'a ni singulier ni pluriel et qui peut établir de pareils équivoques :* **ama** = **aimer** ou **aimé** ou **vous aimez.**

C'est se moquer de toutes les règles, c'est vouloir transformer notre belle langue en un affreux patois, incompréhensible pour tout autre que l'auteur.
Je ne puis concevoir quelle divinité malfaisante nous avait rendu *si obtus, si bornés, si obstinés*, dans un pareil pathos. Je m'en arracherais les cheveux. Quelles merveilles, quels chefs d'œuvre

inimitables et gravés sur *l'airain du bon sens et de la logique* ne laisseriez-vous pas à vos descendants, *si vous aviez suivi le système d'Honnorat* avec quelques adoucissements. *C'est fait, il n'y a plus de remèdes».*
Il conclut : «...*Quelle kyrielle, quel mélange, quel gachis*... Tandis qu'avec le *système régulier,* on sait que AR est la terminaison des infinitifs, AT des participes, AS des deuxièmes personnes du pluriel, et on ne se méprend pas».
Mais Roumanille était un «coriace». Il harcelait Mistral au point que son attitude lui valut cette réponse : «... *Quant à la question orthographique, vous avez beau me bafouer, me siffler, me vilipender, je ne démordrai pas d'un iota de mes principes établis.* Cela est fondé sur le granit et au moins je ne verrai plus dans mes écrits cette *perpétuelle transformation de costume* qui ne peut que nous rendre *ridicules* aux yeux des honnêtes gens. *Je viens d'en faire l'essai dans ma Mireille et j'en suis satisfait au possible. J'ai beau chercher, je trouve que je ne perds rien à ma réforme, pas même l'euphonie, et j'ai l'avantage de parler dans une langue comprise par ce moyen dans tout le Midi, au lieu de l'être seulement par quelques amateurs de l'arrondissement d'Arles».*

Mistral défend à nouveau le même point de vue dans une lettre adressée le 9 Octobre 1853 à Anselme Mathieu : «... *Longtemps, à propos de l'orthographe, j'ai été dans la même erreur que Roumanille et ses amis.* Comme eux, je m'imaginais follement que l'orthographe provençale devait se baser uniquement sur la prononciation.

Abusé par cette erreur et parce que dans la plupart des cas, l'S des pluriels ne se prononce pas, croyant qu'au pluriel il ne fallait point d'S, jusqu'ici j'avais fait chorus à ce sujet avec les joyeux troubadours riverains du Rhône... (avec le système classique) *j'aurai aussi l'avantage d'être lu et parfaitement compris non seulement par tous les Provençaux, mais encore par tous les Languedociens et Gascons qui peuvent tout à leur aise prononcer comme c'est leur droit les S de mes vers...* Tout cela m'ayant paru parfaitement absurde, et ne voulant pas plus longtemps participer à ce déchirement de notre beau langage, *j'ai embrassé avec une conviction profonde le parti du S, le parti des ancêtres».*

Le point de vue de Mistral concernant la graphie est donc très clair. Cependant, à force d'être *«bafoué, sifflé, vilipendé»* **par Roumanille**, efficacement aidé par les «Marseillais», Mistral, alors très jeune, adopta ce système qui, selon ses propres termes *«se moque de toutes les règles et transforme notre belle langue en un affreux patois incompréhensible pour tout autre que l'auteur»* :

Voilà donc les données du problème : d'un côté une graphie défendue par Roumanille et ses amis, totalement condamnée par Mistral, de l'autre le système «régulier», hérité des Troubadours, repris par Crousillat et Honnorat et si vivement admiré par Mistral, dans lequel il commença à rédiger sa **Mireille** et le **Trésor du Felibrige.**

Le choix s'impose donc de lui-même. Grands admirateurs des Troubadours et de Mistral, nous avons donc adopté leur point de vue, celui du «*bon sens et de la logique*» (Mistral) c'est-à-dire *la graphie classique.*

3. LA GRAPHIE DE LOUIS ALIBERT.

Cette graphie classique considérée comme *régulière* par Mistral, fut reprise et mise au point par Louis Alibert dont les principes sont suivis par l'Institut d'Etudes Occitanes.

Toutefois, comme certains points de détails étaient considérés par beaucoup de linguistes comme trop savants ou trop artificiels, la commission philologique de l'I.E.O., composée en l'occurence de Pierre Bec, Jacques Boisgontier, Roger Teulat, Jacme Taupiac et Alain Nouvel, décida de se réunir le 19 et le 20 avril 1975 et proposa de simplifier l'orthographe de certains termes : **consí → cossí; ròtle, amètla,** etc... **ròlle, amèlla; realizar → realisar**, etc.

Ces petites réformes sont appliquées dans cet ouvrage.

Ainsi donc, cette graphie, utilisée par les Troubadours de l'âge d'or de la littérature en langue d'oc, admirée par F. Mistral et modernisée par L. Alibert, est la seule qui permette non seulement de *lire* sans difficulté les *auteurs anciens,* mais aussi de *se comprendre entre Occitans* quelle que soit notre région d'origine (1). Elle

(1) La graphie de Roumanille, au contraire, nous coupe de notre prestigieux passé et ne permet pas cette intercompréhension générale. Mistral regrettera d'avoir cédé à la presssion de Roumanille et de ses amis comme l'atteste notamment des lettres écrites en 1912. Cette malheureuse histoire de graphie montre que les grands hommes ne devraient écouter qu'eux-mêmes. On peut toutefois comprendre que certains restent sentimentalement attachés à cette graphie.

permet donc de conserver l'unité historique et géographique de la langue d'oc, ce qui est essentiel.

Ecoutons à présent le félibre Marius André nous parler de ce problème orthographique et de la position de Mistral (Extrait de EMÉ D'ARANGE UN CARGAMEN, Ed. du Cadran Paris 1924) : «... S'il (Mistral) avait prévu cet épanouissement (de notre langue), s'il avait prévu qu'il allait devenir aussi le chef politique de ces peuples qui se rassembleraient autour de lui, il se serait sûrement appliqué à l'œuvre de l'unification de nos dialectes dans la mesure du possible, tout en conservant à chacun ses caractères essentiels. La réforme était aisée à accomplir, quelques éléments suffisaient. Faute de l'avoir faite, il y a un fossé qui sépare aujourd'hui encore les écrivains provençaux des limousins et des languedociens, et même des niçois. Et pourtant, ils parlent tous la même langue. Les différences les plus marquantes sont seulement sur le papier. Du papier, il fallait – et il faut les faire disparaître. De vieux amis, des confidents de Mistral, *affirment qu'il a regretté de ne pas l'avoir fait»*. Plus loin, il écrit aussi : «Des lois adoptées par tous existent dans le français unifié et académisé, et tel qui prononce presque **enfon** et **médème** écrit **enfant** et **madame**. De même dans notre langue, à l'époque des Troubadours, il y avait des lois que tous observaient.
Cette unification se refera sans détruire les caractères dialectaux...».

4. CHOIX DU OU DES DIALECTES

Peut-être aurait-on pu présenter un assimil-occitan pour chacun des grands dialectes de la langue d'oc : languedocien, gascon, provençal, nord-occitan. C'était morceler faussement la langue d'oc et trahir à la fois nos ancêtres et notre langue. Il fallait donc choisir. Du point de vue de l'écrit, le problème était peu important, puisque la graphie classique choisie permet d'unifier considérablement la langue d'oc. Pour l'oral, il en allait autrement.

Nous avons donc choisi de réserver la place essentielle au languedocien central, puisque ce dialecte, situé à peu près au centre géographique de l'Occitanie est aisément compréhensible par tous les autres Occitans. Fallait-il pour autant négliger les autres dialectes ? Non, bien sûr : l'impérialisme linguistique existant dans bien des pays est contraire à l'esprit de liberté et de tolérance de l'Occitanie. Ainsi, pour présenter cette diversité tout en gardant une unité, les leçons ont été rédigées en languedocien central, alors que les exercices (les trois premiers exceptés) sont présentés en provençal, en gascon, en limousin ou en auvergnat.

A la suite de chaque exercice, les points qui différencient ces dialectes du languedocien central sont expliqués. En outre, comme, même en languedocien, il existe diverses variantes parfaitement admissibles, les plus importantes d'entre elles vous sont présentées en notes.

Enfin, n'oubliez pas que rien ne vous oblige à prononcer selon les principes du languedocien central, si vous êtes d'une autre région. *Dès que vous avez reconnu les mots, prononcez-les comme vous en avez l'habitude.* Il n'y a pas de bonnes et de mauvaises prononciations en occitan. Toutes les prononciations sont bonnes, que ce soit celle de Gascogne, de Provence, du Limousin ou d'ailleurs.

Perdez la détestable manie (qu'ont tant d'Occitans) de croire que vous ne parlez pas «le bon occitan». Sachez que votre grand-mère qui n'a jamais appris l'occitan à l'école, parle un occitan authentique. Ce fut un procédé très habile de faire croire aux Occitans qu'ils ne parlaient qu'un vulgaire patois et non la très belle langue d'oc, ce qui avait pour but *de les rendre honteux quand ils s'exprimaient dans leur langue maternelle.* Quand on pense qu'à Maillane même, où Frédéric Mistral, prix Nobel de littérature, recevait des hommages du monde entier, l'instituteur punissait les élèves qui parlaient provençal....

Nous sommes alors au regret de constater que l'on se trouve en présence du comble de l'intolérance, de l'ignorance et de la sottise. Au même moment, dans toute l'Occitanie (et aussi en Bretagne, au Pays-Basque, etc...) circulait le *fameux signal*, bout de bois ou de fer, que les élèves se passaient de l'un à l'autre dès qu'ils avaient prononcé un mot de «**patois**»; le dernier à le posséder était alors sévèrement puni. Où était la «douce France» pour ces Occitans bafoués, opprimés, ridiculisés ?

De plus, pendant que l'occitan était pourchassé dans le «Midi», il était enseigné dans le monde entier, en Allemagne, en Italie, etc... et même *au Japon* (paradoxe qui continue encore).

Avant d'entreprendre l'étude de l'occitan, il est donc nécessaire de vous débarrasser de ces préjugés inculqués depuis l'école primaire. Enfin, bannissez définitivement le mot de «patois» : c'est un terme méprisant créé par les ennemis des langues «régionales» ignorant jusqu'aux rudiments de la linguistique et qu'ils ont souvent réussi à imposer aux usagers eux-mêmes de ces langues.

5. QU'EST–CE QUE L'OCCITAN ?

C'est la langue parlée par près de 15 millions de Français dans 34 départements situés au sud de la Loire : Pyrénées Atlantiques (sauf le Pays Basque), Hautes-Pyrénées, Gers, Landes, Gironde et Lot-et-Garonne; Tarn-et-Garonne, Haute-Garonne, Ariège; une faible partie des Pyrénées-Orientales; Aude, Hérault, Tarn, Aveyron, Lot; Dordogne, Corrèze, Haute-Vienne; une partie de la Charente, plus de la moitié de la Creuse, Puy-de-Dôme; une partie de l'Allier (autour de Gannat); sud-ouest de la Loire, Lozère, Gard, Ardèche; sud-est de l'Isère; Drôme (le nord excepté); Hautes-Alpes, Basses-Alpes, Vaucluse, Bouches-du-Rhône, Var, Alpes-Maritimes ; Val d'Aran et Hautes Vallées Alpines d'Italie (1).

Quantitativement, il s'agit donc d'une des grandes langues du monde; c'est même la plus grande langue non-officielle de l'Europe.

Qualitativement, elle est très intéressante pour deux raisons :

a) Elle fut la langue culturelle de l'Europe pendant deux siècles, à l'époque des Troubadours. Les lettrés d'alors parlaient occitan en

Espagne, en Italie, en Angleterre (Richard Cœur-de-Lion écrivit des poèmes en langue d'oc), et jusqu'en Europe centrale. Au XIVème siècle, elle fut aussi, après le latin, la langue de la papauté fixée alors en Avignon.

b) Du point de vue purement linguistique, elle fait l'admiration des linguistes du monde entier, à cause de sa richesse et de ses origines.

Sa richesse est exceptionnelle : on compte actuellement 160.000 mots environ et tous les termes n'ont pas encore été répertoriés. Comparativement, le dictionnaire de la langue française de Littré compte environ 38.000 termes. Par le nombre de ces mots, l'occitan est ainsi la première langue du monde, et dire que quelques ignorants affirment qu'«on ne peut pas tout dire en occitan» parce que «la langue d'oc est trop pauvre»! Ensuite, par un système de suffixes, elle permet de nuancer sa pensée avec plus de précision que les autres langues. Chaque mot peut être chargé d'affection, de mépris, etc... Tous les Occitans vous diront qu'«on dit mieux les choses en «patois» qu'en Français», qui pourtant est une très belle langue, mais moins nuancée et moins riche.

Enfin, de par ses origines multiples, elle présente un intérêt exceptionnel.

En effet, si l'occitan est une langue qui est considérée comme d'origine latine, elle n'est pas que cela. Elle a conservé des restes considérables des langues parlées à l'époque prélatine sur notre terre.

Vers le Vème siècle, les Gaulois, constituant la dernière vague celtique, pénètrent au sud de la Loire. L'occitan conserve des traces de celtique notamment dans son vocabulaire: des termes comme **bana** «corne», **bragas** «pantalons», **camin** «chemin», **comba** «dépression», **alausa** «alouette», etc... remontent à cette époque.

Mais contrairement à ce que l'on nous a enseigné, les Gaulois ne sont pas nos ancêtres. Ils ne sont qu'un peuple envahisseur venu se greffer, en nombre relativement restreint d'ailleurs, sur des populations prégauloises et préceltiques appelées aussi pré-indo-européennes.

Ces peuples préhistoriques sont au nombre de 4 :

– Les Ibères, venus d'Afrique du Nord par l'Espagne, attestés vers le Vème siècle avant J.C. en Occitanie occidentale, encore assez mal connus, et d'importance finalement limitée géographiquement et quantitativement, ont laissé quelques noms de lieux du type **Ili-berri** «ville neuve» représenté notamment par **Collioure (Caucholiberi**, VIIème siècle), Auch (autrefois **Elimberrum**) et **Elne (Illiberi)**.

– Les Ligures, venus d'Orient par l'Italie, apparaissent au début du 1er millénaire avant J.C. et ont laissé, en Provence essentiellement, quelques noms de lieux, notamment ceux qui possèdent le suffixe **-sk-**, comme **Venasque**, **Manosque**, **Tarascon**, **Tresque**, etc...

Enfin, les plus importants, sont représentés par deux peuples d'origine différente :

–Tout d'abord, au néolitique (entre le IIème et le 1er millénaire), surviennent des populations des régions ouralo-altaïques. Elle s'installent principalement dans les régions de plateaux : c'est-à-dire dans le Massif Central, sur les contreforts des Alpes et des Pyrénées, ainsi que dans le nord de l'Italie. On peut dès à présent leur attribuer 4 racines que l'on retrouve dans les termes occitans tels que **pic** «montagne pointue» (le français **pic** est emprunté à l'occitan); **tuc/suc** «rond» d'où «hauteur (arrondie)», «fruit (arrondi)», «courge», etc... **alp** «hauteur» d'où «montagne, pâturage de haute montagne» que l'on rencontre aussi dans le nom des **Alpes**; **sèrra** «montagne allongée, applatie ou arrondie», **sèrre** «plateau, mont».

– Toutefois, ces peuples sont venus s'ajouter à des populations de langue méditerranéenne, d'origine proche-orientale, venus au néolithique, dès le VIe millénaire avant J.C. Nous leurs devons des termes comme **calhau** «caillou», **clapa** «pierre», **clapas** «tas de pierre», **garric** «chêne», etc...

Pour plus de précisions concernant ces problèmes, consulter les ouvrages cités à la bibliographie placée au début de l'ouvrage.

6. L'OCCITAN ACTUEL, SES DIALECTES.

L'occitan se divise en deux grands rameaux, le **sud-occitan**, formé du gascon, du languedocien et du provençal, et le **nord-occitan**, constitué par le limousin, l'auvergnat et le provençal alpin. Leurs différences seront présentées au fil des exercices.

(1) Le mot «**occitan**» est employé depuis plus de 700 ans : cf. Historique de l'Occitanie pp. 47-52, 66-75, 83-87.

En voici un résumé :

1 – **Languedocien** : le plus conservateur des dialectes :

a)– conservation de la plupart des consonnes finales autres que –N;

b)– **V** prononcé **B**.

2 – **Provençal** :

a)– chute des consonnes finales autres que - N;

b)– **V** prononcé **V** : l'occitan **vin** «vin» est prononcé **bi** en languedocien et **vin** en provençal;

c)– **L** final devenu **-U**;

d)– article **lei(s)/li(s) (et non lo(s) comme en lang.).**

3 – **Gascon** :

a)– **F** devenu **H** : lang. **filha** «fille» = gasc. **hilha;**

b)– chute du -N- intervocalique : lang. **una** **«une» = gasc. ua;**

c)– **R** initial, souvent précédé d'un **a** : lang. **rat** «rat» = gasc. **arrat.**

d)– **-ll-** intervocalique aboutit a **-th** (**t** mouillé dans la région de Saint-Girons mais pron. actuellement **-t** dans la plus grande partie du domaine gascon).
-ll- intervocalique aboutit a **-r-** simple : latin **bella** = lang. **bèla**= gasc. **bèra**;

e)– **QU**, **GU** prononcés **qw**, **gw** : lang. **quatre** (pron. **katré**) = gasc. **quate** (pron. **qwaté**) avec le groupe **-tr** devenu **-t-** en gascon.

f)– –L final devenu **-U** : lang. **sal** «sel = gasc. **sau**.
g)– **V** pron. **B** (comme en lang.).

4 – **Nord occitan** (auvergnat, limousin, provençal-alpin) :
a)– Le nord-occitan est caractérisé par **CA** devenu **CHA** et **GA** devenu **JA** : sud-oc. **canta** «chante», **galina** «poule», nord-oc. **chanta, jalina.**
b)– **Chute de la plupart des consonnes finales** (**sauf -r** dans les terminaisons **-or, -ur**).
c)– **V** conserve le son distinct de **B**.
d)– **l** final vocalisé en **-u** presque partout.
e)– **-S-** devant consonne non prononcé après **a, i, o, u**; vocalisé après **e, eu, èy.** presque partout.
f)– **I, E** diphtonguées devant **B**; **O** et **Ò** toniques diphtonguées devant **-ue-** (pron **-é-** ou **-eu-**).
g)– Chute fréquente du **a-** : **quò** = **aquò**, etc).
h)– Passage fréquent de **o** prétonique à **u**
i)– Chute complète de **d** latin intervocalique (**suar** = **susar**), avec développement de **-v-** après **u** semi-consonne (**lauvar, lauveta** = **laudar, lauseta**).

7. **COMMENT LIRE L'OCCITAN** : principes généraux.

A – **voyelles :**

a se prononce **a** (final, se prononce **o** en lang. central)
e se prononce é
è se prononce è
Il n'y a pas de **-e** dit muet en occitan
i se prononce i
o se prononce **ou** (veillez à bien respecter cette prononciation)
ò se prononce **o** ouvert (fr. homme)
u se prononce **u** (sauf quand il est deuxième lettre de diphtongue : pron. **ou**) ex : **riu** «ruisseau» (riou).
Toutes les lettres de diphtongues ou de triphtongues sont effectivement prononcées : **ai** (ay); **òu** (òou); **iu** (iou); **ieu** (yéou).

B – **consonnes :**

v se prononce **b** (lang. gascon) mais **v** (prov., partie du nord-oc.) :
la vida «vie» est pron. **bido (lang., gasc.) vido (prov.)**, vida ou vido (nord-oc.).
lh se prononce **ly** : **filha** «fille» (pron. filyo)
nh se prononce **ny** : **vinha** «vigne» (pron. binyo lang., gasc.) vinyo (prov., nord-oc.).
n final n'est pas prononcé en lang. (sauf rares exceptions).
r : r- initial est prononcé double; à l'intervocalique -r- est prononcé simple, -rr- est prononcé double.

8. COMMENT UTILISER CE LIVRE

1. Vous parlez un dialecte occitan et vous voulez vous familiariser avec l'ensemble de la langue d'oc; vous lirez alors les leçons, écrites en languedocien, *sans perdre de vue votre dialecte. Si certaines formes du languedocien diffèrent de* celles que vous connaissez, les exercices consacrés à votre dialecte vous aideront. En cas d'hésitation, restez fidèle aux formes de votre parler naturel.

2. Vous ne connaissez pas l'occitan, mais vous êtes attaché à une région à laquelle vous souhaitez vous intégrer davantage et où se parle un des grands dialectes. Vous pouvez prendre comme base de départ le languedocien des leçons, et vous insistez davantage sur les exercices consacrés au dialecte que vous avez choisi. De nombreuses notes, vous présentant les principales varientes régionales vous aideront, ainsi que l'index des variantes placé à la fin de l'ouvrage.

3. Vous êtes étranger au pays d'oc : le plus simple est d'apprendre le languedocien des leçons, tout en vous initiant, si vous le désirez, aux variétés dialectales présentées par les exercices.

Et maintenant, prenez la route de l'Occitanie, où vous attendent vos amis Occitans et en particulier le sympathique «**Gustou**».

PLAN DU LIVRE
(chaque chapitre correspond à une semaine)

I Présentation : qu'est-ce que l'occitan, l'Occitanie et la culture occitane ?

II Premier contact avec l'Occitanie : le voyage commence : le ROUERGUE

III Les Troubadours; le LANGUEDOC.

IV La vie en Occitanie.

V La vie en Occitanie (fin)

VI La Croisade contre les Albigeois.

VII L'occitanie moyenâgeuse et romaine; la PROVENCE.

VIII La Côte méditerranéenne; la PROVENCE.

IX La guerre des châteaux (la Croisade); la GASCOGNE.

X Le LIMOUSIN et l'AUVERGNE

XI Textes occitans d'hier et d'aujourd'hui.

EXERCICES

Provençal	: 7-13, 43-48, 50-55.
Gascon	: 15-20, 36-41, 57-62.
Limousin	: 22-27, 29-34.
Auvergnat	: 64-69.

ABREVIATIONS

ag.	agenais (dialecte)
Ag.	Agenais (région)
aug.	augmentatif
Auv.	Auvergne
bit.	bitérois (dial.)
Bit.	Bitérois (région)
conj.	conjugaison
	conjuguer
dim.	diminutif
eur.	européen
fém.	féminin
Fux.	Fuxéen (de Foix)
Hér.	Hérault
irrég.	irrégulier
Lang.	Languedoc
lang.	languedocien
lim.	limousin
loz.	lozérien
Loz.	Lozère
M.C.	Massif Central
Mil.	Millavois
Montp.	Montpélliérain
n	note
Nrgt.	Nord-Rouergue
Narb.	Narbonnais
oc.	occitan
occid.	occidental
or.	oriental
péj.	péjoratif
per.	personne
plur.	pluriel
pron.	prononciation (prononcé)
prov.	provençal
Prov.	Provence

Rg.	Rouergue
rgt.	rouergat
syn.	synonyme
Toul.	Toulouse (Toulousain)
toul.	toulousain (dialecte)
var.	variante

«Avant de commencer, lisez attentivement l'introduction qui précède, c'est indispensable. Pour faciliter l'écoute des disques ou des cassettes, le texte occitan est souligné dans les trois premières leçons».

Primièra leiçon (1)

Prononciation : primyèro léyssou.
Français : Première leçon.

L'occitan qu'es aquò ?

Prononciation : l'outsita, kéz ako ?
Français : L'occitan, qu'est-ce que c'est ?

****

1 — Diga-me, l'amic, l'occitan, qu'es aquò ?

Prononciation : digo mé l'amik, l'outsita, kéz ako ?
Français : Dis-moi, l'ami, l'occitan, qu'est-ce que c'est ?

****

2 — L'occitan, es la lenga del miègjorn de la França, la lenga de l'Occitania.

Prononciation : l'outsita, és la léngo dél myèdjour dé la franso, la léngo dé l'outsitaniyo.
Français : L'occitan, c'est la langue du Midi de la France, la langue de l'Occitanie.

3 — Perqué la parlas ?

Prononciation : perké la parlos ?
Français : Pourquoi la parles-tu ?

****

4 — Perqué es ma lenga : de mai, es bèla e plan celèbra.

Prononciation : perké és ma léngo : dé may, és bèlo é pla sélèbro.
Français : Parce que c'est ma langue : de plus, elle est belle et très célèbre.

****

5 — Mas, dempuèi quora es celèbra ?

Prononciation : mas démpuèy kour(o) é(s) sélèbro ?
Français : Mais, depuis quand est-elle célèbre ?

****

6 — Dempuèi l'epòca dels Trobadors; veirem tot aquò dins qualques leiçons.

Prononciation : démpuèy l'époko dés troubadous : béyrén tout ako din kalkés léyssous.
Français : Depuis l'époque des Troubadours ; nous verrons tout cela dans quelques leçons.

NOTES

Votre premier contact a été facile ? Oui, bien sûr. Faites bien attention à la prononciation du **o** du **ò** et du **lh.** Vous avez remarqué que le **o** se prononce **ou** et que le **ò** (avec accent grave) est toujours ouvert comme dans le français *porte* : le son **o** fermé comme dans le français *tôt* est inconnu en occitan moderne. C'est pour cette raison que les Occitans prononcent le **o** fermé du français *rose* comme le **o** ouvert de *porte* et ne différencient pas en parlant la *paume* de la *pomme.*

En languedocien, le groupe **-on-** se prononce **(ou)** et **–orn-** **(our)**, puisque, sauf exceptions, le **-n** final ne se prononce pas dans ce dialecte. Toutefois, le **-n** final du mot **occitan** est parfois prononcé.

Enfin, n'oubliez pas que le **-a** final est prononcé **o** ouvert (sauf dans quelques régions, où il est prononcé **a** (partie des Alpes, Nice, Montpellier, Velay, Nord du Cantal, Roussillon), ou **-e** (Béarn, littoral du golfe de Gascogne).

SOYEZ SANS INQUIETUDE : VOUS VERREZ VITE QUE LA GRAPHIE OCCITANE EST SIMPLE. RETENEZ L'ESSENTIEL POUR L'INSTANT ; LES DETAILS VOUS SERONT EXPLIQUES PAR LA SUITE.

Voyons à présent cette leçon phrase par phrase.

Phrases 1 et 2 : vous avez certainement remarqué vous -même que l'occitan n'a pas de pronom sujet (comme l'italien) ; **es** «il est» ; **la parlas** ? «la parles-tu ? » ; **veirem (6)** «nous verrons». Il existe toutefois un pronom sujet correspondant au français **moi, toi** etc., employé comme ses correspondants français, pour insister. Nous le verrons plus tard.

Phrases 3 et 4 : **perqué** signifie à la fois « pourquoi » et «parce que». C'est la raison pour laquelle vous entendrez parfois en Occitanie des tournures françaises influencées par l'occitan et notamment celle-ci : **je suis venu pourquoi (parce que) il m'a appelé ;** var. **per çò que** «parce que».

Phrases 5 et 6 : le féminin des adjectifs est en **-a** (prononcé **o** ouvert sauf dans quelques régions : cf. ci-dessus, début des notes de la leçon 1). **Qualque,** variante **quauque,** pluriel **qualques/quauques** est à la fois masculin et féminin ; toutefois on trouve parfois au féminin **qualqua(s)/quauqua(s)** qui est donc prononcé **k*a*lko/k*a*ouko** au singulier et **k*a*lkos/k*a*oukos** au pluriel.

Le **-s final est prononcé en languedocien. Toutefois il peut** être prononcé différemment ou pas prononcé du tout dans certains cas, comme nous le verrons plus tard.

Dels + consonnes est prononcé dés ou déy. La quatrième personne des verbes est toujours terminée par un **-m** afin de la différencier de la sixième, que nous verrons plus loin; il est prononcé **-n** : **veirem** «nous verrons» se prononce donc **béyrén.** L'article : **lo** «**le**», **los** «les» (masc.) (pron. parfois **lu/lus**) ; **la** «la», **las** «les» (fém.). Var. : le «le», **les** «les» (masc.) (Lang.).

En Provence, au pluriel, on a les var. **lei** / **li** (**leis, lis** devant voyelle) pour les deux genres.

Enfin, bien que l'usage des disques ou des cassettes ne soit pas obligatoire, le fait d'écouter l'enregistrement de cette leçon (et aussi des autres) vous permettra de vérifier tout cela et habituera votre oreille aux sons de l'occitan. Ecoutez plusieurs fois cette leçon, en essayant peu à peu de ne plus traduire en français, mais de comprendre directement, comme si vous écoutiez du français. Vous vous habituerez ainsi **à penser en occitan.**

Segonda leiçon (2)

Prononciation : ségoundo léyssou.
Français : deuxième leçon.

La lenga de l'amor

Prononciation : la léngo dé l'amour.
Français : La langue de l'amour.

****

1 — Adieu, Guston ; vas plan ?

Prononciation : adiou Gustou, bas pla ?
Français : Bonjour (Adieu), Gustou; tu vas bien?

****

2 — Òc : quand parlam occitan dins lo païs del solelh, tot va plan.

Prononciation : ò :kam parlan outsita din lou païs dél soulél, tou(b) ba pla.

Français : Oui : quand nous parlons occitan dans le pays du soleil, tout va bien.

****

3 — Ieu, la parli pas encara. Es facil de l'aprene?

Prononciation : yéou la parli paz énkaro. És fassil dé l'apréné ?
Français : Moi, je ne la parle pas encore. Est-ce facile de l'apprendre ?

****

4 — Òc : coma l'occitan es la lenga de l'Amor, la parlar vos serà agradiu, donc facil.

Prononciation : koumo l'outsita és la léngo dé l'amour, la parla bou(s) séra agradiou, dounk fassil.
Français : Oui : comme l'occitan est la langue de l'Amour, la parler vous sera agréable, donc facile.

****

5 — Cossí se fa aquò, la lenga de l'Amor ? Explicatz-me !

Prononciation : koussi sé fa ako, la léngo dé l'amour ? ésplikas mé !
Français : Comment (se fait) cela, la langue de l'Amour ? Expliquez-moi !

****

6 — Perqué es la lenga dels Trobadors, que lor civilisacion èra fondada sus l'Amor.

Prononciation : perké és la léngo dés troubadous, ké lour cibilizassyou èro foundado su(l) l'amour.

Français : Parce que c'est la langue des Troubadours, dont la (que leur) civilisation était fondée sur l'Amour.

****

7 — Mas se parla encara coma los Trobadors ?

Prononciation : mas sé parl(o) énkaro **koumo** lous troubadous ?

Français : Mais parle-t-on (se parle-t-il) encore comme les Troubadours ?

****

8 — Per segur, mas amb qualques diferéncias ; lèu, poiretz legir lors poëmas, se legissètz regulièrament las leiçons.

Prononciation : per ségur, maz abé kalkés diférénsyos ; lèou, pouyrés lédji lours pouèmos, sé lédjissès régulyèromén las léyssous.

Français : Bien sûr, mais avec quelques différences ; bientôt, vous pourrez lire leurs poèmes, si vous lisez régulièrement les leçons.

* *dessin de cette leçon en page 69*

NOTES

Vous commencez à vous familiariser avec les sons et la graphie de l'occitan. Si vous avez des difficultés, reportez-vous au tableau concernant la prononciation, placé dans l'introduction. Veillez à bien prononcer le **-o- -ou-**. Remarquez le **-v-** prononcé **-b-**. Toutefois en Provence et dans une partie du nord-occitan, le **-v-** est prononcé **-v-**, comme en français.

LEIÇON 2

Le -**r**- final est prononcé dans **amor** lequel se dit **amour**. Toutefois, dans la plupart des mots, le **-r final n'est pas prononcé** (notamment ceux des infinitifs des verbes); toutefois, le **-r** final de l'inf. des verbes est toujours pron. dans une partie du niçard.

Le **-e**-muet français n'existe pas en occitan. Les **-e**, bien que n'ayant pas d'accent aigu, sont prononcés -é-. Toutefois, quand ce **-e**-, placé à la fin d'un mot est accentué, on peut lui adjoindre un accent tonique, comme c'est le cas pour **perqué** «pourquoi», pour faciliter la prononciation (afin de ne pas dire pèrké).

PHRASE 1 : **adieu** signifie «adieu» mais aussi «bonjour» quand on s'adresse à quelqu'un que l'on tutoie.

PHRASE 2 : **Solelh,** var. **sorelh; solèu** (Prov.).

PHRASE 3 : **ieu,** var. **io** (pron. **you**) ; var. **jo** (Gasc.).

La négation est simple (**pas**) et non double comme en français officiel (**ne . . .pas).**

Facil, var. parlée **facile .**

PHRASE 4 : **serà** var. **sera** (pron. **séro** dans une partie du Massif Central).

PHRASE 5, 8 : **fa** se prononce **fa** ou **fo** ; var. **fai. Explicatz** : on écrit la 5ème personne des verbes **-tz.** On la prononce **-ts** ou **-s** à la finale absolue, **-s** devant consonne et **-z** devant voyelle. Devant un pronom, ce **-s** peut ne pas être prononcé : **explicatz-me** «expliquez-moi» se dira donc **ésplikasmé** ou **ésplikamé** (ou **-ammé).**

PHRASE 6 : *dont* est pas employé en occitan. Il est possible de le traduire par *que* ; la notion de complément contenue dans le français *dont* peut être alors traduite par un possessif comme ici par **lor :** dont «que. . . leur». C'est la raison pour laquelle on entend en français du Midi : «c'est la personne que je te parle c'est la maison que j'en viens (d'où ; dont)». Le groupe **-ion** est pron. **-you** ; var. -iou (sibilizassy**ou** ou -ssiou).

PHRASE 7 : le *on* français existe en occitan sous la forme **òm** (pron. **on**) ; on se sert de préférence d'une expression d'allure pronominale (avec **se**) que l'on retrouve dans le français d'Occitanie : *«aujourd'hui, il s'est vendu* (on a vendu) *des tomates au marché».* **Los** + consonne se prononce **lous** ou **louy**.

PHRASE 8 : **amb** se prononce **an** devant consonne et **amb** devant voyelle; variantes **ambé, amé, abé, and; emé** (prov.); **dab** (gasc.) La graphie **amb** recouvre le plus grand nombre de var. lang. **Poirai** var. **porrai, podrai** «je pourrai» : **poiretz,** var. **porretz, podretz** «vous pourrez».

Réguliòrament, var. savante **regularament**.

LAS «les» . dans certaines régions, devant consonne, **las** est pron. lay : donc **las leiçons** peut se prononcer las ou **lay léyssous.**

Tresena leiçon (3)

Prononciation : trézéno léyssou.
Français : troisième leçon.

Qui èran los Trobadors ?

Prononciation : ki èron louz troubadous ?
Français : Qui étaient les Troubadours ?

****

1 — Guilhèm, qui èran los Trobadors ? De poëtas al servici dels senhors ?

Pron. : guilyèn, ki èron louz troubadous ? dé pouètos al sérbissi dés sényous ?
Français : Qui étaient les Troubadours ? Des poètes au service des seigneurs ?

****

2 — Pas totjorn, que lo primièr dels Trobadors e benlèu lo mai conegut èra un grand senhor.

Pron. : pas toudjour /-oun, ké lou primyè dés troubadous é bélèou lou may kounégut èr(o) un gran sényou.
Français : Pas toujours, puisque (que) le premier des Troubadours et peut-être le plus connu était un grand seigneur.

3 — Cossí s'apèla ? Voldriái plan lo conéisser ?

Pron. : koussi s'apèlo bouldryoy pla lou kounéyssé.

Français : Comment s'appelle-t-il ? Je voudrais bien le connaître ?

****

4 — Son nom es Guilhèm IX, comte de Peitieus e duc d'Aquitània. Visquèt a la fin del sègle onzen e al començament del sègle dotzen.

Pron. : soun noun és guilyèn nòou, kounté dé péytyéou é duk d'akitanyo. Biskèt a la fi dèl sèklé oundzén é al kouménsomén dél sèklé doutzén.

Français : Son nom est Guilhem IX, comte de Poitiers et duc d'Aquitaine. Il vécut à la fin du XIe et au début du XIIe siècle.

****

5 — Mas qual amor cantavan los Trobadors ?

Pron. : mas kal amour kantabon louz troubadous.

Français : Mais quel amour chantaient les Troubadours ?

****

6 — O descobriretz dins qualques leiçons.

Pron. : ou déskoubrirés din kalkés léyssous.

Français : Vous le découvrirez dans quelques leçons.

** dessin de cette leçon en page 21.*

NOTES

Vous devez maintenant être habitués à la graphie et à la prononciation occitanes. Ecoutez plusieurs fois les enregistrements et les quelques difficultés qui subsistent disparaîtront.

PHRASE 1 et 5 : les formes **èran** et **cantavan**, se prononcent **èron** et **kantabon;** var. analogiques : **èroun, èrou** et **kantaboun, kantabou,** qu'on peut écrire **èron** et **cantavon** ou **èran** et **cantavan.**

De : au français *des* (poètes), correspond l'occitan **de.** De même, on dira en occitan **de vin** pron. **dé bi** (lang.) et non ***del vin** pour traduire le français *du vin.* Quand l'idée exprimée est générale, le partitif est ainsi toujours **de** ; voilà pourquoi en français du «Midi» on entend parfois : *«donne-moi d'eau»* pour *«donne-moi de l'eau».* Le partitif **del** (féminin **de la**) indique donc seulement une chose bien précise. **«Dona-me del vin»** (pron. **douno mé dél bi) (que venes de tirar)** signifie *«Donne-moi du vin (que tu viens de tirer)».*

PHRASE 2 : le participe passé de **conéisser** «connaître» (var. **condísser (kounouyssé)) est conegut** (var. **conogut, conoscut).**

Benlèu, composé de **ben + lèu,** présente donc un **-n-** intérieur qui est en réalité un **-n** final ; donc cet **-n-** n'est pas prononcé.

PHRASE 3 : **voldriái** a comme var. **vodriái, volriái, voriái.** Parfois la 1ère pers. est en **-iá** (comme la 3ème) et non en **-iái** ; **-iái** est pron. **-yoy,** var. **-yèy.**

PHRASE 4 : Remarquez le passé simple visquèt. En occitan, le passé simple est toujours parfaitement vivant, alors qu'en français il est d'un emploi rare et savant. Le passé simple en occitan est le temps normal pour exprimer une notion passée. Sauf exception (cf. leçon 9, note 11). Le passé composé n'est utilisé que pour indiquer une action qui a eu lieu dans la journée.

La forme véritablement occitane pour le numéral est **onzen, dotzen.** Toutefois, on trouve couramment les formes **onzième** et **dotzième / dosième** empruntées au français. Même remarque pour **tresen,** fém. **tresena,** remplacé par **tresième / troisième.**

Le groupe **-gl - (entre voyelles) se prononce -kl- : sègle (pron. sèklé).**

LEIÇON 3

Quatrena leiçon (4)

Prononciation : katréno léyssou (1).
Français : quatrième leçon.

Après ces trois premières leçons de prise de contact, les leçons prennent leur forme normale : le texte occitan, qui n'est plus souligné, sera suivi de la prononciation figurée, puis de sa traduction française. Les notes indiquées dans le texte par un chiffre entre parenthèses, sont présentées après la traduction. Enfin, un exercice suivra chaque leçon.

Es granda l'Occitania ? (1)

1 — Diga-nos, Magalona, es granda l'Occitania ?

2 — L'Occitania comprend trenta-un departaments franceses. Es una region fòrça bèla, banhada de solelh, qu'anam descobrir ensemble.

3 — Ont comença e ont finís ? (2)

PRONONCIATION. — és grando l'outsitaniyo ?
1 digo-nous, magalouno, és grando l'outsitaniyo ? - 2 l'outsitaniyo koumprén trénto un départoméns fransézés. éz uno rédjyou forso bèlo, banhado dé soulél, qu'anan déskoubri énsémblé. - 3 oun kouménso é oun finis ? -

L'OCCITANIE EST-ELLE GRANDE ?

1 Dis-nous, Maguelonne, l'Occitanie est-elle grande ? - 2 L'Occitanie comprend trente et un départements français. C'est une région très belle, baignée de soleil, que nous allons découvrir ensemble. - 3 Où commence-t-elle et où finit-elle ?

(1) **Quatren**: la forme **quatrième** est francisée.

Dans la plus grande partie du Rouergue, on ne prononce pas le **-g-** placé entre deux voyelles dont la seconde est un **-a-** : on dit donc **diyo** (et non pas **digo**) ; Quercy, pron. **dyo**.

L'interrogation est simple en Occitan. Il suffit de mettre le verbe devant le sujet (inversion).

(2) Les mots terminés par un -s et accentués sur la dernière syllabe sont rares. On emploie donc un accent tonique. Il s'agit souvent de formes verbales, comme ici la troisième personne du présent de *finir*, ou bien principalement de suffixes, que nous verrons plus loin.

4 — De l'èst à l'oèst, va de Bordèu a Niça e mai un pauc pus luènh (3).

5 — Del sud al nòrd va dels Pirenèus gaireben dusqu'à Lèira. Anatz lèu poder visitar tot aquò (4).

6 — Coma me triga de conéisser l'Occitània !

4 Dé l'èst a l'ouèst ba dé bourdèou a nisso é may un paou pu(s) l(u)èn. 5 dél sut al nor, ba dés pirénèous gayrébé dusk'a lèyro. anas lèou poudé bizita toutako. - 6 koumo mé trigo dé kounéyssé l'outsitaniyo !

EXERCICE. — 1 L'Occitania es granda. - 2 Son solelh e sa lenga son celèbres en França e dins d'autres païses. - —3 Comprenètz l'occitan ? - 4 Pas gaire encara, mas aquò vendrà. - 5 Vos triga pas de parlar plan ?

****

- 4 De l'est à l'ouest, elle va de Bordeaux à Nice et même un peu plus loin. - 5 Du sud au nord, elle va des Pyrénées presque jusqu'à la Loire. Vous allez bientôt pouvoir visiter tout cela. - 6 Comme il me tarde de connaître l'Occitanie !

NOTES (suite)

(3) **Luènh**, var. **luònh, luònt, lènc, luènc.**
(4) Les noms de rivières n'ont pas d'article en occitan, (sauf exceptions: dénominations récentes). **Vau pescar à Tarn** «je vais pêcher *au* Tarn». Les formes avec article, **al Tarn, a la Lèira** sont influencées par le français; **Lèira** var. **Letge.**

1 L'Occitanie est grande. - **2** Son soleil et sa langue sont célèbres en France et dans d'autres pays. –**3** Comprenez-vous l'occitan? –**4** Pas beaucoup encore, mais cela viendra. - 5 Ne vous tarde-t-il pas de bien parler ?

****

Cinquena leiçon (5)

Prononciation : sinkéno léyssou (1)

S'ensenha l'occitan ?

1 — Uèi, s'ensenha l'occitan ? (1)

2 — Òc : dempuèi qualques annadas, l'occitan a tornat trobar plaça dins las escòlas, los licèus e las facultats (2).

3 — Mas, se n'escriu encara d'articles scientifics o de libres en occitan ? (3)

4 — Per segur ! Podètz legir de tèsis, de romans e tanben de novèlas policièras escriches en occitan (4).

5 — L'occitan, interèssa pas que los Occitans ?

PRONONCIATION. — s'énsényo l'outsita ?
1 uèy s'énsényo l'outsita ? - **2** **o** : démpuèy kalkéz annados, l'outsita a tourna(t) trouba plasso din laz éskolos, louz lissèous é las fakultats. - **3** Mas, s'én éskriou énkaro d'artiklés syéntifits ou dé libréz én outsita ? - **4** Per ségur ! poudès lédji dé tèzis, dé roumans é tabé dé noubèlos poulissyèros én outsita. - **5** l'outsita, intérèsso pas ké louz outsitas ? -

ENSEIGNE-T-ON (s'enseigne-t-il) L'OCCITAN?

1. Est-ce qu'on enseigne (s'enseigne) l'occitan aujourd'hui ? –**2.** Oui, depuis quelques années, l'occitan a retrouvé (une) place dans les écoles, les lycées et les facultés. –**3.** Mais écrit-on (s'en écrit-il) encore des articles scientifiques ou des livres en occitan ? –**4.** Bien sûr ! Vous pouvez lire des thèses, des romans et même des nouvelles policières écrits en occitan. –**5.** L'occitan n'intéresse-t-il que les Occitans ?

NOTES

(1) **Cinquen** : la forme **cinquième** est empruntée au français.
Uèi, var., **uòi, bèi, auèi** «aujourd'hui».
S'ensenha : notez la graphie **-nh-** correspondant au français **gn-** . On la rencontre dans des noms de lieux ou de personnes comme **Vernhe(s).**

(2) **Dempuèi**, var. **dempuòi, despuèi / despuòi, desempuèi.**

(3) **Notez la traduction de** «*on*» par une tournure pronominale : **se n'escriu** «on en écrit», («il s'en écrit») ; cf. aussi **s'ensenha** (titre et phrase 6).

(4) **Policièra : -iè-** a comme var. **-ièi-** d'où la var. **policièira.**

6 — Segur que non ! La lenga nòstra s'ensenha dins fòrça païses : en Italia, en Alemanha, en America... e tanben al Japon dins doás facultats ! O sabiatz pas ? (5)

6 ségur ké nou ! la léngo nostro éz énsényado din forso païzés : én italiyo, én alémanyo, én amériko... é tabé al djapou din douos fakultats ! ou sabyas pas ?

EXERCICE. — 1 Ensenhatz l'occitan ? - 2 Òc : perqué es una bèla lenga apresa dins fòrça païses, la lenga dels Trobadors e de l'Amor. - 3 Parlatz occitan amb d'amics ? - 4 Per segur : amb lo amics, es la lenga de cada jorn. - 5 I a de Japoneses que parlan plan l'occitan.

****

- 6 Pas du tout (sûr que non) ! Notre langue est enseignée dans de nombreux pays : en Italie, en Allemagne, en Amérique . . . et aussi au Japon dans deux facultés ! Vous ne le saviez pas ?

****

NOTES (suite) :

(5) **La lenga nòstra** : expression courante qui désigne l'occitan. C'est ainsi que Raimond VI, comte de Toulouse, appelait sa langue (et la nôtre).

Fòrça est parfois prononcé **fosso.**

Doás (pron. **douas**), var. **dòs**. Remarquer qu'il y a, en occitan, une forme fém. pour ce chiffre, alors que le français n'en a pas : «deux» **dos** (masc.).

****

1. Vous enseignez l'occitan ? –**2.** Oui, parce que c'est une belle langue apprise dans beaucoup de pays, la langue des Troubadours et de l'Amour. –**3.** Parlez-vous occitan avec des amis ? –**4.** Bien sûr : avec mes (les) amis, c'est la langue de chaque jour. –**5.** Il y a des Japonais qui parlent bien l'occitan.

****

Seisena leiçon (6)

Prononciation : séyzéno léyssou.

Cal èstre fièr de conéisser l'occitan (1)

1 — Compreni pas, Guilhèm : perqué l'occitan interèssa los Japoneses ? son calucs !

2 — Que non ! Perqué gaireben tota la cultura de l'Euròpa occidentala de uèi a per origina la civilisacion dels Trobadors (2).

3 — Mas alara, cal èstre fièr de conéisser l'occitan ! (3)

4 — Cal èstre fièr de parlar l'occitan, mas encara mai fièr d'aprene a lo parlar (4).

5 — Aital, poiretz descobrir e gostar las beutats vertadièras de l'Occitania, mas tanben conéisser una lenga e una cultura passada e presenta extraordinària (5).

PRONONCIATION. — kal èstré fyèr dé kounéyssé l'outsita.
1 koumpréni pas Guilyèn perqué l'outsita intérèsso louz djapounézés ; sou(n) kaluts ! - **2** ké nou ! perké gayrébé touto la kulturo dé l'éouropo outsidéntalo dé uèy a per ouridjino la sibilizassyou dés troubadous. - **3** maz 'alaro, kal èstré fyèr dé kounéyssé l'outsita ! - **4** kal èstré fyèr dé parla l'outsita, may énkaro pus fyèr dé l'apréné. - **5** aytal pouyrés déskoubri é gousta las béoutats bértadyèros dé l'outsitaniyo, mas tabé kounéyssé uno léngo é uno kulturo passado é prézénto éstraourdinaryo. -

IL FAUT ETRE FIER DE CONNAITRE L'OCCITAN
1 Je ne comprends pas, «Guilhem» (en fr. «Guillaume»): pour quelle raison (pourquoi) l'occitan intéresse-t-il les Japonais? ils sont fous ! - 2 Oh non ! (Que non) Parce que toute la culture de l'Europe occidentale d'aujourd'hui a pour origine la civilisation des Troubadours. - 3 Mais alors, il faut être fier de connaître l'occitan ! - 4 Il faut être fier de parler l'occitan, mais encore plus fier d'apprendre à le parler. - 5 Ainsi, vous pourrez découvrir et apprécier (goûter) les beautés véritables de l'Occitanie, mais aussi connaître une langue et une culture passée et présente extraordinaire.

NOTES
(1) Cal, var. **cau** (Lang. Gasc.) ; en Provence «il faut» se traduit par **fau.** Il y a donc ici deux verbes différents suivant les régions. **caler** et **faler;** var. **calre** (Bit.); **falre.**
(2) **Perqué** ou **per çò que** «parce que».
Euròpa, var. **uròpa. De uèi** ou **d'uèi.**
A «il a» est prononcé **a** ou **o.**
Notez la graphie **-cion** correspondant au français *-tion*.
(3) **Mas** «mais», var. **mai, mais** ; **mas** devant voyelle se pron. **maz.**
(4) Mai «plus» syn. **pus / plus.**
(5) Beutat var. **beltat** (Rg.) ; **bèutat** (Prov.).
Tanben est prononcé **tabé** (Lang.) et **tanbèn** (Prov.) puisque le **-n** final est prononcé dans cette région **(tan + ben).**
Aital, var. **atal / antal.**
(6) **Baste**, var. **basta**, est un terme très expressif et très fréquent qui indique un *regret* (Que n'ai-je . . .) ou un *souhait* (pourvu que).
Pour exprimer le *regret*, on emploie **baste / basta** suivi du

6 — Baste aja conegut mai lèu l'occitan e l'Occitania ! (6)

7 — Segur que dins qualques jorns, vos serà pas pus possible de vos passar d'aquels tresaurs (7).

- 6 basté adjo kounégut may lèou l'outsita(n)é l'outsitaniyo ! - 7 Ségur ké din kalkés djours, bous sérà pas pus poussiplé dé bous passa d'akés trézaous.

EXERCICE. — **1** Una lenga es un grand tresaur que cal pas perdre. - **2** Una lenga garda una cultura que podèm pas remplaçar. - **3** Èstre fièr de sa lenga, es èstre fièr de se. - **4** Se l'occitan deviá morir en Occitania, demorariá encara al Japon !

- 6 Que n'ai-je connu plus tôt l'occitan et l'Occitanie ! - 7 En effet (Sûr que) dans quelques jours, il ne vous sera plus possible de vous passer de ces trésors.

NOTES (suite)

subjonctif présent (sans *que*) ou parfois, mais plus rarement, suivi de l'infinitif : **baste l'ajam vist, baste l'aver vist!** «Si on l'avait vu, si nous l'avions vu, quel regret de ne pas l'avoir vu, quel dommage qu'on ne l'ait vu !», etc..

Pour exprimer le *souhait*, on emploie **baste / basta** suivi du subjonctif présent précédé de **que : baste que venga** ! «pourvu qu'il vienne, s'il pouvait venir !», etc.

Toutefois, certains emploient **baste que** également pour exprimer le regret.

Si l'on désire exprimer un regret ou un souhait particulièrement fort, on utilise le subjonctif imparfait.

Baste l'aguèssem vist ! «Que ne donnerions-nous pas pour l'avoir vu ! S'il se pouvait qu'on l'ait vu !» (regret).

Baste que venguèsse ! «pourvu qu'il vienne, c'est vraiment très important !» (souhait).

(7) Le groupe **-bl-** entre voyelles est généralement prononcé **-pl-** surtout aprés l'accent tonique, comme notamment dans le Rouergue et une partie du Languedoc ; ex. **possible** (pron. **-ple).**

Aquels, var. **aqueles /-lis.**

Tresaur, var. : **tesaur ; tresòr** (francisée).

****

1 Une langue est un grand trésor qu'il ne faut pas perdre. - 2 Une langue garde une culture que nous ne pouvons pas remplacer. - 3 Etre fier de sa langue, c'est être fier de soi(-même). - 4 Si l'Occitan devait mourir en Occitanie, il resterait encore au Japon !

LEIÇON 6

Setena leiçon (7)

Prononciation : séténo léyssou

REVISIONS ET NOTES

1. Le premier contact, à la fois intéressant mais délicat par sa nouveauté, est passé. Vous commencez à être familiarisé avec la structure et la prononciation de l'occitan.

N'oubliez pas à ce sujet de bien prononcer le -**o**- (**ou**), de prononcer les consonnes finales (sauf le -**r**- de l'infinitif des verbes) à l'exception du -**n** final si vous êtes languedocien, et de faire l'inverse si vous êtes provençal : **es bon** «c'est bon» se dit donc : **és bou** (Lang.), **é bon** (Prov.) : en Prov. -**o** + -**n** se dit -**ò**- et non -**ou**- ; cf. aussi **la font** (Lang.), **la fònt** (Prov.). Le gascon maintient aussi le -**n** final. Le nord-occitan, comme le provençal ne prononce pas les consonnes finales. Le -**v**- est prononcé -**v**- en provençal et en limousin, mais -**b**- en languedocien, en gascon et en auvergnat. Nous verrons d'autres variantes de prononciation plus loin. Pour que ces différences dialectales de prononciation vous soient plus familières, certains exercices seront en provençal, en gascon et en occitan du nord. Mais ne vous croyez pas obligés d'apprendre tous les dialectes : cf. l'introduction, partie concernant les dialectes.

3. Dans les grandes lignes, les phrases sont souvent construites comme en français, la syntaxe ne vous posera donc pas de grands problèmes ; les tournures particulières vous seront présentées peu à peu.

4. Vous avez certainement remarqué que les verbes, en occitan, n'ont pas de pronom personnel sujet, comme en italien : **parla plan** «il parle bien» etc.

5. A la fin de la deuxième leçon, phrase 6, vous avez vu un exemple du **que** signifiant «dont». Vous verrez bientôt l'importance de ce **que** conjonction, très employé, qui permet d'introduire un grand nombre de subordonnées, alors que le français moderne fait appel à *par lequel, pour lequel* etc.

6. Enfin, les six premières leçons vous ont présenté quelques questions de géographie, de langue et de civilisation dont il vous sera reparlé dans la suite de ce livre, afin que vous *connaissiez* non seulement *l'occitan* mais aussi les visages de *l'Occitanie*.

7. TABLEAU DU PRESENT : le paradigme de base est celui du languedocien ; la pron. est entre parenthèses.

1er GROUPE (finale -ar) : **parlar** «parler».
parli/-le «je parle»
parlas (parlos) ; parles (parlés) en Prov.
parla (parlo)
parlam (parlan)

parlatz : (parlats ou parlas)
parlan (**parlon**), var. parlon (parloun/-ou)
que l'on écrit **parlon** ou **parlan**
2ème GROUPE (finale **-ir**) : **finir** «finir»
finissi/-e
finisses
finís
finissèm (-ssèn)
finissètz (-ssèts ou -ssès)

●●●●●●●●●●●●●●●●●

Ochena leiçon (8)

Prononciation : outchéno léyssou (1) .

D'amics devon arribar

1 — As trobat la letra de nòstres amics ? Voldriái ben saber a quina ora arribaran (1).

2 — Alara, los me cal anar quèrre a la gara a doás oras. Prendrai l'autò, ara qu'es reparada (2).

PRONONCIATION. — d'amits débou(n) arriba.
1 as troubat la létro de nostréz amits. bouldryoy bé sabé a kinourarribaran. - 2 alaro, louz mé kal ana kèrré a la garo a douoz ouros. préndray l'aouto - réparado.

finisson (**-ssoun/-ssou** ; **/-sson** (Ag.) ; /-ssen (Toul., Fux.)).

3ème GROUPE (finale **-er/-e**) : **batre** «battre» :
bati/-e, -tes, -t, -tèm (-tèn), -tètz (**-ts** ou -s), -ton (**-toun/-tou** ; **/-on** (Ag.) ; /-en (Toul. Fux.).

DES AMIS DOIVENT ARRIVER
1 As-tu trouvé la lettre de nos amis ? Je voudrais bien savoir l'heure de leur arrivée (à quelle heure ils arriveront). – 2 Je dois donc (alors) aller les chercher à la gare à deux heures. Je prendrai la voiture (ou l'auto), puisque maintenant elle est réparée.

NOTES
(1) Pron. outchéno, var. parlée uétchéno.

«Quel? », interrogatif de quantité, se traduit par **quin/quant?** .

Le passé composé est construit comme en français, avec l'auxiliaire *être* ou *avoir.* Toutefois le verbe *être* se conjugue avec lui-même : **soi estat** «j'ai été». C'est pour cette raison qu'on entend parfois en Occitanie : «*je suis été» ; Ai trobat* «j'ai trouvé» ; **soit partit** «je suis parti». Pour l'emploi de ce temps, cf. leçon 3 phr. 4.

Le pluriel s'obtient, comme en français, en ajoutant un -s : **amic** «ami», **amics** «amis». Toutefois, quand le mot est terminé par un -s au singulier, on ajoute **-es : rocàs** «rocher», **rocasses** «rochers». On trouve souvent des pluriels redoublés : **ostal** «maison», pluriel **ostals** ou **ostalses ; pial** «cheveu» pluriel **pials** ou **pialses,** qui sont des var. locales. **Tot,** plur. **totes,** var. locale **tots,**plur. redoublé **totses** «tous».

Amics : la finale **-cs,** prononcée **-ks** en Gasc. occid., se dit dans le Lang. **-ts** ou -s (Lang. or.) ou encore **-itch** dans une partie du Lang. et du Massif Central. En nord-occitan et en Provençal, on pron. **ami.**

Saber, var. **saupre, saure.**

3 — La daissarai luènh de la gara, per la poder acantonar facilament. Se tròba pas jamai de plaça davant la gara (3).

4 — Despacha-te de te preparar, se volèm pas èstre en retard. Dins dètz minutas, partissèm (4).

5 — L'autò marcha plan, arribarem a l'ora a la gara. Me vau garar a drecha, darrièr aquela autò. Es un pauc luènh, mas soi pas segur de trapar un autre canton (5).

6 — Tè ! lo trèn arriba. Baste l'ajan pas mancat !

7 — Non, davalan ailà, al fons del cai. Son cargats coma d'ases. Los anam ajudar (6)

8 — Adieu Guston, bonjorn Marineta, avètz fach bon viatge ? E lo pichon Andrieu, es pas tròp lasson ? (7)

- 3 **days-saray - poudé akantouna pa(s) djamay - daban. - 4 déspatcho té-boulèn - paz èstré én rétar. - 5 mé baou - souy-kantou. - 6 adjon. - 7 dabalon ayla - anan adjuda - 8 adiou - fatch - byatché.**

– 3 Je la laisserai loin de la gare, pour pouvoir la garer facilement. Il n'y a (Il ne se trouve) jamais de place devant la gare. – 4 Dépêche-toi de te préparer, si nous ne voulons pas être en retard. Dans dix minutes, nous partons. – 5 L'auto marche bien, nous arriverons à l'heure à la gare. Je vais me garer à droite, derrière cette voiture. C'est un peu loin, mais je ne suis pas sûr de trouver un autre coin. – 6 Tiens, le train arrive. Pourvu qu'ils ne l'aient pas manqué ! – 7 Non, ils descendent là-bas, au fond du quai. Ils sont chargés comme des ânes. Nous allons les aider. –**8.** Bonjour, (Adieu) «Gustou», Bonjour Marinette, avez-vous fait (un) bon voyage ? Et le petit André, il n'est pas trop fatigué ?

Notes (suite)

(2) Le futur est formé de l'infinitif = : **-ai, -às, -à** (**á** dans le M. C.), **-em, -etz, -an** (pron. an), ou var. **-áun**, pron. **òou** (Alb., Bit., M.C.), que l'on peut aussi écrire **-an.** –**An** s'écrit aussi **-àn.**

Lorsque un verbe conjugué est suivi d'un ou de deux infinitifs, on place assez généralement les pronoms **lo** «le», **la** «la», **nos** «nous» etc. avant les verbes. Cette tournure existait en ancien français ; cf. l'expression ancienne, *je le viens voir.* Toutefois, en occitan, on peut employer aussi l'ordre du français actuel, mais cela fait un peu francisé ; donc **los me cal anar quèrre** ou **me cal anar los quèrre.** Même remarque pour **la poder acantonar** phrase 3 (**poder l'acantonar**), **me vau garar** phrase 5 (**vau me garar**), **los anam ajudar** phrase 7 (**anam los ajudar**).

Alara «alors, donc». On pourrait dire aussi **donc / doncas,** dans cette phrase.

(3) **Daissar,** var. **laissar,** donc **daissarai, laissarai** «je laisserai».

Ne... jamais se dit **pas jamai** en occitan.

Le **-t** final des adverbes en **-ment** n'est pas prononcé, comme aussi celui des participes présents : **en cantant** se dit **én kantan.**

Garer peut se dire **garar** ; mais on dit de préférence **acantonar** «mettre, garer (dans un coin)», mot dérivé de **canton** «coin» ; autre syn. **foraviar/forviar** (Rg., Hér.).

Certains verbes ayant un **-o-** prétonique (pron. **-ou-**) à l'infinitif, ont ce **-o-** qui se prononce **-ò-** aux formes où il est tonique, (déplacement de l'accent) : **trobar** «trouver» ; **tròbi, tròbas, tròba** «je, tu, il trouve»; trobam, trobatz «nous trouvons, vous trouvez» tròban «ils trouvent». Idem pour poder (pòdi etc.).

Cette règle de pron. concerne aussi les noms dérivés dont le -o- accentué perd l'accent, lequel frappe alors le suffixe ; cf. leçon 43 n° 2.

LEIÇON 8

9 — Non, va plan. Res que de veire una gara occitana vos reviscòla.

10 — Poirem donc partir en viatge lèu. Veiretz que vos planheretz pas d'èstre venguts.

- 9 nou, ba pla. rés ké dé béyré - bous rébiskolo. - 10 pouyrén-én lèou. béyrés ké planyérés pas d'èstré bénguts.

Exercice en provençal. — **1** Ai trobat mon autò ; es garada davant la gara. - **2** Me siáu despachat d'anar quèrre meis amics que son venguts ambé lo tren. - **3** Anarem faire ensems un grand viatge pèr l'Occitània. - **4** Meis amics li dison Guston e Marineta, èran fòrça cargats a la gara. - **5** Lo tren vai (va) lèu, l'autò tanbèn.

Variantes provençales :– **2. siáu** var. de **soi** ; **meis** var. de **mos** ;– **3. Occitània**, var. de **Occitania** ;– **5. tanbèn** var. de **tanben.**

– 9 Non, ça va bien. Le seul fait de voir (Rien que de voir) une gare occitane vous ragaillardit. –**10.** Nous pourrons donc partir en voyage bientôt. Vous verrez que vous ne regretterez pas d'être venus (vous ne vous plaindrez pas).

NOTES (suite)

(4) **Se** var. **si**, un peu moins fréquente : **si volèm** est donc possible.

En retard : l'occitan **èstre en retard** signifie «être en retard, manquer (le train)» etc. ; **tardièr** «(arriver) tard, (finir) tard» (et non «*en retard*»).

(5) **Darrièr**, var. **darrèrs**, (pron. **darrè** devant cons. et **darrèz** devant voy.).

Trapar, syn. de **trobar.**

Soi var. **sòi, siái** (pron. **syoy), som** (Lang.) ; **siáu** (pron. **syéou**) (Prov.).

(6) **Ailà**, var. **alai, ailai, alà** ; syn. **anlai, enlai. Ailabàs** «là-bas (au loin)».**Ailamont** «là-haut (au loin)».

(7) *Adieu* s'emploie pour saluer quelqu'un que l'on tutoie ; pron. **adiou / adyéou.** Si l'on vouvoie quelqu'un, on emploie plutôt **bonjorn** (à l'arrivée) et **adieu-siatz** (au départ). **Ajudar**, var. **adujar.**

Lasson est composé de **las** «fatigué» + **-on** suf.dim. *affectif.* La phrase signifie donc exactement : «n'est-il pas trop fatigué (**Andrieu** que nous aimons bien ?)». Syn. **lassòt**, avec suf. **-òt** (dim. et affectif).

Guston, dim. affectif de *Auguste*, ne se traduit pas en fr. ; ce terme a été adopté par le fr. du «Midi».

C'est une des qualités de l'occitan que de pouvoir traduire le sentiment que l'on attache à une pensée. Elle a toujours enthousiasmé les linguistes, même étrangers : *en occitan le cœur peut s'exprimer autant que l'esprit.* Ce procédé est si vivant en Occitanie qu'il est fréquemment employé même en français du «Midi»; ex. : *«que tu es* **timidou** *mon petit !».*

Viatge : le groupe **-tg-** (devant **e, i**) ou **-tj-** (devant **a, o, u**) est pron. **-tch-** ou **-dj-** ; pron. **-ts-** ou **-dz-** (Alb. ou parlers occid.).

Fach, var. **fait.**

EXERCICE. – 1 J'ai trouvé ma voiture ; elle est garée devant la gare. 2 Je me suis dépêché d'aller chercher mes amis qui sont venus avec le train. 3 Nous irons faire ensemble un grand voyage à travers l'Occitanie. 4 Mes amis s'appellent Guston et Marinette, ils étaient très chargés à la gare. 5 Le train va vite, ma voiture aussi.

LEIÇON 8

Novena leiçon (9)

Prononciation : noubéno léyssou.

L'occitan a l'escòla

1 — Mas diga-me Andrieu, sabiás pas gaire parlar l'occitan l'an passat e aqueste an te'n tiras plan. Ont as aprés ? (1).

2 — A l'escòla, amb un professor (2).

3 — I a donc de corses d'occitan al licèu ? (3)

4 — Per segur, e sèm de milièrs a presentar l'espròva d'occitan al bachelierat (4).

5 — Pas possible ! E as pas paur d'aver una marrida nòta ?

6 — Pas brica ! I a pas que los punts que despassan dètz que comptan (5).

PRONONCIATION. — éskolo.
1 digo - andriou - gayré - akéstan tén tiros pla. ountaz aprés. - 2 abé - prouféssou. - 3 koursés - lissèou. - 4 ségur - sén - milyèza prézénta - ésprobo - batchélyérat. - 5 pas poussiplé as pas pòou d'abé - marrido noto. - 6 pas briko - pas ké louz puns ké déspasson dèts ké kounton. -

L'OCCITAN A L'ECOLE

1 Mais dis-moi André, tu ne savais pas beaucoup parler occitan l'an dernier (passé) et cette année tu te débrouilles bien. Où as-tu appris ? – 2 A l'école avec un professeur. – 3 Il y a donc des cours d'occitan au lycée ? – 4 Bien sûr, et nous sommes des milliers à présenter l'épreuve d'occitan au Baccalauréat. – 5 Pas possible ! Et tu n'as pas peur d'avoir une mauvaise note ? – 6 Pas du tout ! Il n'y a que les points qui dépassent dix qui comptent. –

NOTES

(1) **Aqueste an**, syn. **ongan (augan / angan)**.
(2) On dit : **mèstre (d'escòla)** s'il s'agit d'un instituteur; syn. **regent.**
(3) **Cors** «cours», pluriel **corses**, avec un -e- de transition ; cf. leçon 8 note 1.
(4) **Per segur** ou **de (tot) segur** «bien sûr». **Segur** signifie «sûr» ou «certain». **Un òme segur** «un homme sûr (en qui l'on peut avoir confiance)» ; **soi / siái segur que ...** «je suis sûr ou certain que ...».

Sèm var. **sièm, èm ; siam (Prov.).**

(5) **Pas brica**, syn. **pas ges.**

Pour traduire «*seul*» on peut employer **sol : soi sol** «je suis seul». Mais comme adverbe, *seul* ou *seulement* se traduisent surtout par : **res / ren que ; i a pas que.**

LEIÇON 9

7 — Conta-me cossí se passan los corses d'occitan ! (6)

8 — Legissèm un pichon tèxte e lo professor nos explica las dificultats al tablèu negre (7).

9 — Puèi, nos pausa de questions per veire s'avèm comprés e ensajam de respondre en occitan (8).

10 — Enfin, atudam lo lum e lo mèstre nos projècta de diapositivas sus de tèmas tradicionals : la cort de la bòria, una carrièra, una granda vila, un pòrt etc., o sus de questions modèrnas : Fòs, la Granda Mota, lo Larzac... (9).

11 — Al començament, aviam un pauc paur ; degun ausava pas parlar (10).

12 — Mas Loïs, qu'es sortit d'en Cevenas, parlava correntament, tan plan coma tu. Nos entraïnèt e ara es a qual parlarà lo primièr (11).

7 kounto - koussi - passon louz koursés. - **8** pitchou tèsté taplèou négré. - **9** puèy - nou paouzo dé késtyous - béyré s'abèn koumprés - énsadjan dé réspoundré. - **10** énfi - lun - prodjètto - dyapouzitibos - tèmos tradissyounals - **kour** dé la boryo - karryèro - bilo, dé késtyous - mouto. - **11** kouménsomén abyan un paou pòou - aouzabo - pas parla. - **12** louïs kés sourtid d'én sébénos parlabo kourréntomén, tapla - nouzéntraïnèt é aro éza kal parlarà lou primyè. -

7 Raconte-moi (conte-moi) comment se passent les cours d'occitan ? – 8 Nous lisons un petit texte et le professeur nous explique les difficultés au tableau noir. – 9 Puis, il nous pose des questions pour voir si nous avons compris et nous essayons de répondre en occitan. – 10 Enfin nous éteignons la lumière et le professeur nous projette des diapositives sur des thèmes traditionnels : la cour de la ferme, une rue, une grande ville, un port etc ... ou sur des questions modernes : Fos, la Grande Motte, le Larzac... – 11 Au commencement, nous avions un peu peur et personne n'osait parler. – 12 Mais Louis, qui est né dans les Cévennes, parlait couramment, aussi bien que toi. Il nous a entraînés et maintenant c'est à qui (auquel) parlera le premier. –

NOTES (suite)

(6) **Cossí** «comment» (meilleure graphie que **consí**) est différent de **coma** «comme».

Nous avons vu, leçon 8 note 3, que des verbes, du type de **portar** à cause de l'alternance d'accent, ont leur **-o** prononcé soit **-ou-**, soit **-o-** (écrit **-ò-**). Toutefois, dans les parlers centraux, quand ce **-o-** est suivi d'un **-n-** ou d'un **-m-** (ex. **contar, comptar**) ce **-o-** est toujours pron. **-ou.**
(7) **Tablèu,** var. **tablèl. Pichon,** syn. **pichòt.** Ils indiquent une nuance affective, à cause de leur suf. dim. mais aussi *affectif,* **-on** ou **-òt.**
(8) **Puèi,** var. **puòi, puèis; puèi** est pron. pyèy ou pèy.
Veire «voir», var. **véser** (Gasc.); **véder** (Béarn.).
(9) Lo lum «la lumière (surtout la source lumineuse, lampe, etc.); **la lutz** «la lumière, la clarté». Le mot **lumièra,** que l'on entend parfois, est emprunté au français.
(10) **Ausar,** var. **gausar.**
(11) Le comparatif d'égalité est simple : **tant (tan** devant cons.) **... coma** «aussi ...que» ; **es tan grand coma tu** «il est aussi grand que toi» ; **inégalité : es pas tan grand coma tu** «il n'est pas aussi grand que toi». **On entend aussi la var.** *(pas) tan(t) ... que.* **Es (pas) tan grand que tu ; tan** est souvent pron. ta .

Comparatif d'infériorité : **mens ... que** «moins ... que» **: es mens sabent que lo mèstre** «il est moins savant que le professeur (*ou* maître)».

Sortir de dans le sens de «être originaire de», s'emploie au

13 — De còps, lo professor ditz : «Mas òm se creiriá dins la cort d'una bòria ». Puèi, ajusta en risent : « Se la polalha parla occitan, aquò va plan » !

13 de kots - proufèssou : mazon - kréyryo din la kour duno boryo. puèy ajust(o) én rizén : poulalyo - ba pla.

Exercice en provençal. — 1 L'occitan es la lenga naturala d'Occitània. - 2 Lo francés i èra gaire parlat avant la guèrra de Catòrze. - 3 L'occitan s'estúdia tornamai dins leis escòlas e nòstra lenga pren tornar la plaça qu'auriá jamai degut pèrdre. 4 Nòstrei grands èran punits s'un còp parlavan « patés ». - 5 Es pèr aquò qu'ara n'i a qu'an vergonha de parlar la lenga nòstra. - 6 Fau èstre fièr d'ensenhar e de parlar l'occitan, aquela lenga qu'a civilisat l'Occident e que deu viure pèr tot jamai.

Variantes provencales :– **3. leis** var. de **las** ; – **4. nòstrei** var. de **nòstres**; – **6. Fau** syn. de **cal**. Le prov. connaît la var. **cau**.

13 Parfois le professeur dit : «Mais on se croirait dans la cour d'une ferme». Puis il ajoute en riant : «Si la basse-cour (la volaille) parle occitan, à la bonne heure (cela va bien)».

NOTES (suite)

passé composé : **es sortit de Millau** «il est originaire de Millau» ; mais **sortiguèt de Millau l'an passat** «il est sorti (il sortit) de Millau l'an dernier (passé)». Syn. **es nascut en Cevenas,** «il est né dans les Cévennes».

Imparfait, conjugaison (verbes en **-ar** 1er groupe) ; **aimar** «aimer» : **aimavi/-e, -vas/-es, -va, -àvem, -àvetz, -van (-bon)** (Lang.) / **-van (-von)** (Prov.) / **aimavan** (en Gasc., avec le **-v-** pron. comme le -w- anglais) ;/ **eimavan (-van) (Limousin).**

2ème et 3ème groupes, verbes en -ir et **-e** / **-er : finir** «finir» ; **saber / saupre** «savoir» ; Lang. : **finissiái, sabiái, -iás, -iá, -iam, -iatz, -ian** (pron. **yon; yèn** (Hér.)); var. **-iáun,** pron. **yòou** (M.C., Alb., Quer. Sar., Bit.), que l'on peut écrire aussi **-ian :** (Sar., Bit., le **-a-** est pron. **-é-**).

Finales prov. : **-iau, -ias, -ia, -iam, iatz, -ián : finissáu** «je finissais» etc., **disiau** «je disais» (pron. **dizyéou),** etc.

Les verbes en **-ir-** se conjuguent presque tous (et même tous dans les parlers Or. et en Narb.) avec le suf. **-iss-.**

EXERCICE

1. L'occitan est la langue naturelle de l'Occitanie. **2.** Le français y était peu parlé avant la guerre de Quatorze. **3.** L'occitan est étudié (s'étudie) à nouveau dans les écoles et notre langue reprend (prend à nouveau) la place qu'elle n'aurait jamais dû perdre. **4.** Nos grands-parents étaient punis quand ils parlaient «patois». **5.** C'est pour cette raison (ça) que maintenant, il y en a qui ont honte de parler notre langue. **6.** Il faut être fier d'enseigner et de parler l'occitan, la langue qui a civilisé l'Occident et qui doit vivre à (pour) tout jamais.

Desena leiçon (10)

Prononciation : dézéno léyssou.

Un ostal roergàs

1 — Coma es lo primièr còp que venètz dins nòstre novèl ostal del Roèrgue, lo vos fau visitar (1).

2 — O podètz veire, es bastit en pèiras, las muralhas e las parets son espessas. Aital, es pas freg en ivèrn e pas caud en estiu (2).

3 — Las fenèstras son mai nautas que largas e sus la teulada a doás aigas i a pas de canjagut ; seriá contrari a l'estil del païs (3).

4 — La teulada es capelada amb de lausas : son de pèiras planièras, pas talhadas, en chistre roge o en calquièr segon çò que se tròba dins la region.

PRONONCIATION. — oustal rouérgas.
1 koumo - primyè kop - bénès - nostré noubèl oustal dél rouèrgué, lou bous faou bisita. - **2** poudès béyré - bastit en pèyros - muralyos é las paréts sou éspéssos - frétch ibèr kaou én éstiou. - **3** fénèstros - naoutos qué larguos - su(s) la téoulado a douoz ayguos, y o pas dé ka/ko djagut ; séryo kountrari a l'éstil dél païs. - **4** téoulado és kapélado - pèyros planyèros pas talyadoz én tchistré roudjé ou én kalkyè ségoun so ké sé trobo - rédjyou.

UNE MAISON ROUERGATE

1 Comme c'est la première fois que vous venez dans notre nouvelle maison du Rouergue, je vous la fais visiter. – 2 Vous pouvez le voir, elle est bâtie en pierres, ses (les) murs et ses (les) cloisons sont épais. Ainsi, elle n'est pas froide en hiver et pas chaude en été. – 3 Ses (Les) fenêtres sont plus hautes que larges et sur le toit à deux pentes (deux eaux), il n'y a pas de chien-couché ; ce serait contraire au style du pays. – 4 Le toit est couvert avec des «lauses» : ce sont des pierres plates non taillées, en schiste rouge ou en calcaire selon ce que l'on trouve dans la région. –

NOTES

(1) Le mot **ostal** est masc. alors que le mot français *maison* est fém. ; var. **ostau.** Syn. **maison** (Gasc. notamment). Le mot **casa** «maison», autrefois très employé est plus rare de nos jours, mais il reste fréquent dans les noms de lieux.

Vous avez certainement remarqué que certains **-a-** avaient soit un accent grave : **roergàs,** soit un accent aigu : **seriá.** Ce sont des accents indiquant la prononciation.

Voilà les règles de cette accentuation :

1) Les mots terminés par une voyelle ou une voyelle suivie d'un -s ont l'accent tonique placé sur l'avant-dernière syllabe :

taula, taulas «table, tables», **prene / prendre** «prendre».
cadièra, cadièras «chaise, chaises», **cantas** «tu chantes».

2) Tous les autres mots sont régulièrement accentués sur la dernière syllabe. Voici quelques exemples :

a) Verbes : inf. (**cantar**) ; part. présent (**cantant**), part. passé (**cantat**) ; 4ème et 5ème pers. **cantam** et **cantatz.**

b) Mots autres que les verbes : **vesin** «voisin»; **polit** «joli» ; **ostal** «maison» ; **primièr** «premier» ; **fenolh** «fenouil».

Les mots faisant exception à ces deux règles présentent donc une difficulté d'accentuation, qui est résolue par un accent placé sur la voyelle accentuée.

a) Verbes : principalement au futur et au conditionnel : **cantarà / cantará** «il chantera» ; **cantariái, cantariás, cantariá** «je chanterais, tu chanterais, il chanterait».

Vous remarquez que l'on accentue **cantarà** ou **cantará.** En effet selon les régions, on prononce soit **kantara,** soit **kantaro.** L'accent grave sur le **-a-** marque la pron. **-a,** l'accent aigu marque la pron. **-o-.**

5 — Dins lo nòrd del Roèrgue son grisas, sovent en calquièr, al luòc qu'al miègjorn de Sant-Africa son en chistre roge (4).

6 — Son pas claveladas mas solament pausadas ; es una tecnica plan estudiada per que lisen pas. I a de teuladas qu'an mai d'un sègle e que son totjorn en bon estat (5).

7 — Las lausas èran pauc a pauc remplaçadas per de teules, que son de melhor pausar, mas dempuèi qualques annadas, un fum de monde an comprés que los ostals devián pas perdre l'estil roergàs e tornan emplegar las lausas, que son de mal pausar (6).

8 — Ara, los Monuments Istorics restauran las teuladas de la region amb de lausas.

9 — Guston, auràs l'ocasion de veire d'autras teuladas en lausas, poiràs far de polidas fotòs (7).

- **5** rouèrgué sou grizos, soubén en kalkyè, al lyok k'al myèdjour dé sant afriko sou én tchistré roudjé. - **6** klabélados mas soulomén paouzados, uno ténniko pla éstudyado, ké lizén pas. ya/yo dé téoulados k'an may d'un sèklé ké sou toudjour én boun éstat. - **7** èron paou a paou rémplassados per dé téoulés ké sou dé mélyou(r) paouza - annados, fun - moundé an koumprés - débyon - tournon émpléga. - **8** louz mounuménz istourits réstaouron. - **9** Gustou aouras l'oukazyou de béyré - pouyras fa dé poulidos foutos.

5 Dans le nord du Rouergue elles sont grises, souvent en calcaire, alors qu'au (au lieu qu'au) nord de Saint-Affrique elles sont en schiste rouge. – 6 Elles ne sont pas pointées mais seulement posées ; c'est une technique très étudiée, afin qu'elles ne glissent pas. Certains (il y a des) toits ont plusieurs (plus d'un) siècles et (qui) sont toujours en bon état. – 7 Les «lauses» étaient peu à peu remplacées par des tuiles qui sont plus faciles à poser (de meilleur poser), mais depuis quelques années, beaucoup de gens ont compris que les maisons ne devaient pas perdre leur style rouergat et réemploient les «lauses» qui sont difficiles à (de mal) poser. – 8 Maintenant, les Monuments Historiques restaurent les toitures de la région avec des «lauses», – 9 «Gustou», tu auras l'occasion de voir d'autres toits en «lauses», tu pourras faire de jolies photos.

NOTES (suite)

b) Les mots terminés par -i ou -is accentués sur le **-i : cossí** «**comment**» ; **finís** «il finit».

c) Autres mots : les mots terminés par un **-s** donc par **-às, -és, -ós** ou **-ús** accentués sur la finale : **roergàs** «rouergat», **borgés** «(de **borg**) bourgeois», **rocalhós** «rocailleux», **palús** «marais».

L'usage traditionnel est d'écrire **cantan** sans accent et **cantaràn** avec accent. Cet usage étant une exception à la règle générale, il est de plus en plus remplacé par l'usage inverse : **càntan** (pron. **kanton**) et **cantaran** (pron. **kantaran**).

En général, peu d'Occitans sont à l'aise dans ces problèmes d'accentuation tonique, même s'ils connaissent bien et pratiquent régulièrement leur langue. Ainsi, ne vous tourmentez pas pour ces problèmes. Tenez-vous en aux règles principales, autant que possible, mais ne passez pas des heures sur ce petit problème secondaire. Certains sont même partisans de supprimer ces accents toniques qu'ils jugent superflus, inutiles ou compliqués. Le français et bien d'autres langues n'en ont pas et vivent quand même. L'usage décidera, pour l'occitan, du maintien ou de la suppression de ces accents toniques. La langue des Troubadours, dont la graphie normalisée occitane est inspirée, n'était pas accentuée toniquement. Toutefois, si c'est un peu astreignant pour l'écriture, c'est commode pour la lecture.

(2) **Lo** pronom masc. «le», est différent de **-o-** / **-zo** «le (cela)» pronom neutre. **O/ zo te dirai** «je te le dirai (cela)». **Lo te mòstri** «je te le montre (personne)». Toutefois, certains Occitans mélangent les deux.

LEIÇON 10

Exercice en provençal. — **1** Es polit mon ostau, es d'estile provençau, perqué vòli que lo païs sigue bèu. - **2** Lei muralhas son de pèira, sa teulissa es de teule. - **3** Fau pas que lei fenèstras sigan mai largas que autas, seriá pas l'estile dau païs. - **4** Pausar de teules, es pas de bòn faire, que li fai anar d'aise. - **5** De cubèrts de lausas, n'i a fòrça dins Avairon. - **6** I a de teules que son pas de bòn pausar.

Var. prov. : – 1. **Ostau**, var. de **ostal** ; **provençau** var. de **provençal** ; **sigue**, var. de **siá** – 2. **lei**, var. de **las** – 3. **sigan**, var. de **sián** ; **dau**, var. de **del** ; – 4. **bòn**, var. de **bon**.

NOTES (suite)

(3) En occitan, le comparatif de supériorité ne pose aucun problème ; pour le premier terme, on a le choix entre **mai, pus** et **plus,** pour le second, on emploie **que**, comme en français.

Teulada a (ou **de) doás aigas** (deux eaux) ; syn, ... **a doás arrapengas** (de **arrapar** «grimper, agripper») (Rg.).

Larg(a) «large» ; var. francisée **large(-ja).**

Can, var. **canh.**

Estil ou **estile** «style».

(4) **Luòc,** var. **lòc.**

Chistre var. **chiste.** On dit aussi **blesta** ou **pèira blesta.**

-ge, comme dans **roge** se prononce **-dgé** (ou **-tché,** Rg., Bit.). **Mièjorn** est prononcé **myèdjour** (ou **myètchour,** Rg. Bit.).

(5) **Lisar** «glisser», syn. **liscar, limpar.**

An «ils ont» se prononce **an** ; var. **áun** (pron. **òou**), écrite aussi **an.**

(6) La répétition, en ce qui concerne les verbes, est généralement exprimée en français par le préfixe *re-, ré- : reécrire, refaire* etc. L'occitan utilise à cet effet le verbe **tornar**, qui joue le rôle du préfixe **re-, ré-**. Toutefois, c'est lui que l'on conjugue, alors que le verbe indiquant l'action reste à l'infinitif : «je le refais» se traduit donc par **o torni far** ; «je l'ai revu», **l'ai tornat veire** ; «je le reécrirai», **o tornarai escriure.**

Teule «tuile». La var. fém. **teula** signifie «tuile» mais aussi «carreau de terre cuite, dalle, ardoise, brique à bâtir». Le fém. est aug. par rapport au masc.: **un sac** «un sac», **una saca** «un grand sac» (une «sache» en fr. du «Midi»).

Notez l'expression très occitane **es de melhor (pausar, far, traucar)** «c'est plus facile à poser, faire, trouer». **Es de mal** (ou **missant) far/faire** «c'est difficile à faire,» ; **es de bon far** «c'est facile à (de bon) faire». On entend d'ailleurs en français du Midi : *c'est de bon faire.* **Roergàs,** var. **roergat. Tornan,** var. **tòrnan.**

(7) **Far,** var. de **faire,** très fréquente : **vòli far aquò** «je veux faire cela (le faire)».

EXERCICE. – 1 Elle est jolie ma maison, elle est de style provençal parce que je veux que mon (le) pays soit beau. – 2 Ses (les)murs sont en pierre, son toit est en tuile. –**3.** Il ne faut pas que ses (les) fenêtres soient plus larges que hautes, ce ne serait pas le style du pays. –**4.** Poser des tuiles est très difficile (pas de bon poser), il faut faire attention. 5. Des toitures en «lauses», il y en a beaucoup dans l'Aveyron. –**6.** Il y a des tuiles qui ne sont pas faciles à poser. (pas de bon poser).

Onzena leiçon (11)

Prononciation : ounzéno léyssou.

Los membres de l'ostal

1 — Dintrem dins l'ostal, Guston ; gaita aquelas fustas que sostenon lo ponde, son en garric; las del fustatge tanben. Las doèlas son de castanhièr. Amb de castanhièr sèm segurs d'aver pas cap d'aranhas (1).

2 — Aquí, as de cadièras ancianas, en palha. La taula es en noguièr, coma lo vaisselièr (2).

3 — Veicí las cambras. Los lièches son tanben en noguièr, mas los armaris son en noguièr o en cerièr (3).

4 — Aicí, una pendula drecha plan vièlha. Lo balancièr es un simple plomb tot pichon (4).

5 — Ara, sèm dins la solharda, ont rengui, la pala, las pelhas, lo ferrat e tot çò qu'ai besonh per la cosina ; i fau tanben la vais-

PRONONCIATION. — louz mémbrés dé l'oustal.
1 gayt'akélos fustos ké sousténou(n) lou poundé - garrik - fustatché. Douèlos - kastanyè - abé. - 2 kadyèro - nouguyè - bayssélyè. - 3 lyètchés - séryè. - 4 ploun. - 5 bézoun.

LES PIECES DE LA MAISON

1. Entrons dans la maison, «Gustou» ; regarde ces poutres, qui soutiennent le plancher, elles sont en chêne ; celles de la charpente aussi. Les planches de volige sont en (du) châtaigner. Avec du châtaigner nous sommes assurés (sûrs) de ne pas avoir du tout d'araignées. – **2.** Là, tu as des chaises anciennes en paille. La table est en noyer, comme le vaisselier. – **3.** Voici les chambres. Les lits aussi sont en noyer, mais les armoires sont en noyer ou en cerisier. – **4.** Ici, une très vieille pendule droite. Son balancier est un simple plomb tout petit. -

NOTES

(1) Gaitar, var. **agaitar**, syn. **(a)gachar, espiar. Ponde** : «plancher» mais aussi «plafond» (parce que = plancher vu de dessous) ; **pondar** «poser un plancher». **Sosténer**, var. **sostenir ; sostengue** (Gasc.). **Fustatge**, syn. **carpenta** (mot gaulois). **Garric** «chêne kermès» ou «chêne (en général)» dans certaines régions (mot pré-indo-européen (préhistorique), néolithique et méditerranéen); **lo rove** «le chêne rouvre».

(2) Vaisselièr, syn. **estanhièr** de **estanh** «étain». **Noguièr** pron. **nouguyè**, var. locale **nouyè.**

(3) Veicí «voici», syn. **vej'aicí** ou simplement **aicí ; vaquí** «voilà», syn. **vej'aquí**, ou simplement **aquí. Lièch**, var. **lièit, lèit.** Dans le Bas-Lang., **-ly-** est pron. **-y-** ; donc **lièch** y est pron. **yètch** ; même pron. sur les bords du Rhône en Provence. **Cerièr**, var. **cerièis.**

(4) Drech, var. **dreit**. Avec **lièch/lièit** et **drech/dreit (nuèch/ nuèit** «nuit», **fach/fait** «fait») vous avez une des principales var. de l'occitan : **-ct** final, **var. -it.**

(5) Le mot **solharda** «sorte de petite pièce contiguë à la cuisine où l'on fait la vaisselle ... etc», typique de l'Occitanie. Mot sans correspondant en français. **Recatador** «réduit (pour ranger)» ; **recanton** «recoin». **Rengar**, syn. **estremar** «bien ranger, mettre sous clef (argent etc.)» ; **s'estremar** «se dissimuler». **Balaja** syn. **engranièra** (Toul., Mil. Narb., partie du Lang.), **escoba** (Prov. etc.). Remarquez **que** «dont», tour déjà vu leçon 2, phr. 6.

sèla. Meti la balaja dins lo recatador (5).

6 — Dintratz dins la cosina ; aquò es una cosina : i podèm manjar ! E la chaminèia en pèira, es pas polida ? Coma es plan larga, nos i podèm assetar dedins, de cada costat, e aital passar de velhadas meravilhosas al canton del fuòc. Lo fuòc de lenha dins la chaminèia, es l'arma de l'ostal (6).

6 dintras - tchaminèyo - bélhados mérabilyouzos al kantou dél fyok - lényo.

Exercice en provençal. — 1 Lei fustas son de rore, lo postam pereu. - 2 Lei fenèstras son de castanhièr, mai pas lei cadièras. - 3 La chaminèa es de pèira, coma l'ostau. - 4 Manjar au canton dau fuòc es agradiu. - 5 Pròchi dau fuòc, nos cremam lo davant e nos gelam lo darrièr ; mai i fai bòn pensar e mai parlar entre amics.

PRONONCIATION. — 1 fusto - poustan péréou - 3 oustaou. - 4 kantoun dòou fyo - agradiou / -dyéou (Arles, Avignon, Marseille).

– **5.** Maintenant, nous sommes dans la «**souillarde**» où je range la pelle, les torchons, le seau et tout ce dont (que) j'ai besoin pour la cuisine ; j'y fais aussi la vaisselle, je mets le balai dans le réduit. – **6.** Entrez dans la cuisine ; ça c'est une cuisine : on peut (nous pouvons) y manger ! Et la cheminée en pierre, n'est-elle pas jolie ? Comme elle est très large, on peut s'asseoir (nous pouvons nous y) à l'intérieur (dedans), de chaque côté, et ainsi passer de merveilleuses veillées au coin du feu. Le feu de bois dans la cheminée, c'est l'âme de la maison.

NOTES (suite)

(6) L'impératif (1er groupe, finale **-ar**) : **Dintra** «entre», **dintrem** «entrons», **dintratz** «entrez». **Canta** «chante», **cantem** «chantons», **cantatz** «chantez». Remarquez les formes en **-em** qui sont empruntées au subjonctif. **Chaminèia** est parfois pron. **chiminèia.** L'ancienne forme du sud, **caminada**, au sens de «cheminée», est plus rare : elle signifie plutôt «presbytère» aujourd'hui. Attention à la place des mots dans l'expression **nos i podèm assetar** : on pourrait dire toutefois, selon l'ordre français, **podèm nos i assetar. S'assetar,** var. **s'assèire/s'assèser** ou **se sèire/sèser. Costat**, syn. **ban/pan. Fuòc** var. **fòc, fuèc ; huec** (Gasc. avec le **f- =h-). La lenha** «le bois de chauffage» est différent de **bòsc** «bois (forêt)» ; la forme **boès** «bois (coupé)» est empruntée au fr.

L'arma de l'Occitania es son arma «l'arme de l'Occitanie est son âme» (dicton); toute une philosophie ! Le mot occitan arma «âme» a été remplacé bien souvent par le gallicisme **ama,** graphie savante **anma. La fèsta d'Armas** «le jour des Morts (des Ames)».

EXERCICE

1. Les poutres sont en (de) chêne, le plancher aussi. – **2.** Les fenêtres sont en châtaigner, mais pas les chaises. – **3** La cheminée est en pierre , comme la maison. – **4.** Manger au coin du feu est agréable. – **5.** Près du feu, on (nous) se brûle le «devant» et on (nous) se gèle le «derrière» ; mais il y fait bon réfléchir et aussi parler entre amis.

Var. prov. – **1. rore,** lang. **rove ; postam** syn. de **ponde. – 3. mai,** var. de **mas,** existe aussi en lang. **–3. ostau,** lang. **ostal. –4. au, dau,** lang. **al, dal: –5. fai,** var. de **fa,** existe aussi en lang.

LEIÇON 11

Dotzena leiçon (12)

Prononciation : doutséno léyssou (1).

La velhada

1 — Ai convidat d'amics ; anuèch farem una velhada, coma dins lo temps. Aquò val totas las televisions del monde ! (1)

2 — Tè, arriban ; dintratz ! Vos saludi a totes, los grands e los pichons, los gròsses e los magres, los borruts e los cappelats, dintratz e que la velhada comence ! (2)

3 — La castanhada es gaireben prèsta. Bolega lo panièr, Guston ; cal que las castanhas susen ; quand petaràn, seràn cuèchas (3).

4 — Ara i es, petan ; del temps qu'acaban de se còire, prepara lo linge, Loïson, per las i metre. Per que sián melhoras, las anam confir (4).

PRONONCIATION. — bélyado.
1 ay kou(m)bidad d'amits ; anuètch - téns - télébizyou. - 2 bourruts - kappélats - kouménsé. - 3 kastanyado - boulégo - suzén - pétaran, séran kuètchos. - 4 péton - louïzou - syon mélyouros - kou(n)fi. -

LA VEILLEE

1. J'ai invité des amis ; ce soir nous ferons une veillée comme autrefois (dans le temps). Ça vaut toutes les télévisions du monde ! – **2.** Tiens, ils arrivent ; entrez ! Je vous salue (à) tous, les grands et les petits, les gros et les maigres, les velus et les chauves, entrez et que la veillée commence ! – **3.** La flambée de châtaignes est presque prête. Remue le panier, «Gustou», il faut qu'elles suent, les châtaignes; quand elles pèteront, elles seront cuites. – **4.** Maintenant, ça y est, elles pètent ; pendant (du temps qu'elles) finissent de cuire, prépare le linge, «Louisou», pour qu'on les y mette. Pour qu'elles soient meilleures, on va les **«coufire»**. –

NOTES

(1) Dotzen : la forme **dotzième** est empruntée au français. **Anuèch** : pour les var. cf. **nuèch** leçon 11 note 4 ; dans certains parlers, **anuèch (anuèit ...)** signifie «aujourd'hui».

(2) Comence, subj. présent de **començar.** Subjonctif présent des verbes du 1er groupe (finale en **-ar) : Parle, -es, -e, -em, -etz, -en.**

(3) Castanhada, syn. **virolada, risolada. Cuèch**, var. **cuòch, còit, cuèit. Far la castanhada** «faire une grillée de châtaignes». La veille du jour des Morts ou de la Saint-Martin, on «fait une castagnade» particulière ; les enfants mettent quelques châtaignes dans leur lit, comme offrande aux âmes des morts.

(4) Del temps que, syn. **mentre que, pendent que, de çò que. Còire**, var. **còser, còder.**

5 — Met-las dins lo linge, Joanon, e fai-las passar a Marineta, que s'i assète dessús. A un brave cuoleton per las coar (5).

6 — Coquinàs, me faràs totjorn rire. Tè, a tu de las confir las castanhas, aquò te recalfarà... lo còr ! Ara a tu, Guilhèm, t'amagues pas darrièr ton paire ! (6)

7 — Devon èstre prèstas. Las anam poder manjar. Que son bonas ! Diriatz qu'un lapinon me leca l'arma ! (7)

8 — Sèm talament plan aquí, davant aquel bon fuòc de lenha, a manjar de castanhas e a nos contar d'istòrias qu'anariam pas al lièch totara. Pr'aquò deman, començam nòstre viatge, a la descobèrta de l'Occitania (8).

5 sassèté - kyoul - koua. - 6 koukinas - rékalfara - payré. - 7 débou(n) - mandja - diryas - lapinou - léko. - 8 fyok - lyètch - déma - byatché.

5. Mets-les dans le linge, «Jeanou», et fais les passer à Marinette pour qu'elle s'asseye dessus. Elle a un bon (grand) derrière, notre chère Marinette pour les couver. – **6.** Grand coquin, tu me feras toujours rire. Tiens, à toi de les «coufire» les châtaignes, ça te réchauffera ... le cœur ! Maintenant à toi, «Guilhem», ne te cache pas derrière ton père ! – **7.** Elles doivent être prêtes, on va (nous allons) pouvoir les manger. Qu'elles sont bonnes ! On dirait (vous diriez) qu'un petit lapin (mignon) «me lèche l'âme» ! – **8.** On est tellement bien là, devant ce bon feu de bois, à manger des châtaignes et à nous raconter des histoires qu'on n'irait pas au lit tout à l'heure. Pourtant, demain, nous commençons notre voyage, à la découverte de l'Occitanie.

NOTES (suite)

(5) Employé avec un impératif, le pronom complément (**lo, la**, etc.), se place comme en français, après l'impératif : **met-las** «mets-les» ; **fai-las passar** «fais-les passer». **Brave** signifie «gentil» ou «grand» : **una brava pèira** «une grande pierre». Vous avez certainement constaté que le féminin des adjectifs est en **-a : brave,** fém. **brava ; bon** «bon», fém. **bona. Cuol** est moins grossier que le fr. *cul* ; var. **chol** ; syn. **detràs** «derrière». Remarquez l'expression : **a un brave cuoleton** : Marinette a un «bon derrière (**brave**)», mais **cuol** , est suivi d'un double suf. qui n'a pas ici une valeur diminutive (ce que contredirait l'adj. brave), mais une valeur affective. L'expression signifie donc à peu près : «elle a un bon (grand) derrière, Marinette qu'on aime bien».

(6) Le suf. **-às** de **coquinàs** est augmentatif ici. Il est parfois péjoratif : **un ostalàs** est «une maison grande et laide». **Còr**, var. francisée **cur. Paire**, var. **pèra** (pron. **pèro**) empruntée au français. **Paire** signifie aussi parfois «chef des domestiques». **Recalfar**, var. **recaufar**, dér. de **calfar**, var. **caufar** «chauffer».

(7) Èstre, var. **èsser. Poder**, var. **porre, poire.** Le suf. **-on** de **lapinon** est dim. et affectif ; cf. leçon 8 note 7. Très belle expression languedocienne indiquant que l'on se «régale» comme si «un petit lapin vous léchait l'âme».

(8) Istòria, var. francisée **istoèra. Anariam**, var. **aniriam ; anguerem** (Gasc.).

Exercice en provençal. — 1 Te convidi a venir a l'ostau, que i fau una castanhada. - 2 Ai convidat tot lo monde, totei leis amics. - 3 Vaquí lei castanhas que petan, seran lèu cuèchas. - 4 Asseta-te sus lei castanhas, Marineta, aquò te recaufarà... leis idèas.

PRONONCIATION. — 2 kounvida - ami. - 3 kastanyo - péton - kuètcho / kyœtcho.

Tretzena leiçon (13)

Prononciation : trétséno léyssou.

Lo viatge començа : las Gòrjas de Tarn (1)

1 — Anem, despachatz-vos un pauc, las femnas ; que sètz longanhas ! E alara, los enfants, es acabada la nuèch, levatz-vos ! (1)

2 — Aquí Milhau, serem lèu a las gòrjas de la Jonta que veirem aqueste matin, puèi visitarem l'avenc Armand e tornarem per las gòrjas de Tarn (2).

PRONONCIATION. — gordjos dé tar.
1 déspatcha (z)bous - lounganyos. - 2 milyaou - lèou - abénk arman. -

1. Je t'invite (convie) à venir à ma (la) maison, où je fais une grillée de châtaignes. – **2.** J'ai invité tout le monde, tous mes amis. – **3.** Voici les châtaignes qui pètent, elles seront bientôt cuites. – **4.** Assieds-toi sur les châtaignes, Marinette, ça te réchauffera ... les idées.

Var. prov. – **2. totei** var. de **totes.** – **4. recaufarà,** var. de **recalfarà**, connue aussi en Lang.

LE VOYAGE COMMENCE : LES GORGES DU TARN

1. Allons, dépêchez-vous un peu, mesdames (les femmes) ; vous n'en finissez plus (que vous êtes «loungagnes»)! Et alors, les enfants, elle est finie la nuit, levez-vous ! – **2.** Voilà Millau, nous serons vite aux gorges de la Jonte que nous verrons ce matin, puis nous visiterons l'Aven Armand et nous reviendrons (retournerons) par les gorges du (de) Tarn. –

NOTES

(1) Le **-n** final n'étant plus prononcé en languedocien depuis des siècles, c'est donc une erreur de dire **tarn** : on doit dire **tar.** Bien souvent, les noms de rivières, n'ont pas d'article : **Tarn, Garona,** «le Tarn, la Garonne». Notez l'expression **las femnas** «mesdames». **Longanhe**, dér. de **long**, signifie «long et pénible ; nonchalant». Mot bien expressif, employé aussi en français du «Midi» : *«que tu es loungagne !». Enfant,* syn. **dròlle, mainatge, mainadet, niston.** Les mots **pichon, pichòt** sont plus affectueux ; un «jeune enfant» se dira un **menut** (menu), **trasson,** de **tras(se)** «malingre», **castanhon** (petite châtaigne), etc. On emploie aussi les dim. **pichonèl/-net.**

(2) Milhau : la graphie actuelle, *Millau*, est francisée. **Aqueste matin,** syn. **uèi matin** (aujourd'hui matin), **de matin. Tornar** signifie «s'en retourner, revenir» : «tourner» se dit **virar. Vira a drecha** «tourne à droite».

3 — Arribam a la Jonta, gaitatz-me aquel paisatge, aquels debauces, aquela ribièra al fons del barrenc, aquelas colors : aquò val pas lo desplaçament ? (3)

4 — Ara sèm sul causse, prendrem a man esquèrra per l'avenc Armand, veiretz la balma, es una meravilha (4).

5 — Que vos disiái ! Aviatz ja vist d'estalactitas tan bèlas ! E aquelas estalagmitas ! Alara, sètz contents ? Nos demòra pas pus que de veire las gòrjas de Tarn e aquò vos farà una brava jornada (5).

6 — Agachatz, començan ailà ; nos arrestarem a la Malena, per davalar en barca dusqu'a las Vinhas. N'ai logada una per telefòne, es pus prudent (6).

7 — Tot lo monde dins la barca ! Partissèm ! Gaitatz aquels rocasses, l'auçada de la montanha, avètz pas paur ? — Ieu, ai pas paur, mas tremòli. Contunhes pas a bolegar coma aquò, Guston, o anam taular (7).

3 gayta(z) mé - païzatché - koulous - bal - désplassomén. - 4 aro - kaoussé - balmo - mérabilyo. - 5 dizyoy - abyas - bist - éstalattitos - éstalammitos. - 6 agatchats, kouménson ayla - dabala - nay lougado - prudént. - 7 tou(l)lou moundé - gaytazakés roukassés - laoussado - abès - pòou - yéu - kountunyés - taoula. -

3. Nous arrivons à la Jonte, regardez-moi ce paysage, ces rochers à pic, cette rivière au fond du ravin, ces couleurs ; ça ne vaut pas le déplacement ? – **4.** Nous sommes maintenant sur le Causse, nous prendrons à (main) gauche pour l'Aven Armand, vous verrez la grotte, c'est une merveille. – **5.** Qu'est-ce que je vous disais ! Vous aviez déjà vu d'aussi belles stalagtites ! Et ces stalagmites ! Alors, vous êtes contents ? Il ne nous reste plus qu'à (de) voir les gorges du (de) Tarn et vous aurez eu une (et cela vous fera une) journée bien remplie (grande). – **6.** Regardez, elles commencent là-bas ; nous nous arrêterons à la Malène, pour descendre en barque jusqu'aux Vignes. J'en ai loué une par téléphone, c'est plus prudent. – **7.** Tout le monde dans la barque ! Nous partons ! Regardez ces rochers, la hauteur de la montagne, vous n'avez pas peur ? Moi, je n'ai pas peur, mais je tremble. Ne continue pas à remuer ainsi (comme cela), «Gustou», ou nous allons chavirer. –

(3) Barrenc, syn. **rèc** «petit ruisseau, ravin».

(4) Esquèrra «gauche» : le mot «**gaucha**» est emprunté au français. **Balma** , var. **bauma** : mot préhistorique dont la racine est méditerranéenne.

(5) Que! exclamatif, s'écrit sans accent. **Qué,** var. de **qué,** interrogatif ou après préposition, porte un accent aigu : **qué** ou **de qué cercas** ? «que cherches-tu ? »

(6) Le français *en* se traduit généralement par **ne (n'** devant voyelle) : **ne vòli** «j'en veux). Mais après les pronoms **lo(s), las, nos, vos,** on emploie **en : vos en portarai** «Je vous en porterai».

8 — Es acabat ; nos sèm plan regalats ! Perqué viatjar a l'estrangièr quand avèm de tresaurs aital en Occitania ! (8)

8 trézaous.

Exercice en provençal. — 1 Ieu, vau visitar lei gòrjas d'Artubi. - 2 Puèi anarai manjar pròchi de la Mescla. - 3 Après, davalarai lei gòrjas de Verdon. - 4 Enfin tornarai pèr Rogon. - 5 Aquela jornada foguèt bèla. - 6 Anuèch, es bòn de se pausar au canton dau fuòc.

PRONONCIATION. — 1 gordjo. - 4 énfin. - 5 fouguè. - 6 anuè / anyœ - kantoun.

8. C'est fini (achevé) ; nous nous sommes bien «régalés» ! Pourquoi voyager à l'étranger quand nous avons de pareils trésors (ainsi) en Occitanie !

NOTES (suite)
(7) Nous avons vu l'impératif positif des verbse du 1er groupe, leçon 11 note 6. En occitan, on forme différemment l'impératif, quand il est négatif; on emploie le subjonctif présent pour toutes les personnes : **parles pas, parlem pas, parletz pas** «ne parle , parlons, parlez pas !»; **me'n parles pas** «ne m'en parle pas». Retenez bien les finales, **-es, -em, -etz. Taular**, syn. **abocar.**

(8) Perqué, var. **per de qué.**

1. Moi, je vais visiter les gorges de l'Artuby. – **2.** Puis, j'irai manger près de la Mescla. – **3.** Ensuite, je descendrai les gorges du Verdon. – **4.** Enfin, je reviendrai par Rougon. – **5.** Cette journée fut belle. – **6.** Le soir, il est bon de se reposer au coin du feu.

Var. prov. – **6. Au**, var. de **al** ; **dau** var. de **del.**

Catorzena leiçon (14)

Prononciation : katourzéno léyssou

REVISIONS ET NOTES

1. Vous commencez peut-être à ressentir certaines difficultés. Avec cette nouvelle série de sept leçons, sont apparus en effet de nombreux points grammaticaux qui ont dû vous demander une certaine attention. Mais persévérez, vous avez déjà été en contact avec la plupart des quelques difficultés que peut présenter l'occitan qui, finalement, ne sont pas très importantes.

Les notes et les exercices vous ont permis de connaître la réalité des différences dialectales de l'occitan. De plus, les exercices de cette série de leçons vous ont été présentés en provençal. Vous entendrez souvent dire ceci : «l'occitan (*que beaucoup*, malheureusement, appellent encore *patois*) change d'un village à l'autre». C'est exact : mais ces différences sont souvent minimes ; *elles ne gênent pas l'intercompréhension* entre personnes originaires de régions différentes. Cette *diversité dans l'unité* est considérée à juste titre comme une richesse.

N'oubliez pas que vous avez tout à fait le droit de prononcer l'occitan selon les principes et particularismes de votre région et que même, vous le devez. Il n'y a pas d'impérialisme d'une région particulière. Vous avez pu vous rendre compte des principes de la graphie occitane, qui vise à recouvrir le plus possible de particularités locales. Cependant, dans certains cas, toutes les variantes ne peuvent pas être comprises dans une seule graphie à moins d'avoir recours à une graphie trop chargée, ce qui n'est pas souhaitable. Il est alors possible d'écrire ces variantes, avec leurs propres particularismes, en faisant en sorte (autant que faire se peut) que le mot soit reconnu des Occitans utilisant d'autres dialectes. Par exemple, pour le mot «nuit», **nuèch** en languedocien, il est possible de l'écrire aussi, par exemple, **nuòch** (Bas-Languedoc) ou **nuèit** (Gascogne) : ces variantes orthographiques étant facilement reconnaissables et identifiables par les occitans étrangers à ces régions. Je répète donc une des devises de l'occitan et de l'Occitanie : *de la diversité dans l'unité et la tolérance*. Cette formule correspond simplement à l'esprit de *convivéncia* (coexistence pacifique et tolérante) qui animait la civilisation occitane des Troubadours que nous allons découvrir dans les leçons qui suivent.

2. La seule difficulté de l'occitan concerne la conjugaison ; non qu'elle soit redoutable, mais parce qu'elle est la charnière de la langue. Le verbe est en effet le seul mot qui varie beaucoup. Pour pouvoir parler, il faut donc être capable de prononcer rapidement

la forme verbale adéquate. *Il en est de même de toutes les langues.* Vous pouvez posséder un vocabulaire considérable sans pour autant être capable de construire une phrase, précisément à cause des formes verbales. Il faut donc vous entraîner à jongler avec les conjugaisons, en formant de petites phrases, en utilisant les formes verbales que vous avez rencontrées ; exemple : **dintra, l'amic** «entre, (l')ami»; **dintram a l'ostal** «nous entrons à la maison» ; **dintrariam a l'ostal** ... «nous entrerions à la maison ...». **Nous insistons encore sur cette** *gymnastique verbale nécessaire* sans laquelle vous aurez-de très grandes difficultés pour parler vraiment. Apprenez des mots, mais sachez *avant tout* vous servir des formes verbales : *voilà votre bible.*

EXERCICE VERBAL :
présent, passé simple, imparfait

Aimi l'occitan «j'aime l'occitan» ; **l'aimas la maire** «tu l'aimes ta (la) mère» ; **aima lo paire** «il aime son (le) père». **Aimèri legir** «j'ai aimé, j'aimai lire» ; **aimèt dançar** «il a aimé, il aima danser» ; **aimèron dançar** «ils ont aimé, ils aimèrent danser». **Voliái partir** «je voulais partir» ; **voliás venir** «tu voulais venir» ; **voliatz tornar** «vous vouliez revenir». **Aimava dançar** «il aimait danser» ; **aimavan**, pron. : **-abon** (Lang.), **-avon** (Prov.), **-awon** (Gasc.) ; var. **aimavon**, pron. **-aboun/-abou** (Lang.), que l'on peut écrire aussi **aimavan**, par souci d'unité graphique.

3. Les particularités de l'occitan doivent commencer à vous être plus familières.
L'absence de pronom sujet, ne doit plus vous gêner. Les emplois de *que*, utilisé pour introduire un très grand nombre de subordonnées conjonctives, doit vous sembler plus facile. Ecoutez bien les Occitans, même quand ils parlent français. Très souvent, ils emploient ce *que* comme ils le feraient en occitan : *«c'est la personne* **que** *je t'ai parlée* (pour **dont**) ; *c'est la chose* **que** *je te dis qu'elle est jolie* (pour **dont**) ; *c'est le chien* **qu'on** *lui a coupé la queue.*
Attention à la traduction du **ré-/re-** verbal (refaire, etc.) par le verbe **tornar** qui se conjugue, alors que le verbe indiquant l'action reste à l'infinitif : **o torni far** «je le refais».

4. Passé simple, tableau : 1er groupe (finale **-ar**), désinence **-èr-** : **anar** «aller» d'où **anèri/-e** «j'allai, je suis allé», **-ères, -èt, -èrem, -èretz, -èron** (pron. **-èroun/-èrou**). Les verbes des deux autres groupes, sauf exceptions, reçoivent la désinence **-guèr–** : **prene** «prendre» d'où **prenguèri/-e, -guères, -guèt, -guèrem, -guèretz, -guèron** (pron. **-èroun/-èrou**). Toutefois, certains verbes, dans certaines régions, ont une var. : formation avec **-guèr-** ou **-squèr** : **conéisser/conóisser** «connaître», d'où : **cone(i)guèri/-re** (partie du Lang., Prov.) ; **conosquèri/-re** (Lang.). Le gascon a des formes particulières : **conegoï, -os, -oc, -om, -otz, -on. Veire/véser** «voir» : **veguèri/-re** ; **vesquèri** ; **vejèri** (Lang.) ; **vesoi/vedoi, -os** etc. (Gasc.).

Quinzena leiçon (15)

kinzéno.

Qui èran los Trobadors ? (1)

1 — Coma nos devèm repausar un pauc après la visita de las gòrjas de Tarn, ai demandat a Esclarmonda de venir nos parlar dels Trobadors. Escotatz-la ! (1)

2 — Lo nom de *trobador* designa ara un poëta un pauc foligaud que canta l'amor, las jovenetas, la prima. Aquel sens s'aplica pas gaire als Trobadors occitans que visquèron subretot als sègles dotzen e tretzen (2).

3 — Eran plan mai que de simples cantaires de charmes. An creat e espandit una de las mai grandas civilisacions conegudas dins lo monde entièr. De grands professors dison quitament que i aguèt pas en Euròpa que doás grandas civilisacions, la grèca et l'occitana dels Trobadors (3).

PRONONCIATION. — èron.
1 koumo nouz débèn répaouza - éskouta(z) la. **2** troubadou dézinno - djoubénétos. biskèrou(n) subrétout. - **3** kantayrés dé tcharmé. an - kounégudos. - **4** balou intélléttualo - anglotèrro. -

QUI ETAIENT LES TROUBADOURS ?

1. Comme nous devons nous reposer un peu après la visite des gorges du Tarn, j'ai demandé à Esclarmonde de venir nous parler des Troubadours. Ecoutez-la ! – **2.** Le nom de **troubadour** désigne maintenant un poète un peu superficiel qui chante l'amour, les jeunes filles, le printemps. Ce sens ne s'applique pas beaucoup aux Troubadours occitans qui vécurent surtout au XIIème et XIIIème siècles. – **3.** Ils étaient bien plus que de simples chanteurs de charme. Ils ont créé et répandu une des plus grandes civilisations connues dans le monde entier. De grands professeurs vont jusqu'à dire (disent même) qu'il n'y eut en Europe que deux grandes civilisations, la grecque et l'occitane des Troubadours.

NOTES

(1) Les relatifs **que, qui** : on emploie généralement **que** pour les personnes et pour les choses : **l'ostal que vesi** «la maison que je vois» ; **l'òme que parla** «l'homme qui parle». Toutefois, comme sujet et complément direct dans une interrogation ou après une préposition, on emploie **qui** pour les personnes :**Qui parla** ? «Qui parle ? » ; **Qui veses** ? «Qui vois-tu ? » ; **A qui parlas** ? «A qui parles-tu ? » ; var. **Qual parla** ? «Qui (lequel) parle ? ». **Esclarmonda,** beau prénom occitan signifiant «qui éclaire le monde».

(2) Joveneta, syn. **drolleta** (Lang.) ; **chata** (Prov.). Jove, var. **joine. Prima,** var. **printemps.**

(3) Aguèt, var. **agèt.**

(4) Naut dér. de **aut**, de sens identique.

4 — Es vertat qu'èran de poëtas-filosòfes qu'establiguèron una filosofia d'una valor intellectuala, morala e mistica plan nauta, que dardalhèt dins gaireben tota l'Euròpa d'alara. A l'epòca, i aguèt de Trobadors qu'escrivián en occitan en Espanha, en Italia, en Alemanha, en Anglatèrra, etc. (4).

5 — Avètz aicí los principis essencials de lor pensada : son contenguts dins qualques mots-claus que son emplegats de contunh dins lors òbras : *paratge, prètz, libertat, leialtat, fiseltat, larguesa, melhorament, Amor, jòi.*

6 — Lo primièr vòl dire que la societat deu èstre fondada sul *paratge* es a dire sus *l'egalitat* entre los òmes, dins totes los domènis.

7 — Mas alara, que devenon los privilègis abolits a la Revolucion Francesa, lo quatre d'agost de mila sèt cents quatre vints nòu ?

8 — Los privilègis ? N'i aviá pas un fum a-n-aquela epòca. L'Occitania èra pas encara en França ; la civilisacion del « Miègjorn » èra plan diferenta de la del « Nòrd » (5).

5 éssénsyals - kounténguts - obros : paratché, léyaltat, fizéltat - djoy soussyétat. - **7** 'débénou(n) frantsézo - binnòou. - nyabyo - nor.

– **4.** Il est vrai (vérité) qu'ils étaient des poètes-philosophes qui ont établi une philosophie d'une très haute valeur intellectuelle, morale et mystique, qui a rayonné dans presque toute l'Europe d'alors. A cette (l')époque, il y eut des Troubadours qui écrivaient en occitan en Espagne, en Italie, en Allemagne, en Angleterre, etc. –/**5.** Voici quels étaient (Vous avez ici) les principes essentiels de leur pensée : ils sont contenus dans quelques mots-clés qui sont employés continuellement dans leurs œuvres **«paratge»** (égalité totale), **mérite** (prix) , **liberté** , **loyauté, fidélité, générosité** (largesse), **amélioration personnelle, amour, «jòi»** (félicité suprême obtenue par l'observance de tous ces principes). (Vous avez des exemples de cette philosophie dans les textes des Troubadours présentés dans la dernière série de leçons : leçons 71, 72, 73). – **7.** Mais alors, que deviennent les privilèges abolis à la Révolution Française, le 4 (d')août (de) 1789 ? – **8.** Les privilèges ? Il n'y en avait pas beaucoup à cette époque. L'Occitanie n'était pas encore en France ; la civilisation du «Midi» était fort différente de celle du «Nord».

NOTES (suite)

(5) A-n-aquela : on introduit souvent un **-n-** de transition, entre les deux a; var. **a-s-aquela** (Quercy). *Celui, celle de,* se traduisent en occitan par **lo, la de. Quatre vingts,** syn. **ochanta** var. **oitanta** «octante» en ancien fr., en fr. de Suisse et de Belgique.

(N'i avià) pas un fum, syn. **pas gaire** ou **pas fòrça.**

Exercice en gascon. — 1 Que'm cau repausar pr'amor la visita de las gòrjas de Tarn qu'estoc penibla. - 2 Adara, que vau escotar l'Esclarmonda qui'm va parlar deus Trobadors. - 3 Los Trobadors qu'escrivón sonque en occitan. - 4 Non èran pas de petits cantairòts qui amusavan los senhors. - 5 Que volèn cantar la libertat, l'egalitat e l'amor. - 6 Qu'èran poètas-filosòfes qui espandiscón la civilisacion occitana per tota l'Euròpa d'alavetz.

PRONONCIATION. — 1 kaou - éstouk. - 2 baou - dous. 3 késkriwoun. - 4 èron. - 5 boulèn. - 6 éspandiskoun.

Setzena leiçon (16)

sétséno (1)

Lo païs ont viviá *Paratge*

1.— Coma o vos disiái, lo sistèma politic en tèrra d'òc repausava sus la nocion de *Paratge*. Aquò voliá dire que totes los òmes devián èstre pars. Per plan comprene aquel fach, cal rapelar que lo poder dels senhors feudals èra alara fòrça mens absolut dins lo « Miègjorn » que dins lo « Nòrd ».

PRONONCIATION. — bibyo paratché.
1 sistèmo poulitikén tèrro - noussyou - débyon - dés sényous féoudals - atsoulut. - 2 dépéndyo. - 3 bénguè-

1. Il faut que je me repose (il me faut **reposer**) car la visite des gorges du Tarn a été (fut) pénible. – **2.** Maintenant, je vais écouter Esclarmonde qui va me parler **(qui me va parler)** des Troubadours. – **3.** Les Troubadours n'ont écrit qu'en occitan. – **4.** Ce n'était pas de petits chanteurs («**cantairòt**» dim. un peu péjoratif de «**cantaire**» chanteur) qui amusaient les seigneurs. – **5.** Ils voulaient chanter la liberté, l'égalité et l'amour. – **6.** C'était des poètes-philosophes qui ont répandu (qui répandirent) la civilisation occitane dans (par) toute l'Europe d'alors.

Variantes gasconnes : **1. Que** énonciatif, caractéristique du gascon. – **2. estoc**, lang. **foguèt ; adara**, dér. de **ara** connu aussi en lang., **deus**, lang. **dels.** – **3. escrivôn**, lang. **escriguèron.** – **5. volèn**, lang. **volian.** –**6. espandiscon**, lang. **espandiguèron.**

LE PAYS OU VIVAIT «PARATGE»

1. Comme je vous le disais, le système politique en terre d'oc reposait sur la notion de «**Paratge**». Cela voulait dire que tous les hommes devaient être égaux. Pour bien comprendre ce fait, il faut rappeler que le pouvoir des seigneurs féodaux était alors beaucoup moins absolu dans le «Sud» que dans le «Nord».

* * *

NOTES

(1) **Setzen : la forme sezième** est francisée.

2 — Fòrça tèrras occitanas èran possedidas *en alòdi,* es a dire que lo proprietari dependiá pas de degun (2).

3 — Coma cadun podiá crompar de tèrras aital segon aquel principi, venguèron alara de mai en mai nombrosas e asseguravan donc una egalitat vertadièra de totes, davant la proprietat privada (3).

4 — En mai d'aquò, al regard de la lèi, i aviá pas de grandas diferéncias entre un òme e una femna, per çò qu'una femna podiá possedir de tèrras, exercir plan de professions e subretot eiretar, çò que se podiá pas pensar al nòrd de Lèira (4).

5 — Mas alara, i aviá pas ça-que-la de nòbles d'un costat, de borgeses e de païsans de l'autre ?

6 — Es vertat. Mas i aviá tanben l'òrdre de la Cavalariá, que son importància s'arrestèt pas de créisser, e que repausava sus *Paratge.*

7 — E ben ara, tu, Guilhèm, parla-nos dels Cavalièrs...

rou(n) - asségurabon. - **4** yabyo - fénno - lèyro. - **5** bourdjézés. - **6** kréyssé. - **7** kabalyès.

2. De nombreuses terres occitanes étaient possédées **en alleu** c'est-à-dire que leur (le) propriétaire ne dépendait de personne. – **3.** Comme tout le monde (chacun) pouvait acheter de telles terres (des terres ainsi) selon ce principe, elles sont devenues (venues) alors de plus en plus nombreuses et elles assuraient donc une égalité réelle (véritable) de tous, devant la propriété privée. – **4.** De plus (en plus de cela), au regard de la loi, il n'y avait pas de grandes différences entre un homme et une femme, puisque une femme pouvait posséder des terres, exercer de nombreuses professions et surtout hériter, ce qui était inconcevable au Nord de la Loire. –**5.** Mais à cette époque (alors), n'y avait-il pas malgré tout des nobles d'un côté, des bourgeois et des paysans de l'autre ? –**6.** C'est vrai (vérité). Mais il y avait aussi l'ordre de la Chevalerie, dont (que) l'importance ne cessa de croître, lequel (qui) reposait sur «**Paratge**». –**7.** Eh bien maintenant, toi, «Guilhem», parle-nous des Chevaliers....

NOTES (suite)

(2) **Degun**, var. **degus, deguns.**

(3) **Crompar,** var. **comprar** (avec métathèse du **-r-**).

(4) **Femna** est pron. **fénno** (Lang.) , **fémo** (Prov.) ; var. **hemna** (Gasc.).

Exercice en gascon. — 1 L'Occitania qu'èra la tèrra de *Paratge.* - 2 Qu'ei a díser que dens lo païs d'òc, l'egalitat qu'èra un principi. - 3 Los òmes que podèn crompar tèrras, las hemnas tanben. - 4 Lo maridatge d'Alienòr d'Aquitània dab Enric II d'Anglatèrra qu'estoc a l'origina de la Guèrra de Cent Ans. - 5 Dens lo Mieijorn, las hemnas que podèn eretar, com los òmes.

PRONONCIATION. – **2.** éy - dizé - dén - hénnos - tanbén. **5.** myéyjour - lassénnos.

1. L'Occitanie était la terre de **Paratge.** – **2.** C'est-à-dire que dans le pays d'oc, l'égalité était un principe. – **3.** Les hommes pouvaient acheter des terres, les femmes aussi. – **4.** Le mariage d'Alienor d'Aquitaine avec Henri II d'Angleterre fut à l'origine de la Guerre de Cent ans. – **5.** Dans le Midi, les femmes pouvaient hériter, comme les hommes.

gasc. – **2.** **Que** énonciatif typique du gascon. – **2. ei,** Lang. **es ; díser,** Lang. **dire ; dens,** Lang. **dins.** – **4. dab,** Lang. **amb.** – **5. Mieijorn,** Lang. **Mièjorn ; com,** Lang. **coma.**

Dètz-e-setena leiçon (17)

dèzésténo.

La cavalariá occitana e Paratge

1 — La cavalariá occitana s'enracina dins la feudalitat ; per sos principis e son importància, es mai qu'un òrdre, es un eveniment (1).

2 — Lo sieu principi primièr es *Paratge*, l'egalitat entre totes los cavalièrs, quala que siá lor origina sociala : per èstre un cavalièr, èra pas necessari d'èstre nòble de naissença, mas caliá èstre nòble de còr (2).

3 — Aquela nocion èra a-n-aquela epòca una revolucion vertadièra dins la concepcion de l'existéncia, per que las nocions de naissença e de classa sociala, tant importantas per la noblessa francesa de l'epòca èran remplaçadas en Occitania per las de *Valor* e de *Prètz*.

PRONONCIATION. — kabalaryo - paratché.
1 féoudalitat - ébénimén. - 2 syéou - soussyalo - nayssénso. - 3 noussyou - bértadyèro - kounsétsyou.

LA CHEVALERIE OCCITANE ET «PARATGE»

1. La chevalerie occitane s'enracine dans la féodalité ; par ses principes et son importance, elle est plus qu'un ordre, elle est un événement. – **2.** Son principe premier est «Paratge», l'égalité entre tous les chevaliers, quelle que soit leur origine sociale : pour être un chevalier, il n'était pas nécessaire d'être noble de naissance, mais il fallait être noble de cœur. – **3.** Cette notion était à cette époque une véritable révolution dans la conception de l'existence, puisque les notions de naissance et de classe sociale, si importantes pour la noblesse française d'alors (de l'époque) étaient remplacées en Occitanie par celles de Valeur personnelle et de Mérite (prix). –

NOTES

(1) Cavalièr, «Chevalier», var. **chivalièr,** influencée par le français.

(2) L'adjectif possessif occitan est **mon** (masc.), **ma** (fém.), pluriel **mos, mas** ; var. **mei/mi, meis/mis** devant voyelle (Prov.) ; **ton, ta ; son, sa ; nòstre, nòstra ; vòstre, vòstra ; lor** «leur». Il existe toutefois une tournure emphatique : **lo mieu, tieu, sieu, nòstre, vòstre ; mon capèl** signifie «mon chapeau», **lo mieu capèl** «mon chapeau à moi».

4 — Aital, dins aquel òrdre, pas cap de senhors e de vilans, pas cap de rei e de servidor mas d'òmes pars que devián aver fachas las pròvas de lor *granda Valor* e de lor *grand Prètz.*

5 — Mas la filosofia d'aquel òrdre èra pas passiva. L'egalitat fondada sus la Valor èra mai que mai un principi de vida, e non pas una finalitat.

6 — Aital, l'òme qu'aviá degut provar son *Prètz* per poder venir cavalièr, deviá acceptar tanbén coma finalitat de se *melhorar,* en mostrant *Leialtat, Fiseltat, Respècte de la Vida e de la Libertat* (3).

7 — Mas aquela filosofia, èra acceptada pels Trobadors ?

8 — Òc, de segur, perque sabèm que fòrça e mai probable totes los Trobadors èran cavalièrs.

9 — Quina concepcion de la vida extraordinàriament elevada ! Contunhatz encara, Guilhèm, es apassionant ! (4)

4 sényous - bilans - sérbidou - débyon abé - balou - prèts. - 5 filouzoufiyo - passibo - bido. - 6 atséttabo - mélyoura - léyaltat - fizéltat - réspètté. - 7 atséttado. - 9 éstraourdinaryomén.

4. Ainsi, dans cet ordre, plus du tout de seigneurs et plus du tout de vilains, plus de rois et de serviteurs, mais des hommes égaux qui devaient avoir fait les preuves de leur grande Valeur et de leur grand Mérite (prix). – **5.** Mais la philosophie de cet ordre n'était pas passive. L'égalité fondée sur la Valeur personnelle était avant tout un principe de vie et non un but (une finalité). – **6.** Ainsi, l'homme qui avait dû prouver son Mérite pour pouvoir devenir (venir) chevalier, devait accepter aussi comme but de s'améliorer, en montrant (sa) Loyauté (sa) Fidélité, (son) Respect de la Vie et de la Liberté.– **7.** Mais cette philosophie, était-elle acceptée par les Troubadours ? – **8.** Oui, bien sûr, parce que nous savons que beaucoup de Troubadours et même probablement tous, étaient chevaliers. – **9.** Quelle conception de la vie extraordinairement élevée ! Continuez encore, «Guilhem», c'est passionnant !

NOTES (suite)

(3) **Degut**, var. **d(i)eugut, dechut.**

(4) **Apassionant,** var. **passionant** ; de **(a)passionar** «passionner».

(5) **Caldrà,** var. **calrà, caurà, carrà ; calerà** (Gasc.). En Prov., on emploie le verbe **faler** d'où **faudrà** «il faudra». A Bordeaux, on utilise également **faler** et non **caler** «falloir». **Se levar d'ora,** syn. **se levar bona ora** «de bonne heure».

10 — Voldriái ben, mas comença d'èstre tard ; deman matin, se caldrà levar d'ora per anar a Tolosa (5).

Exercice en gascon. — 1 En Occitania, que vivè ua civilisacion fondada sus *Paratge*. - 2 Aqueth *Paratge* qu'existiva entre los chivalièrs. - 3 Tot òme que podè viéner chivalièr, estosse nòble o non. - 4 Totun, que calè èste nòble de còr e d'esperit. - 5 En mei d'aquò, cada chivalièr que devè cercar lo *Melhorament* per la *Leialtat*, la *Fiseltat* e, mei que mei, peu respècte de l'aute, qu'ei a díser de la vita. - 6 En efèit, ua civilisacion qui non considèra pas mei la vita coma sacrada, qu'ei ua civilisacion decadenta, aperada a morir com los qui a decidit de tuar.

PRONONCIATION. — **1** biwè uo. - **2** akèp - kédzistiwo - chibalyès. - **3** byéné - éstoussé. - èsté. - **5** méy - déwè - aouté. - **6** éfèit.

10. Je voudrais bien, mais il se fait tard (il commence d'être tard) ; demain matin, il faudra se lever de bonne heure (d'heure) pour aller à Toulouse.

EXERCICE

1. En Occitanie vivait une civilisation fondée sur «**Paratge**». – **2.** Ce «**Paratge**» existait entre les chevaliers. – **3.** Tout homme pouvait devenir chevalier, fût-il noble ou pas. – **4.** Cependant, il fallait être noble de cœur et d'esprit. – **5.** En outre, chaque chevalier devait rechercher le «**Melhorament**» par la «**Leialtat**», la «**Fiseltat**» et, surtout, par le respect de l'autre, c'est-à-dire de la vie. – **6.** En effet, une civilisation qui ne considère plus (pas plus) la vie comme sacrée est une civilisation décadente, appelée à mourir comme ceux qu'elle a décidé de tuer.

Var. gasc. : ce texte vous présente presque toutes les particularités du gascon :

1. **-n-** intervocalique amuï : (1, 6) ua, lang. **una**.
2. **-l** final (issu de **-l-**) devenu **-u** : (5) **peu**, lang. **pel**.
3. **-l** final (issu de **-ll-**) devenu **-eth** : (2) **aqueth**, lang. **aquel**.
4. **-l-** intervocalique (issu de **-ll-**) devenu **-r-** : (6) **aperada**, lang. **apelada**.
5. **-ai-** devenu **-ei-** : (5, 6) **mei**, lang. **mai**.
6. Finale de l'imparfait, 3ème pers., en **-è**, lang. **-iá** : (1) **vivè**, lang. **viviá** ; (3) **podè**, lang. **podiá** ; (4) **calè**, lang. **caliá**; (5) **devè**, lang. **deviá**. Autres var.: (3) **viéner**, lang. **venir** ; **estosse**, lang. **foguèsse** ou **siaguèsse** ; (4) **èste**, lang. **èstre** ; (5) **aute**, lang. **autre** (**-tr-** = **-t-**) ; **vita**, lang. **vida**.

Dètz-e-uechena leiçon (18)

dèzéuétchéno.

Bonjorn Tolosa

1 — Bonjorn, Tolosa, capitala del Lengadòc, la vila ròsa ont lusiguèt bèl temps a, l'arma de l'Occitania (1).

2 — Foguèt la vila dels Ramond, la vila de la resisténcia als crosats franceses de Simon de Montfòrt.

3 — Èra tanben una vila ont los romieus qu'anavan a Sant-Jacme de Compostèla fasián estapa, aculhits dins la glèisa Sant-Sernin, un dels caps-d'òbra de l'art romanic occitan (2).

4 — Mas aquela glèisa, a disparegut uèi ? (3)

5 — Non, urosament. Ça-que-la, i anam arribar, que sèm prèp de la plaça Sant-Sernin (4).

PRONONCIATION. — toulouzo.
1 boundjour - luziguèt. - **2** rézisténsyo. - **3** roumious k'anabon - djammé - fazyon - akulyits - kaddobro. - **4** disparégut. - **5** urouzomén. sakéla - prèddé. -

BONJOUR TOULOUSE

1. Bonjour, Toulouse, capitale du Languedoc, la ville rose où brilla jadis, l'âme de l'Occitanie. – **2.** Ce fut la ville des Raimond, la ville de la résistance aux croisés français de Simon de Montfort. – **3.** Elle était aussi une ville où les pèlerins allant (qui allaient) à Saint-Jacques de Compostelle faisaient étape, accueillis dans l'église Saint-Sernin, un des chefs-d'œuvre de l'art roman occitan. – **4.** Mais cette église a-t-elle disparu aujourd'hui ? – **5.** Non, heureusement. D'ailleurs, nous allons y arriver, puisque nous voilà (sommes) près de la place Saint-Sernin.

NOTES

(1) Bèl temps a, syn. **dins lo temps.**

(2) Romieu «pèlerin (allant à *Rome* à l'origine)», syn. **pelegrin. Jacme,** var. Jaume (occitan or.). **Aculhir, var. acolhir, acúlher.**

(3) Disparéisser, dér. de **paréisser** «paraître», part. passé **paregut,** var. **parescut, pareissut.**

(4) Urós «heureux», a. oc. **aürós.**

6 — Aquí-la ; quina esplendor, quin equilibri ! (5)

7 — Mas i a plan d'autras meravilhas a Tolosa: per exemple la plaça del Capitòli, qu'i anarem quand aurem visitat aquesta glèisa.

8 — I sèm ; la carrièra del Taur es pas longa. Agachatz plan la comuna e seguissètz-me. Vesètz aquela placa ?

9 — Rapèla qu'aicí, en mila sièis cents trenta dos, lo marescal de Montmorency aprèp aver pres a Pesenàs lo cap de la revòlta occitana contra Richelieu, lo centralisaire eretge, foguèt decapitat (6).

10 — Venètz veire ara la Tolosa modèrna. Aicí Blanhac e lo camp d'aviacion, agachatz ailà, lo « Concòrdia »,. l'avion occitanò-anglés !

11 — Lo ser arriba, anem beure un còp en cò del Païre Leon avant d'anar sopar (7).

12 — E puèi, Guilhèm, nos deves parlar encara del temps dels Trobadors ; o doblides pas !

6 ésplén-dou. - 10 abyassyou - abyou - agatchazayla. - 11 béouré. - 12 ou douplidés pas.

– **6.** La voilà ; quelle splendeur, quel équilibre ! – **7.** Mais il y a beaucoup d'autres merveilles à Toulouse : par exemple, la place du Capitole, où nous irons (que nous y irons) quand nous aurons visité cette église. – **8.** Nous y sommes ; la rue du Taur n'est pas longue. Regardez bien la mairie et suivez-moi. Vous voyez cette plaque ? – **9.** Elle rappelle qu'ici, en 1632, le maréchal de Montmorency ayant (après avoir) pris à Pézénas la tête de la révolte occitane contre Richelieu, l'horrible centralisateur, fut décapité. – **10.** Venez voir maintenant la Toulouse moderne. Voici Blagnac et le camp d'aviation, regardez là-bas, le «Concorde», l'avion occitano-anglais ! – **11.** Le soir arrive, allons boire un verre (un coup) au Père Léon avant d'aller diner (souper). – **12.** Et puis, «Guilhem», tu dois nous parler encore du temps des Troubadours, ne l'oublie pas !

***

NOTES (suite)

(5) Equilibri, var. **equilibre,** fréquente dans la langue parlée. «Quel (le)» se traduit par **qual(a)**. Mais lorsque **quel** sous-entend une notion de quantité, de grandeur, de mépris, comme dans les exclamations ou les interrogations, on emploie **quant(a)**, var. **quin : quant piòt** ! «quel sot (dindon) !» ; **quin òme !** «quel homme !» ; **quant' ora as** ? «quelle heure as-tu ? » ; **quina femna** «quelle femme !».

(6) Decapitar «décapiter (un condamné à mort)» ; **escapitar** «couper la tête (à qui que ce soit)».

(7) Beure, var. **béver** (Gasc.). Dans le sud du Rouergue et une partie du Languedoc **beure** se dit **biouré**. Or, comme **viure** «vivre» s'y prononce **biouré** (le **v-** pron. **b-**), les deux mots se disent pareil, ce qui permet de faire le jeu de mots suivant : **aicí, «biouré es biouré»** «ici, boire c'est vivre» ou «vivre c'est boire»; var. **cal «biouré per biouré»** «il faut boire pour vivre» ou «vivre pour boire».

Exercice en gascon. — 1 Tolosa qu'ei ua vila plan beròia. - 2 Qu'i podém véser glèisas, com la glèisa de Sant-Sarnin. - 3 Los romius que s'i arrestavan entà passar la nueit avant de tornar préner lo camin de Sant-Jacme de Compostèla. - 4 Dens Diu. - 5 Que caminavan las jornadas entièras en cantar l'amor e la glòria de Diu.- 6 Aqueth peregrinatge qu'estoc plan celèbre a l'Edat Mejana, aus sègles onzen e dotzen.

PRONONCIATION. — 2 bézé. - 3 arréstawon - nuéyt - jammé. - 4 akéro - droumiwon, prégawon. - 5 kaminawon. - 6 akép - késtoup - aous.

Dètz-e-novena leiçon (19)

dèzénoubéno.

Quand Leialtat viviá

1 — Ièr, vos parlèri de *Paratge*, qu'èra una règla essenciala pels cavalièrs e Trobadors occitans que, en plus d'aquò, devián recercar l'amelhoracion personala (1).

P[illegible]NONCIATION. — léyaltat - bibyo.
1 [illegible]s kabalyès - débyon - amélyourassyou.

EXERCICE

1. Toulouse est une ville très jolie. – **2.** Nous pouvons y voir (nous y pouvons voir) des églises, comme l'église Saint-Sernin. – **3.** Les pélerins s'y arrêtaient pour passer la nuit avant de reprendre (revenir prendre) la route de Saint-Jacques-de-Compostelle. – **4.** Dans cette église, ils mangeaient, dormaient, priaient (priaient Dieu). – **5.** Ils marchaient pendant de longues journées (ils marchaient les journées entières) en chantant l'amour et la gloire de Dieu. – **6.** Ce pélerinage fut très célèbre au Moyen Age, aux XIème et XIIème siècles.

Var. gasc. - **2. véser**, lang. **veire.** – **3. entà** «pour» lang. **per.** – **4. aquera**, lang. **aquela ; minjar**, lang. **manjar ; dromir**, var. de **dormir** , présente aussi en lang. – **6. aqueth**, lang. **aquel ; aus**, var. de **als**, présente aussi en lang.

QUAND LOYAUTE VIVAIT

1. Hier, je vous ai parlé de «**Paratge**», qui était une règle essentielle pour les chevaliers et Troubadours occitans qui, de plus (en plus de cela), devaient rechercher l'amélioration personnelle. –

NOTES

(1) Ièr, var. **jer** (Gasc.).

2 — Devián pensar mai que mai a créisser moralament e espiritualament e, per aquò far, èstre *leials* envèrs los autres. Devián donc fòrabandir tota *Desleialtat.*

3 — En mai d'aquò, cadun devià èstre fidèl a sos amics, e a sa dama, considerada coma sa *para* et sa *castiadoira* que devià viure amb ela en acordança perfiècha, sens èstre un tiran o un gelós (2).

4 — Devià combatre *Cobeitat* per mostrar *Larguesa* a totes los òmes dins un esperit de convivéncia. Es aital que se vesià de senhors riches distribuïr de bens considerables (3).

5 — L'enemic èra donc pas un autre pòble mas lo *Mal.*

6 — Es al nom d'aquela *convivéncia* que, a la plan celèbra escòla de Montpelhièr, fins al començament del sègle tretzen, ensenhavan al prèp de catolics, de professors josieus e arabis.

- 2 kréyssé.-
fa - émbès. - 3 débyo - amits - kastyadouyro - pérfyètcho - djélous. - 4 moustra koumbibéntsyo - ritchés. - 5 l'énémik. - 6 énsényabon - Katoulits - djouzious. -

2. Ils devaient avoir pour but essentiel (penser plus que plus) de grandir (croître) moralement et spirituellement et pour cela (faire), être loyaux envers les autres. Ils devaient donc rejeter toute fourberie (Déloyauté). – **3.** De plus (en plus de cela), chacun devait être fidèle à ses amis et à sa dame, considérée comme son **égale** et sa «castiadouyre» avec qui il devait vivre (qu'il devait vivre avec elle) en parfaite harmonie, sans être un tyran ni un jaloux. – **4.** Il devait combattre **Convoitise** pour montrer **Largesse** à tous les hommes dans un esprit de coéxistence tolérante. Il était ainsi courant de voir (c'est ainsi que se voyait) de riches seigneurs distribuer des biens considérables. –**5.** L'ennemi n'était donc pas un autre peuple mais le Mal. –**6.** C'est au nom de cette coéxistence tolérante que, à la très célèbre école de Montpellier, jusqu'au début du XIIIème siècle, enseignaient aux côtés (auprès) de catholiques, des professeurs juifs et arabes.

(2) La dame était la «**castiadoira**» du troubadour et le troubadour le «**castiador**» de sa dame. Ce terme est issu de l'occitan **castiar** «châtier, corriger». Cela veut dire que le troubadour et sa dame devaient **se corriger, se guider, se conseiller** mutuellement, afin de rechercher ensemble *l'amélioration* **(lo melhorament)** dans la **drechura** «droiture». Ces termes de civilisation n'ont pas d'équivalent exact en français et dans les autres langues.

(3) Le mot d'ancien occitan **ric** a été remplacé, sauf en niçard, par le gallicisme «**riche**».

7 — Aquel fach espantèt los crosats franceses venguts portar la guèrra sus nòstra tèrra per i exterminar pel fèrre e pel fuòc totes los qu'èran pas catolics, mai que mai los catares e aquò, curiosament, al nom de Jésus-Crist que diguèt : «Lo que se servís de l'espasa perirà per l'espasa ».

8 — Aquí donc aquela filosofia, que totes sos principis son los de l'*Amor,* amor de l'autre e amor de la *Vertat,* que sol permetiá d'aténher lo *Jòi,* es a dire lo gaug perfièch dins l'armonia umana, image de l'armonia de Dieu (4).

9 — Mas resistiguèron pas ? Luchèron pas per salvar lor civilisacion ? (5)

10 — Segur que luchèron, pendent vint ans, coma o veirem lèu. Mas va èstre mièja nuèch, lo fuòc s'atuda e los uèlhs se clucan. E deman, devèm visitar Montpelhièr (6).

8 filouzoufiyo - d'aténye lou djoy - gaoutch pérfyètch - imadjé. - 9 salba - (u)èls.

7. Ce fait a stupéfié les croisés français venus porter la guerre sur notre terre pour y exterminer par le fer et le feu tous ceux qui n'étaient pas catholiques, principalement les cathares et cela, curieusement, au nom de Jésus-Christ qui a dit : «Qui se sert de l'épée périra par l'épée». – **8.** Voilà donc cette philosophie, dont (que) tous les principes sont ceux de l'**Amour**, amour de l'autre et amour de la **Vérité**, qui seul permettait d'atteindre le **Jòy**, c'est-à-dire la joie parfaite dans l'harmonie humaine, image de l'harmonie de Dieu. – **9.** Mais n'ont-ils pas résisté ? N'ont-ils pas lutté pour sauver leur civilisation ? – **10.** Bien sûr, (qu')ils ont lutté, pendant vingt ans, comme nous le verrons bientôt. Mais il va être minuit, le feu s'éteint et nos (les) yeux se ferment. Et demain nous devons visiter Montpellier.

NOTES (suite)

(4) Le mot «français» *amour* est un emprunt à l'occitan, comme le prouve son vocalisme. Le véritable mot français est **ameur** qui signifie encore dans les dialectes d'oïl (français) le «rut du taureau». Ce simple mot marque la différence entre l'amour élevé des Troubadours et l'amour pratiqué alors outre-Loire. N'oublions pas que Guilhem IX, comte de Poitiers et duc d'Aquitaine, le premier des Troubadours connus, considérait les Français de son temps comme des «barbares» : **anc non ac** (oc. mod. **aguèt) Normand ni Francés dins mon ostau** «il n'y eut jamais ni Normand ni Français dans ma maison» (chanson IV). **Aténher**, var. **aténger.**

(5) Resistir, var. **resistar** gallicisme. **Luchar** s'emploie aussi pour désigner les bœufs qui «luttent» en poussant contre le timon ; par extension de sens, il désigne des amoureux qui veulent tellement se serrer en marchant, qu'ils donnent l'impression de lutter l'un contre l'autre ; var. francisée **lutar** «lutter». **Salvar**, var. **sauvar.**

(6) Uèlh, var. **uòlh. Clucar**, var. **clocar, clutar, cutar.**

Exercice en gascon. — 1 Lo *Paratge* qu'èra l'egalitat entre los chivalièrs occitans. - 2 Tots que devèn èste leiaus envèrs los autes. - 3 Los chivalièrs qu'avèn ua dama com *castiadoira.* - 4 Eths tanben que devèn « castiar » la loa dama. - 5 Que devèn pensar aus autes e pas a la *Cobeitat.* - 6 Qu'i avè Arabis e Josius qui ensenhavan a Montpelhèr. - 7 Los catars qu'aimavan la puretat. - 8 Los crosats qu'avèn causit l'espasa e non pas l'Amor. - 9 Aténher lo *Jòi* per l'Amor, qu'èra lo but deus chivalièrs e Trobadors occitans.

PRONONCIATION. — 2 léyaouz émbès. - 4 éts - louo. - 5 énsényawon. - 7 aymawon.

1. Le «Paratge» était l'égalité entre les chevaliers occitans. –**2.** Tous devaient être loyaux envers les autres. –**3.** Les chevaliers avaient une dame comme «castiadoira». –**4.** Eux aussi devaient «castiar» leur dame. –**5.** Ils devaient penser aux autres et non à la «Cobeitat».–**6.** Il y avait des Arabes et des Juifs qui enseignaient à Montpellier. –**7.** Les cathares aimaient la pureté. –**8.** Les croisés avaient choisi l'épée et non l'Amour. –**9.** Atteindre le «Jòi» par l'Amour était le but des chevaliers et Troubadours occitans.

Var. gasc. – **2. devèn**, lang. **devián ; autes**, lang. **autres.** – **3. avèn**, lang. **avián.** – **4. eths**, lang. **eles ; la loa** lang. **lor.** – **6. avè**, lang. **aviá ; Montpelhèr**, lang. **Montpelhièr** (-èr gasc. = -ièr lang.).– **9. deus**, lang. **dels.**

LEIÇON 19

Vintena leiçon (20)

binténo. Lo Clapàs (1)

1 — I sèm sul Larzac. Cresiái que la Còsta Roja s'acabariá pas jamai. Podètz veire qu'es pas tan pelat qu'aquò. Vesètz, aicí de civada e aquí de blat. Que vos disiái !

2 — Voliatz veire de fedas ? N'avètz ailà, amb lo pastre e lo sieu can. A pas qu'un mot a dire, en occitan, lo gos te l'escota coma un òme, e de còps, mai qu'un òme (2).

3 — Tè ! Aquí, a man esquèrra, lo camin que mena a la Cobertoirada que foguèt la ciutat dels Templièrs. Ara restauran tot dins l'estil del païs. D'artistas e artesans i vivon e i trabalhan coma dins lo temps (3).

4 — L'Escaleta passada, sèm dins la plana. Aquí, es plan simple, i a pas que de vinhas e de vin. Finalament, Montpelhièr es aquí ; agachatz la pancarta (4).

PRONONCIATION. — 1 krézyoy - roudjo - sibado. - 2 boulyas béyré - fédos - pastré - ko. gous l'éskouto. - 3 koubértouyrado - sioutat dés témplyès. réstaouron-bibou(n) - trabalyon - téns. - 4 l'éskaléto - plano - simplé - binyos - bi. finalomén - agatchas.

MONTPELLIER

1. Nous y sommes sur le Larzac. Je croyais que la Côte Rouge ne finirait jamais. Vous pouvez voir qu'il n'est pas tellement pelé (pas tant pelé que cela). Vous voyez (il y a) ici de l'avoine et là du blé. Qu'est-ce que je vous disais ! – 2. Vous voulez voir des brebis ? Vous en avez là-bas, avec le berger et son chien. Il n'a qu'un mot à dire, en occitan naturellement, et son (le) chien (te) l'écoute comme un homme et parfois, plus qu'un homme. – 3. Tiens, voici, à (main) gauche, le chemin qui mène à la Convertoirade qui a été la cité des Templiers. Maintenant, on y restaure (ils restaurent) tout dans le style du pays. Des artistes et des artisans y vivent et y travaillent comme autrefois (dans le temps). – 4. Passé l'Escalette (passée), nous sommes dans la plaine. Là, c'est tout simple, il n'y a que des vignes et du vin. Finalement, voici Montpellier (est là), regardez la pancarte !

NOTES

(1) Lo Clapàs «le rocher», surnom occitan de Montpellier ; oc. **clapàs** «rocher ; tas de pierres», racine **kl-** «pierre», préhistorique, néolitique et d'origine proche-orientale.

(2) Can, var. **canh** ; syn. **gos. ; cadèl** «jeune chien». On entend aussi le mot **chin (pron. tchi)** qui est un gallicisme.

(3) Le mot occitan **ciutat** «ville» se retrouve dans le nom de lieu **La Ciotat.**

(4) I a pas que «il n'y a que», syn. **i a ren que. Pancarta**, var. **plancarda.**

5 — O sabiatz, vos, que Montpelhièr aviá l'escòla mai anciana d'Euròpa, qu'èra celèbra dès lo sègle detzen ? Es aquí qu'estudièt Rabelais e un fum de grands òmes coma Paul Valèri (5).

6 — Arribam al Peiron, amb son esplanada e l'estatua de Loïs Catòrze, que los colombs i an cagat dessús per li far un polit capelon que s'enraumassèsse pas, lo pauròt ! Aquí, fa freg l'ivèrn, t'i bufa una cisampa del diable, se cal plan cobrir ; que son braves aquels aucelons ! (6)

7 — Aicí, es la plaça de la Comedia, qu'apelam l'Uòu, a causa de sa fòrma. En fàcia, i aviá la paura gara de Palavàs, que son pichon trèn es mòrt. Quand lo preniam, nos fissavan los moscals, mas èrem uroses. Ara, lo trobam de manca (7).

8 — Uèi, per anar far lo cabús a Palavàs, cal prene l'autobús o l'autò. E lo dimenge, per tornar a Montpelhièr lo ser, al luòc de cantar dins lo trenon, cal far de longa lo frena-quicha un darrièr l'autre (8).

- 5 sabyas, moumpélyè abyo un'éskolo. - 6 arriban al péyrou - louïs - fa - kapélou - lou paourot - l'ibèr - sizampo akéz aoussélous ! - 7 koumédiyo. - 8 kabus - fréno - kitcho. -

– **5.** Vous le saviez, vous, que Montpellier avait l'école la plus ancienne d'Europe (qui était) célèbre dès le Xème siècle ? C'est ici qu'a étudié Rabelais et de nombreux grands hommes comme Paul Valéry. – **6.** Nous arrivons au Peyrou, avec son esplanade et sa (la) statue de Louis XIV, sur laquelle ont «fait» les pigeons (que les pigeons y ont «fait» dessus), pour lui faire un joli petit chapeau tout mignon afin qu'il ne s'enrhume (s'enrhumât) pas, le pauvre !Ici, il fait froid l'hiver, il (t')y souffle un grand vent du diable, il faut bien se couvrir ; qu'ils sont gentils ces petits oiseaux ! – **7,** Ici, c'est la place de la Comédie, que nous appelons l'Oeuf, à cause de sa forme. En face il y avait la gare de Palavas aujourd'hui disparue (pauvre) dont (que) le petit train est mort. Quand nous le prenions, nous étions piqués par les moustiques, mais nous étions heureux. Il manque maintenant (Maintenant, nous le trouvons de manque). – **8.** Aujourd'hui, pour aller faire un (le) plongeon à Palavas, il faut prendre le car ou la voiture. Et le dimanche, pour revenir à Montpellier le soir, au lieu de chanter dans le joli petit train, il faut avancer par à-coups continuellement (de longue). –

NOTES (suite)

(5) Un fum de, syn. **plan de, fòrça.**

(6) Beaucoup de mots français commençant par un **-s-** se retrouvent presque identiques en occitan ; toutefois, cet **s-** est précédé d'un **e-**, d'où **estil, estatua**. Voilà pourquoi on entend en français du «Midi», *«estyle, estatue»*. Remarquez encore le suf. dim. et affectif **-on** dans **capelon, aucelons.**

(7) Uòu, pron. **uòou**, ou **yòou**; var. **ueu** (Gasc.). **Moscal-/ /moissal** «moucheron, moustique», syn. **bigal/bigard. Paure** au sens de «défunt» est très familier en occitan : **Se son paure paire lo vesiá** ! «Si son père (qui est mort) le voyait !».

(8) L'occitan, lorsque le besoin s'en fait sentir, peut créer une expression correspondant exactement à ce qu'il veut dire comme ici : **frena-quicha**, var. **frena-cacha** «freine-accélère». Le vocabulaire de l'occitan n'est pas limité par une langue dite officielle, qu'il conviendrait de ne pas «améliorer» ou «enrichir», comme c'est souvent le cas du français officiel qui, alors démuni, adopte des mots, notamment anglais, en grand nombre.

9 — Tè ! Sèm dins la carrièra de l'Agulhariá, que i demòra de polit monde !

10 — Nos caldriá pas oblidar de veire qualques ostals nòbles, que valon los del « Marais » de París.

11 — Aquò per exemple ! Lo cèl èra clar e ara trona. Fasiá tròp de calor, las moscas bronzinavan e èran missantas ; aquò anonça l'auratge. Enfin, es ora de dintrar. Adieu Clapasson ! (9)

10 kaldryo. - **11** brounzinabon - klapassou !

Exercice en gascon. — 1 Montpelhèr qu'ei ua de las mei bèras vilas d'Occitania. - 2 Que la voi visitar dab amics. - 3 Que'm cau préner l'autò, per'mor Montpelhèr qu'ei lonh. - 4 Bèth temps a, ende anar a Palavàs que's podèva préner lo petit trèn. - 5 Que i a ostaus nòbles plan restaurats. - 6 Au Peiron, los colombs qu'an hèit un « capèth » a l'estatua de Loïs Catòrze. - 7 Que vos i hè un hred qui pela, quan lo vent boha. - 8 Non vos desbrembetz pas que Montpelhèr ei la vila de França mens polluïda.

PRONONCIATION. — **2** bouy. - **3** pramou - louny. - **4** bèt - poudèwo. - **6** hèyt un kapèt. - **7** bouho.

9. Tiens, nous sommes dans la rue de L'Aiguillerie, où habite du beau monde ! – **10.** Il ne nous faudrait pas oublier de voir quelques hôtels particuliers, qui valent ceux du Marais de Paris. – **11.** (Ça) Par exemple ! Le ciel était clair et voici qu'il tonne (maintenant, il tonne). Il faisait trop chaud (de chaleur), les mouches bourdonnaient et étaient méchantes, ce qui annonce l'orage. Enfin, c'est l'heure de rentrer. Adieu Montpellier cher à mon cœur !

NOTES (suite)

L'occitan, langue vivante au sens premier du terme, peut se passer de ces emprunts aux langues étrangères par ses possibilités, toujours parfaitement vivantes, et créer des mots immédiatement. Ainsi, un «building» se dira en occitan un **ostalaràs** «maison grande et laide». **Quichar, cachar** «appuyer» d'où «accélérer». Remarquez le mot **trenon,** dim. affectif de **tren** + **-on** (suf. dim. et affectif).

(9) **Bronzinar** est un mot très expressif et à peu près intraduisible : *«brounziner»* en français du «Midi» . Les oreilles «**bronzinan**», l'eau qui fait du bruit (également.) **Bronzinar** s'emploie aussi quand on «entend des coups de tonnerre longs et répétés» ; **bronzina, cal dintrar !** «Ça *brounzine*, il faut rentrer !». **Tronar** «tonner» ; **lo tron/tròn** «le tonnerre» ; **una tronadissa** «un long roulement de tonnerre».

1. Montpellier est l'une des plus grandes villes d'Occitanie. – **2.** Je veux la visiter avec des amis. – **3.** Je dois prendre ma voiture (il me faut prendre l'auto) car Montpellier est loin. – **4.** Autrefois, pour aller à Palavas, on pouvait prendre le petit train. – **5.** Il y a des hôtels particuliers bien restaurés. – **6.** Au Peyrou, les pigeons ont fait un «chapeau» à la statue de Louis XIV. – **7.** Il y fait un froid très vif (il vous y fait un froid qui pèle) quand le vent souffle. –**8.** N'oubliez pas (ne vous oubliez pas) que Montpellier est la ville de France la moins polluée.

Var gasc.: - **1. bèras**, lang. **bèlas.** – **2. voi**, lang. **vòli.** – **3. lonh**, lang. **luènh/luònh.** – **4. bèth**, lang. **bèl ; ende**, syn. **lang. per ; podèva**, lang. **podiá.** – **6 . hèit**, lang. **fach/fait ; capèth** lang. **capèl.** – **7. hè**, lang. **fa/fai ; hred**, lang. **fred ; quan**, lang. **quand ; boha**, lang. **bofa.** Remarquez notamment le **h** gascon qui correspond à un f en lang. (-6, -7).

Vint-e-unena leiçon (21)

REVISIONS ET NOTES

1. Vous venez de prendre contact avec le gascon. Ce dialecte est un peu plus différent du languedocien que le provençal, principalement en ce qui concerne les formes verbales. La leçon 17 vous a présenté la plupart de ses particularismes; vous pouvez aussi vous reporter à l'introduction, au passage concernant les différents dialectes.

2. Vous avez vu également de nombreux exemples de l'adjectif possessif **mon**, **ton**, **son**, (masc.), **ma**, **ta**, **sa** (fém.), qui a une forme emphatique, **lo mieu**, **lo tieu**, **lo sieu** (masc.), **la miá**, **la tiá**, **la siá** (fém.): **ma maire** «ma mère»; **la miá maire** «ma mère à moi, que j'aime bien».

3. N'oubliez pas que vous devez vous entraîner à former de petites phrases pour vous permettre de bien assimiler les formes verbales.

Exercice verbal : **venguèri per lo veire** «je suis venu pour le voir»; **venguèt per me parlar** «il est venu pour me parler»; **venguèron par la veire** «ils sont venus (elles sont venues) pour la voir»; **soi vengut te quèrre** «je suis venu te chercher»;**cal partir** «il faut partir»; **veniá de sortir** «il venait de sortir»; **veniam de lo veire** «nous venions de le voir (personne); **veniatz de o dire** «vous veniez de le dire (cela)»**sortirai deman** «je sortirai demain»; **sortirem totara, que fa caud** «nous sortirons tout à l'heure, parce qu'il fait chaud»; **sortiriás se fasiá caud** «tu sortirais s'il faisait chaud»; **sortís : te vòli veire defòra** «sors : je veux te voir dehors».

***

LEIÇON 21

Vint-e-dosena leiçon (22)

L'accent

1 — Uèi que plòu, demorarem a l'ostal. Loïson, conta-nos una istòria !

2 — Perque i tenètz, vau vos en contar una, mas una vertadièra.

3 — Ièr, un torista que marchava e parlava ponchut s'apròcha e me ditz : « Cher Monsieur connaissez-vous la « roud de Milo » ? (1)

4 — Li respondi sul pic : « Mais, cher Monsieur, la Vénus de Milo n'a pas de roue » ! E alara, en m'agachant estabordit, me mòstra sus una carta la vila de Milhau qu'en francés, dins lo païs, se ditz « miyo » (2).

5 — « Millau », li disi, ara compreni, es tot drech.

PRONONCIATION. — L'atsén.
1 plòou. - 2 bértadyèro. - 3 martchabo é parlabo pountchut s'apròtcho. - 4 éstabourdit-milyaou - miyo. - 5 miyo - drétch.

L'ACCENT

1. Aujourd'hui, comme (qu') il pleut, nous resterons à la maison. Louisou, raconte-nous une histoire ! –**2.** Puisque vous y tenez, je vais vous en (ra)conter une, mais une vraie (véritable). –**3.** Hier, un touriste qui marchait et parlait «pointu» s'approche et me dit : «Cher monsieur, connaissez-vous la «roud de Milo» » ? –**4.** Je lui réponds tout de go : «Mais cher monsieur, la Vénus de Milo n'a pas de roue !» «Et alors qu'il. me regarde (en me regardant) stupéfait, il me montre sur une carte la ville de Millau qu'en français, dans le pays, on prononce (se dit) «miyo». –**5.** Millau, lui dis-je, maintenant je comprends, c'est tout droit.

**dessin de cette leçon en page 111.*

NOTES :

Pour le dessin, cf. leçon 40 fin.

(1) Marchar ponchut «marcher pointu» se dit de personnes un peu snobs qui s'efforcent d'avoir une allure distinguée en marchant le corps raide; allusion à ceux qui affectent «*de parler pointu*» pour paraître distingués.

(2) Li «lui», var. **ié; i** qui signifie **y, i vau** «j'y vais», est parfois employé au sens de «lui», **i disi** je lui dis».
Mais on dira : **pensi a el** «je pense à lui»; **parli d'el** «je parle de lui». **Es el** «c'est lui» (**el/ela** (fém.) «lui/elle» après prép.); cf. leçon 12 note 5.

(3) Es aquò que «c'est pour cette raison, pour cela que» : expression très courante traduite en français du «Midi». On entend en effet : **C'est ça** (à cause de cela) *qu'il est parti!; c'est ça (pour cette raison)* qu'il avait pas faim ! On pourrait dire aussi : **es per aquò que...**
Parlejaire est un néologisme correspondant au franglais *«speaker». Parlaire* signifie seulement «parleur». L'emploi du suffixe **-ej-** marquant la répétition permet de mieux traduire le mot «speaker», qui indique une personne qui «parle beaucoup et souvent». Ce suffixe **-ej-** est très fréquent : **potonar** «donner un baiser», **potonejar** «donner de nombreux baisers», **potonejaire** «personne qui embrasse souvent». Vous avez un autre exemple de **se (se vendriá)** aù sens de *on* (on vendrait).

Dròga «drogue» s'emploie pour désigner tout produit de qualité plus ou moins bonne.

6 — Mas, digatz-me, sètz de París ? Es aquò qu'avètz un dròlle d'accent en francés. Se i aviá en Occitania, un ofici de radiò o de television, pendent las reclamas, fariam parlar los parlejaires amb vòstre accent parisenc, e vos prometi que se'n vendriá de drògas ! (3)

- 6 diga(z) mé - Paris? sé yabyò un oufissi - radyò télébizyou - parlédjayrés - drogos.

Exercice en limousin (lemosin). — 1 Chasque còp que quò pleu, demoram a la maison (1). - 2 Avem demandat a Loïson de nos contar una brava istòria (2). - 3 Loïson es un coquinaud, s'es mocat d'un torista qu'escharaunhava los noms de luòc dau païs (3). - 4 Aurá, los Occitans an pus vergonha de parlar francés emb l'accent dau « Mieijorn », que quel accent es la presença de la lenga dins lo francés ; mas quo es enquera mielhs de parlar occitan (4). - 5 Fau estre fier d'esser de sa region. Alhors quo es pas sovent melhor (5). - 6 Se mocar de son pròpri accent, quo es se mocar de se (6).

Pron. — 1 tsaké ko kè plèou / pleu, dèmouram a lo mèyzou. - 2 avèm dèmanda a Louizou dè nou kountâ uno brav'istoryo. - 3 Louizou ey un koukinaou, s'ey mouka d'un touristo k'eytsarounyavo loû noum dè lyo dòou payî. - 4 aouro, lou oussitan an pu vergounyo dè parlâ fransey em l'aksèn dòou myeydzour, kè kèl aksèn ey lo prèzènso dè lo lèngo dins lou fransey. mâ kouèy/ kèy ènkèro myèy dè parlâ oussitan. - 5 fòou èytrè fyèr d'èssê dè so rèdziou / rèdzi. alyour kouèy / kèy pâ souvèn mèlyour. - 6 sè moukâ dè soun propr'aksèn, kouèy / kèy sè moukâ dè sè.

–**6.** Mais dites-moi, vous êtes de Paris ? C'est (pour) ça que vous avez un drôle d'accent en français. S'il y avait en Occitanie un office de radio ou de télévision, pendant les réclames, on ferait parler les speakers avec votre accent parisien, et je vous assure (promets) qu'on en vendrait (qu'il s'en vendrait) des drogues !

EXERCICE

1. Chaque fois qu'il pleut, nous restons à la maison –**2.** Nous avons demandé à «Louisou» de nous raconter une jolie (brave) histoire. –**3.** «Louisou» est un grand coquin, il s'est moqué d'un touriste qui écorchait les noms de lieux du pays. –**4.** Maintenant, les Occitans n'ont plus honte de parler français avec l'accent du «Midi», car cet accent, c'est la présence de leur (la) langue dans le français; mais c'est encore mieux de parler l'occitan. –**5.** Il faut être fier d'être de sa région. Ailleurs ce n'est pas souvent mieux. –**6.** Se moquer de son propre accent, c'est se moquer de soi.

NOTES :

(1) Chasque, var. **chada,** lang. **cada.**
Còp, syn. **vetz.**
Pleu, lang. **plòu.**
Chasque : en limousin, la pron. du **-e-**, varie selon l'environnement phonologique et les régions. Voilà pourquoi la graphie ne note pas l'ouverture de certains de ces **-e-**. Ecoutez bien les disques pour vous familiariser avec ce fait.
(2) Demandat : comme en provençal méridional, en nord-occitan, chute des consonnes finales et de l'**-s** du pluriel (sauf prov. alpin). pron. **démanda.**
(3) Notez la pron. du **-ch-** (**-ts-**) **escharaunhava,** pron. **eytsarounyavo.** Toutefois, dans certaines régions du nord-occitan, on pron. **-tch-**.
Le **-v-** est pron. **-v-** et non **-b-** comme en lang.
(4) Aura, lang. **ara.**
Enquera, lang. **encara.**
(5) Fau, var. **cau,** lang. **cal. Estre,** var. **èsser;** syn. **estar.**
(6) Se mocar, syn. lang. **se trufar; se mocar** signifie «se moucher» en lang.

Vint-e-tresena leiçon (23)

Las vendémias

1 — Ièr sul ser, mon vesin, Pèire, lo qu'a una vinha a Lodeva me telefonèt per nos convidar a venir veire los vendemiaires : tenètz-vos prèstes, partissèm dins una ora que siám pas en retard pel dinnar qu'es a miègjorn e pas a una ora coma a la vila (1).

2 — Oblidam pas degun ? Alara en rota pel païs del vin.

3 — I sèm. Agachatz Pèire, ailà, davant sa pòrta, que fuma la pipa. Sembla un santon amb sa barba bèla (2).

4 — Vej'aquí los convidats, un pauc mai vos esperavi. Devètz aver fach bon viatge, perqué sètz aquí ; venètz veire mos amics al trabalh.

5 — Vesètz, copam los rasims que los vendemiaires meton dins lo banaston portat per un òme. Quand es plen, lo van vojar. N'i a que se servisson de semals que se pòrtan a dos, amb de semalièrs (3).

PRONONCIATION. — béndémyos.
1 binyo - béndémyayrés. - **2** dégun. - **3** santou. - **4** kou(m)-bidats. - **5** razins. -

LES VENDANGES

1. Hier vers (sur) le soir, mon voisin, Pierre, celui qui a une vigne à Lodève m'a téléphoné pour nous inviter à venir voir ses (les) vendangeurs. Préparez-vous (tenez-vous prêts), nous partons dans une heure, afin de ne pas être (que nous ne soyons pas) en retard pour le déjeuner (dîner) qui est à midi et non (pas) à une heure comme à la ville –**2.** Nous n'oublions personne ? Alors en route pour le pays du vin. –**3.** Nous y voilà. Regardez Pierre, là-bas, devant sa porte, qui fume sa (la) pipe. Il ressemble à (semble) un santon avec sa grande et belle barbe. –**4.** Voici mes (les) invités, j'ai failli vous attendre (un peu plus, je vous attendais). Vous devez avoir fait bon voyage, puisque vous êtes là; venez voir mes amis au travail. –**5.** Vous voyez, on coupe (nous coupons) les raisins que les vendangeurs mettent dans la hotte portée par un homme. Quand elle est pleine, ils vont la vider. Il y en a qui se servent de comportes que l'on porte à deux, avec des «sémaliers».

NOTES :

(1) Sul ser; on aurait pu dire aussi : **ièr sera** ou **ièr al ser** «hier (au) soir»; syn. **ièr sul vèspre, de vèspre.**
Dinnar, var. **disnar.**
(2) Semblar signifie «sembler» mais aussi «ressembler». On retrouve cette particularité dans le français du «Midi»; on entend fréquemment des phrases du type suivant : «*tu sembles le diable avec ton chapeau*» (tu ressembles au...).
Le mot français *«santon»* est emprunté à l'occitan.
(3) Vojar «verser», var. **vuejar, vujar; voidar.**
Semal, syn. **lairan.**
Semalièrs, syn. **pals** (Rg.) «barres pour porter les comportes».

6 — Es pas tròp penible de trabalhar plegat en dos o de portar tot aquel rasim ? Aquò me sembla un crebador (4).

7 — Pensatz-vos, las vendémias, es pas un trabalh, es una tradicion. Gaitatz Loïseta que se fa mascarar de rasims pels fraires. Qu'es polida ! Es un pauc moqueta, mas ritz (5).

8 — E puèi, dins las rengas, entre las socas, i a qualques potons de còps (6).

9 — Venètz amb ieu, es ora de manjar. Anem, vendemiaires, a la sopa !

10 — Prenètz de cambajon e de salsissòt : es de natural e del melhor. Fa tres meses qu'èran dins la cendre e ara son fumats (7).

11 — Mas manjatz coma d'aucelons. Cantatz amb nosautres, aquò vos obrirà l'engolidor. Aquel monde de la vila, sabon pas viure. Son totjorn preissats, prenon pas lo temps de manjar (8).

6 trabalya. - 7 frayrés - rits. - 8 puèy - poutous dé kots. - 9 ézouro. - 10 kambadjou - salssissot. - 11 aoussélous - oubrira l'éngoulidou. - 12 Rokofort.

–6. Ce n'est pas trop pénible de travailler plié en deux ou de porter tout ce raisin ? Pour moi, cela semble être un «crébadou». **–7.** Pensez-vous, les vendanges, ce n'est pas un travail, c'est une tradition. Regardez Louisette qui se fait barbouiller de raisins par ses (les) frères. Qu'elle est jolie ! Elle fait la moue, mais elle rit. **–8.** Et puis, dans les rangées, entre les souches, il y a quelques baisers parfois, **–9.** Venez avec moi, c'est (l')heure de manger. Allons, vendangeurs, à la soupe ! **–10.** Prenez du jambon et du saucisson: c'est du naturel et du meilleur. Il y a (fait) trois mois qu'ils étaient dans la cendre et maintenant ils sont fumés. **–11.** Mais vous mangez comme de petits oiseaux. Chantez avec nous, ça vous ouvrira la «descente». Ces gens de la ville, ils ne savent pas vivre. Ils sont toujours pressés. Ils ne prennent pas le temps de manger.

NOTES (suite)

(4) Crebador «toute chose qui vous *crève* (repas, etc.); vous éreinte (travail, etc.)». Mot intraduisible en français : en français d'Occitanie, on dit d'ailleurs *crébadou*.
(5) Pels pour **per los** : l'occitan emploie moins souvent le possessif que le français : **as pas vist l'òme** ? «tu n'as pas vu mon mari? ». Le possessif n'est employé que s'il est vraiment nécessaire à la compréhension; ne l'oubliez pas.
(6) Renga syn. **rengada.**
(7) Salsissòt, var. **saussissòt,** saussisson.
Cendre est masc. ou fém.; var. **cenre.**
(8) Nosautres; formes réduites : **nosauts, nautres; aucèl,** var. ausèl (ouest), **ausèth** (Gasc.), **aucèu** (Prov.).
Engolidor, var. **degolidor. Preissar** ou **pressar** «presser».
(9) Veirat signifie exactement «un plein verre»; le suffixe **-at/-ada** (fém.) indique fréquemment le contenu, comme **-é(e)** en français; **carretada** «charretée». On pourrait dire aussi «**un esclopat** (sabot plein) **sul Ròcafòrt ...**».
Esperar signifie «espérer» mais aussi «attendre».

12 — Un veirat de vin sul Ròcafòrt e a la vinha, que nos espèra. Va ben plan de beure lo vin, mas cal pas oblidar de lo far (9).

13 — Mercé, Pèire, nos sèm plan regalats. Se venes a l'ostal, oblides pas de t'arrestar (10).

14 — Tornamai la rota e enfin l'ostalon ont poirem tornar parlar d'aquela bèla jornada passada amb de monde que sabon viure e cantar en trabalhant (11).

Exercice en limousin. — **1** Los vendenhaires se sierven de banastas per portar lo rasim (1). - **2** Quo pesa, una banasta, mas una manaucha quo pesa enquera mai (2). - **3** Au dinnar, tot lo monde chanta e beu de bon vin (3). - **4** Dins las vinhas, los òmes s'amusan a bochardar las femnas emb dau rasim (4). **5** Bochardan principalament las domaiselas que fan mina de roscalhar. - **6** Se vendenha en setembre (5). - **7** Las vendenhas son una granda festa dins tot lo païs (6). - **8** Lo pair, la mair, los frairs, las sòrs, tota la familha vendenha (7).

Pron. — **1** lou vèndènyayrèy sé syèrven dè banata pèr pourta lou razim. - **2** ko pèzo, uno banato, ma uno manaoutso ko pèzo enkèro may. - **3** òou dina, tou lou moundè tsanto è bèou dé boun vi. - **4** din la vinya, lou omey s'amuzan a boutsarda la fenna em doou razim. - **5** boutsardan principalomèn la doumeyzèla kè fan mino dè rouskalya. - **6** sè vèndènyo èn sètèmbrè. - **7** la vèndènya soun uno grando féto din tou lou payi. - **8** lou pay, lo may, lou fray, la sor, touto lo familyo vendènyo.

12. Un bon coup de vin sur le Roquefort et à la vigne : elle nous attend. C'est très bien (Ça va très bien) de boire le vin, mais il ne faut pas oublier de le faire. – **13.** Merci, Pierre, nous nous sommes bien régalés. Si tu viens chez nous (à la maison), n'oublie pas de t'arrêter. –**14.** A nouveau la route, et enfin notre (chère petite) maison, où nous pourrons reparler de cette belle journée passée avec des gens (du monde) qui savent vivre et chanter en travaillant.

NOTES (suite)

(10) Oblidar «oublier», dér. de même sens **doblidar, desoblidar; ensoblidar** (Rg.); syn. **demembrar, debrembar.**

(11) Ostalon : le suffixe **-on** est dim. mais aussi affectif, ne l'oubliez pas. L'expression «les gens» se traduit le plus souvent par **lo monde,** suivi du pluriel puisqu'il s'agit d'un singulier collectif ; **monde,** var. **mond.**

EXERCICE

1. Les vendangeurs se servent de hottes pour porter le raisin. **2.** C'est lourd, une hotte, mais une comporte, c'est encore plus lourd. –**3.** Au repas de midi, tout le monde chante et boit du bon vin. –**4.** Dans les vignes, les hommes s'amusent à barbouiller les femmes avec du raisin. –**5.** Ils barbouillent principalement les demoiselles qui font semblant de «*rouspéter*». –**6.** On vendange en septembre. –**7.** Les vendanges sont une grande fête dans tout le pays. –**8.** Le père, la mère, les frères, les sœurs, toute la famille vendange.

(1) **Vendenhaire,** lang. **vendemiaire.**
Sierven, lang. **servisson.**
2) **Quo,** lang. **aquò.**
Manaucha, syn. lang. **semal.**
(3) **Chantar,** lang. **cantar** «chanter» (**cha-** = **ca-** du lang.).
Au, lang. **al.**
(4) Notez la prononciation **s'amuzan,** lang. **s'amuzon/-zou(n).**
Brochardar, syn. lang. **mascarar.**
Dau, lang. **de :** le limousin joint l'article à **de,** comme le français.
(5) **Vendenhar,** lang. **vendemiar.**
(6) **las vendenhas,** lang. **las vendemias.**
(7) **Lo pair, la mair, los frairs,** lang. **lo paire, la maire, los fraires** (avec un **-e-**).
Notez la pron. de la finale de la 6ème pers. du présent, **-an** (comme c'est écrit) et non **-on,** var. - **ou(n)** (Lang.) : **s'amusan (4), bochardan** et **fan**(5).
N final prononcé : **bon** (3), **son** (7).

Vint-e-quatrena leiçon (24)

L'Occitania, païs de cançons

1 — Lo rasim, es bon, mas après un bon repais, cal de cançons.

2 — Ai demandat a Batiston de ne venir cantar qualques-unas. Escotem-lo.

3 — Cars amics, vau començar per la cançon pus famosa, qu'es coneguda de totes los Occitans (1).

4 — Es una cançon d'amor : poiretz aprene a la cantar vosautres tanben (2).

5 — Al fons de la prada, i a un pibol traucat, lo cocut i canta, benlèu a nisat. Se canta, que cante, canta pas per ieu, canta per ma mia qu'es al luènh de ieu.

6 — Aquelas montanhas que tan nautas son, m'empachan de veire, mas amors ont son...

7 — Batiston, canta-nos ara una cançon plan anciana.

PRONONCIATION. — répays.

L'OCCITANIE, PAYS DES CHANSONS.

1. Le raisin, c'est bon, mais après un bon repas, il faut des chansons. –**2.** J'ai demandé à «Batistou» de venir en chanter quelques-unes. Ecoutons-le. –**3.** Chers amis, je vais commencer par la chanson (la) plus célèbre, qui est connue par tous les Occitans. –**4.** C'est une chanson d'amour : vous pourrez apprendre à la chanter, vous aussi. –**5.** Au fond de la prairie, il y a un peuplier troué, le coucou y chante, peut-être y a-t-il niché. S'il chante, qu'il chante, il ne chante pas pour moi, il chante pour ma mie, qui est loin (au loin) de moi. –**6.** Ces montagnes, qui sont si hautes, m'empêchent de voir, où sont mes amours... –**7.** «Batistou», chante-nous à présent une chanson très ancienne.

NOTES :

(1) Le superlatif occitan : on pourrait mettre **la pus/mai/plus/ famosa cançon,** mais il est plus occitan de placer l'adjectif après le nom, sans article : **la cançon pus/mai/plus famosa** «la chanson *la* plus célèbre; syn. **celèbra;-bra** (fém.); **car,** var. **care.**
(2) Vos signifie «vous» et s'emploie quand on s'adresse à une seule personne. Si on s'adresse à plusieurs, comme c'est le cas ici, on emploie **vosautres.**
(3) Prepaus, var. **perpaus** «à propos».

8 — Escotatz alara aquela cançon del trobador que ven parlar d'amor a sa dama. Rapèla per son ritme lo cant gregorian.

9 — Revelhatz-vos, bèla endormida, es aquí lo trobador, metètz-vos a la fenèstra, i entendretz parlar d'amor...

10 — Aquí una bèla cançon ; una autra, Batiston !

11 — Escotatz ara la cançon simbolica del boièr compausada a prepaus de la tragedia del Lengadòc, roïnat per la Crosada contra los Albigeses, qu'i es question dels malurs de la paura Joana, filha de Ramond Sèt, lo darrièr dels comtes de la Tolosa libra (3).

12 — Fasètz atencion a las vocalas finalas, **a** - **e** - **i** - **o** - **u** : pareis que son lo començament d'aquels mots : *Austriae est imperare orbi universo.*

- **11 bouyè - prépaous. - 12 déz mouts. -**

–**8.** Ecoutez alors cette chanson du troubadour, qui vient parler d'amour à sa dame. Elle rappelle par son rythme le chant grégorien. –**9.** Réveillez-vous, belle endormie, voici (il est ici) votre (le) troubadour, mettez-vous à la fenêtre, vous y entendrez parler d'amour... –**10.** Voilà (là) une belle chanson; une autre, «Batistou» ! - **11.** Ecoutez à présent la chanson symbolique du bouvier (qui a été) composée à propos de la tragédie du Languedoc, ruiné par la Croisade contre les Albigeois, où (qu') il est question des malheurs de la pauvre Jeanne, fille de Raimond VII, le dernier des comtes de la Toulouse libre. –**12.** Faites attention auu voyelles finales, a-e-i-o-u : il paraît qu'elles sont le commencement de ces mots : **Austriae est imperare orbi universo.** Austria (pays de l'Ouest donc l'Occitanie) dominera l'univers .

13 — Quand lo boièr ven de laurar, planta son agulhada : **a - e - i - o - u**. Tròba sa femna al pè del fuòc, tota desconsolada : **a - e - i - o - u**... E los romieus que passaran, prendran d'aiga senhada. E diran : «quala es mòrta aicí ? » « Aquò's la paura Joana. Se n'es anada al Paradís, tota sola amb sas cabras » : **a - e - i - o - u** (4).

14 — O Batiston, quina cançon extraordinària : la vau aprene sens esperar !

***

Exercice en limousin. — **1** Per chantar de las chançons occitanas, fau de la votz, mas tanben dau còr, perquè parlan d'amor. - **2** Joana fuguet la filha de Ramond Sèt (1). - **3** Fuguet plan malurosa, perquè son païs era roïnat per la guerra. - **4** La chançon dau boier nos rapela sos malurs (2). - **5** A l'Edat-Meiana, los Trobadors chantavan l'amor, mas tanben la libertat, l'amistat e la leiautat (3).

Pron. — **1** pèr tsanta dè la tsansou oussitana, fòou dè lo vou, ma tobè dòou kor, pèrkè parlan d'amour. - **2** dzano fuguè lo filyo dè ramoun sè. - **3** fuguè plo malurouzo/ maleyrouzo, pèrkè soun payi èro roueyna pèr lo guèrro. - **4** lo tsansou dòou bouyé nou rapèlo sou malur. - **5** a l'èda mèyano, lou troubadour tsantavan l'amour, ma tobè lo liberta l'amita è lo lèyaouta.

–**13.** Quand le bouvier vient de labourer, il plante son aiguillon : a-e-i-o-u. Il trouve sa femme au pied du feu, toute affligée («déconsolée») a-e-i-o-u... Et les pélerins qui passeront prendront de l'eau bénite (signée). Ils diront : (qui (laquelle) est morte ici ?» «C'est la pauvre Jeanne. Elle s'en est allée au paradis, toute seule avec ses chèvres»: a-e-i-o-u. –**14.** Oh «Batistou», quelle chanson extraordinaire : je vais l'apprendre sans attendre !

***

NOTES (suite)

(4) Cabra, var. craba (avec métathèse). Dans certains mots, le **-r-** est «baladeur». cf. aussi **dobrir (doubri)** «ouvrir», **var.** dorbir/ durbir.

***

EXERCICE

1. Pour chanter des chansons occitanes, il faut de la voix mais aussi du cœur, parce qu'elles parlent d'amour. –**2.** Jeanne fut la fille de Raimond VII –**3.** Elle fut très malheureuse, parce que son pays était ruiné par la guerre. –**4.** La chanson du bouvier nous rappelle ses malheurs. –**5.** Au Moyen Age, les Troubadours chantaient l'amour mais aussi la liberté, l'amitié et la loyauté.

NOTES :

(1) Fuguet, var. de **foguèt,** présente aussi en lang.
(2) Chançon, lang. **cançon (ca- = cha-** en nord-occit.)
(3) Meiana, lang. **mejana.**

LEIÇON 24

Vint-e-cinquena leiçon (25)

Lo torista e l'indigèna

1 — Guston, agacha sul camin, un torista, diriam un American. Deu voler fotografiar un indigèna (1).

2 — L'anam colhonar. Carga ta blòda e ton capèl roergàs. Lo vau quèrre (2).

3 — Bonjorn, Mossur ; se volètz prene de polidas fotòs, sabi ont i a un Occitan vertadièr. Venètz amb ieu (3).

4 — Avèm fach una resèrva d'Occitans, coma vosautres amb los Indians. Es cinquanta francs la dintrada.

5 — Very good, réserve d'Occitans !

6 — Pr'aquò, son de monde fièrs, qu'aiman pas qu'òm los espie o qu'òm los fotografie, alara vos cal èstre discrèt e prudent (4).

PRONONCIATION. — l'indidjèno.
1 kami. - **2** rouérgas - kèrré. - **4** frans.

LE TOURISTE ET L'INDIGENE.

1. «Gustou», regarde sur le chemin, un touriste, on dirait (nous dirions) un Américain. Il doit vouloir photographier un indigène. **–2.** On va (Nous allons) le «posséder». Mets (charge) ta «*blode*» et ton chapeau rouergat. Je vais le chercher. **–3.** Bonjour, Monsieur; si vous voulez prendre de jolies photos, je sais où il y a un vrai Occitan. Suivez-moi. **–4.** Nous avons fait une réserve d'Occitans, comme vous avec les Indiens. C'est 50 francs l'entrée. **–5.** Very good, réserve d'Occitans ! **–6.** Toutefois, ce sont des gens (du monde) fiers, qui n'aiment pas être observés ou photographiés, alors, soyez (il vous faut être) discret et prudent.

* *dessin de cette leçon en page 181.*

NOTES :

(1) Conditionnel présent; sa formation est simple :
Aimar «aimer»; var. **amar** (Provence):
AIMARIÁI (-yoy/-yèy, Montp. et Cév.)/ **-IÁ; -IÁS; –IÁ; -IAM, -IATZ; -IÁN; (-yon/-yen** Montp., Bit.)/ **-yèu** (Cév.), var. **-IÁUN (-yòou)** (partie du M. Cent.), que l'on peut écrire **-IÁN,** par souci d'unité graphique.
Prov.: AMARIÁU **(yòou); -IÁS; -IÁ; -IAM (yan); IATZ (ya); -IÁN(yen);**
Gasc.: AIMARÍ; –RÉS; –RÉ; –REM; –RETZ; –RÉN.

Entrainez-vous à jongler avec ce temps : **aimariá(i) cantar** «j'aimerais chanter»; **aimariá venir amb tu** «il aimerait venir avec toi»; **aimariam veire/véser** «nous aimerions voir».
(2) Blòda «blouse traditionnelle, bleue ou noire»; ; **cargar, tombar** «mettre, enlever (habit).».

Colhonar est moins grossier que son correspondant français. **Quèrre** (var. **querir**)«(aller) chercher (sans avoir perdu quelque chose)» est différent de **cercar** «chercher (quelque chose de perdu)». La différence qui existait en afr. entre **querir** et *chercher* est toujours vivante en occitan. Le français est donc actuellement moins précis que l'occitan sur ce point.
(3) Ont, var. **onte, ant(e); dér. vont, dont, (a)nont, decont, (o)lant.**
Mossur est un gallicisme très répandu : oc. **sénher** ou **monsen** «monsieur».
(4) Monde «les gens» sing. collectif, est accompagné par un

7 — Tè ! N'avètz un aquí qu'es plan polit. Sembla pas que sa familha siá aicí. An degut anar vendre de pèls de bèstias a la vila. Amagatz-vos darrièr aquel arbre. Tomba plan : vejatz-lo que s'apròcha ; fagatz pas de bruch (5).

8 — Va plan, avètz pres de fotòs ? (6)

9 — Yes, l'authentique, rien ne vaut « *l'authentique folklore* » !

***

Exercice en limousin. — **1** Veiquí un brave torista pas gaire escarabilhat qu'arriba (1). - **2** Nos anam mocar d'eu, juste un pauc, perquè som pas meschaents (2). - **3** Aima de prener de bravas fotòs emb son bel aparelh tot nuòu (3). - **4** Vòu prener un Occitan vertadier, pas un per torista, per lo far veire aus amics. - **5** A reüssit, es plan content. - **6** Regretará pas d'estre vengut. Una fotò coma quela vau mai que cinquanta francs (4). - **7** Viva los toristas, e viva los Occitans !

Pron. — **1** Vèyki un bravè touristo pa gayrè èykarabilya k'arribo / arryèbo. - **2** Nou anam mouka d'èou, dzust'un paou, pèrkè som pa mèytsèn / meytsan. - **3** Eymo dè prènèy dè brava fouto èm soun bèl aparey tou nyòou. - **4** Vòou prènèy un oussitan vèrtadyè, pa un pèr touristo, pèr lou fa vèyrè òou-z-ami. - **5** a rèüssi, eyplo countèn. - **6** Règrètaro pa d'èytrè vèngu. Uno fouto koumo kèlo vaou may kè sinkanto fran. - **7** Vivo lou tourista, è vivo lou oussitan.

7. Tiens, en voilà un qui est magnifique (très joli). Il ne semble pas que sa famille soit ici. Elle a dû (Ils ont dû) aller vendre des peaux de bêtes à la ville. Cachez-vous derrière cet arbre. Vous avez de la chance, (ça tombe bien) : regardez-le, (qu') il s'approche, ne faites pas de bruit. **–8.** Ça y est (ça va bien), vous avez pris des photos ? **–9.** Yes, l'authentique, rien ne vaut *«l'authentique folklore»*.

NOTES (suite)

adjectif au pluriel. Accord selon la logique psychologique.
Le passif est moins employé en occitan qu'en français : «être observés», en occitan, **qu'òm los espie** (qu'on les observe).
(5) Arbre, var. **aubre, albre, aure.**
(6) On peut accorder le part. passé, à l'inverse du français actuel, quand il est employé avec l'auxiliaire avoir, même s'il n'y a pas de complément d'objet direct placé avant lui (accord psychologique) : var. **... avètz presas de fotòs ?**

EXERCICE

1. Voici un brave touriste pas très dégourdi (éveillé) qui arrive. **–2.** Nous allons nous moquer de lui, juste un peu, parce que nous ne sommes pas méchants. **–3.** Il aime (de) prendre de jolies photos avec son bel appareil tout neuf. **–4.** Il veut prendre un vrai Occitan, pas un pour touriste, pour le faire voir à ses (les) amis. **–5.** Il a réussi, il est très content. **–6.** Il ne regrettera pas d'être venu. Une photo comme celle-là vaut plus de cinquante francs. **–7.** Vive les touristes et vive les Occitans !

NOTES :

(1) Veiquí, prov. **vaquí,** en lang. on emploie plutôt **aquí.**
Arriba ou **arrieba.**
(2) Eu, lang. **el;** en limousin, on pourrait dire aussi **mocar de se.**
Meschaent, lang. **missant.**
(3) Nuòu, lang. **nòu.**
(4) Regretará, lang. central **regretarà.**
Quela, lang. **aquela.**

Vint-e-seisena leiçon (26)

bintésséyzéno.

Al mercat

1 — Uèi, repaus. Ne profitarem per crompar qualques afars (1).

2 — Primièr, qualques bonbons, aquò fa pas de mal (2).

3 — Qualques pralinas de Vabres, fachas amb d'amèllas e de sucre pel pralinaire (3).

4 — Caldriá pas oblidar lo pan, que ne demòra pas gaire.

5 — Aici qualques gimbeletas per dejunar deman matin e de chaudèls (4).

6 — Sèm arribats al mercat. Son las femnas que vendon, coma a l'acostumada.

7 — Tè ! De tomatas, son plan maduras. Amb de viètdases e de cebas, poirem preparar una bona chichomèia (5).

8 — Caldrà pas oblidar la frucha. I a encara de cerièras, mas es la fin. An a pauc près totas lo vèrme (6).

AU MARCHÉ

1. Aujourd'hui, repos. Nous en profiterons pour acheter quelques affaires. –**2.** Tout d'abord, quelques bonbons, ça ne fait pas de mal. –**3.** Quelques pralines de Vabres, faites avec des amandes et du sucre par le «pralinier». –**4.** Il ne faudrait pas oublier le pain, (étant donné) qu'il n'en reste pas beaucoup. –**5.** Voici quelques gimblettes pour le petit déjeuner (pour déjeuner) demain matin et des échaudés. –**6.** Nous voilà (sommes) arrivés au marché. Ce sont les femmes qui vendent, comme c'est la coutume. –**7.** Tiens, des tomates, elles sont bien mûres. Avec des aubergines et des oignons, nous pourrons préparer une bonne «chichoumeille». –**8.** Il ne faudra pas oublier les fruits. Il y a encore des cerises, mais c'est la fin, elles ont presque (à peu près) toutes le ver. -

**dessin de cette leçon en page 167.*

NOTES :

(1) **Profitar,** var. **profechar.**
Afar, var. **afaire.**
(2) **Bonbon,** ou **bonbonilha.; syn. pastilha.**
(3) **Amèlla,** var. **amènla;** graphie du dic. d'Alibert, **amètla.**
(4) On fait des «**chaudèls**» surtout à Pâques, et des «**fogassas**» pour les fêtes locales.
(5) **Chichomèia,** var. **chauchimèia, chichimèia** et **chichimiana** (Prov.); syn. **ratatolha. Viètdase** , syn **aubergina, merinjana.**
(6) **Frucha** est un sing. collectif, il signifie «les, des fruits»; var. **fruta.** Un fruit se dit un **fruch,** pron. «**fru**» **en Prov. (chute des cons. finales autres que -n**); var. **frut.**
Cerièra, var. **cerièisa.**
Aver lo vèrme/vèrm; Toul. **vèrp.** Pour «avoir le ver», on dit aussi (Rg.) : **aver bernat** (cerises ou prunes); **aver lo babaròt** (le double menton) (graines); **aver la babòta** (luzerne, fourrage).

PRONONCIATION. — al mérkat.
1 afas. - **3** amèllo. - **4** pa. - **7** Byèdazés - sébos. - **8** caldra .

9 — Me cal crompar tanben sièis uòus, per far una bona crèma. La manjarem amb la fogassa que deu crompar lo papeta, se oblida pas. Mas la mameta lo li rapelarà (7).

10 — Cresi qu'avèm çò que nos cal. Avèm pas qu'a tornar a l'ostal, per preparar tot aquò.

Exercice en limousin. — **1** Una bona fojassa es totjorn bona a minjar (1). - **2** La fasem cueire auprep dau fuòc, onte i a de las buschas (2). - **3** Au merchat, se pòt 'chaptar de la frucha que minjarem au dessert, avant una bona crema (3). - **4** Faudrá pas dintrar tròp tard per poder preparar lo minjar (4). - **5** Aime mielhs la crema que la sopa, emai s'es facha emb de bonas patatas (5). - **6** Se lo pepet obluda de 'chaptar lo pan, mandarem lo filh, que sas jambas son jòunas.

Pron. — **1** Uno bouno foudzasso ey toudzour bouno a mindza. - **2** lo fazèm kouèyrè / kèyrè òouprè dòou fyo, ountè y a dè la butsa. - **3** òou mèrtsa, sè po tsata dè lo frutso kè mindzarem òou dèssèr, avan uno bouno krèmo. - **4** fòoudro pa dintra tro tar pèr poudey prèpara lou mindza. - **5** aymè myèy lo krèmo kè lo soupo, è may s'ey fatso em dè bouna patata. - **6** sè lou pépé oubludo de tsata lou po, mandarem lou fi, kè sa dzamba soun dzòouna.

-9. Il faut que j'achète aussi six œufs pour faire une bonne crème. Nous la mangerons avec la fouace que doit acheter (le) grand-père, s'il n'oublie pas. Mais (la) grand-mère le lui rappellera. **–10.** Je crois que nous avons ce qu'il nous faut. Nous n'avons qu'à rentrer à la maison, pour préparer tout ça.

NOTES (suite)

(7) **Fogassa** : dans le Rg., l'Alb., le Quercy, le Velay, etc, on ne pron. pas le **-g-** intervocalique, surtout devant un **-a-**; on dit donc «**fouasso**»; syn. **la coca** (Toul., Lomagne), **lo tortèth** (Gasc.).
Papeta ou **Papet** et **mameta** : on dit aussi **pepin** et **menina, grand** et **granda.**
Rapelar, syn. **remausir** (Rg.) d'où : **la mameta lo ié remausirá** «id.»; autre syn. **remembrar.**

EXERCICE

1. Une bonne fouace est toujours bonne à manger. **–2.** On la fait cuire près du feu, où il y a des bûches. **–3.** Au marché, nous pouvons acheter des fruits, que nous mangerons au dessert, avant une bonne crème. **–4.** Il ne faudra pas rentrer trop tard pour pouvoir préparer le repas (le manger). **–5.** Je préfère (aime mieux) la crème à (que) la soupe, même si elle est faite avec de bonnes pommes de terre. **–6.** Si le grand-père oublie d'acheter le pain, nous enverrons son fils, dont les jambes sont jeunes.

NOTES :

(1) **Fojassa,** lang. **fogassa (ga- =ja-** en nord-occitan).
Minjar, var. de **manjar,** présente aussi en lang.
(2) **Cueíre,** lang. **còire.**
Buscha, syn. lang. **bròca.**
(3) **Chaptar** (pour **achaptar**), syn. comprar (sud du lim.), présent aussi en lang. **crompar/comprar.**
(4) **Faudrá,** syn. **chaudrá,** lang. **caldrà.**
(5) **Aime,** var. de **aimi,** présente aussi en lang.. En limousin, la 1ère pers. est en **-e** et non en **-i.**
(6) **Pepet,** lang. **papeta.**
Obludar, lang. **oblidar.**
Jòuna, lang. **jova/joina.**

LEIÇON 26

Vint-e-setena leiçon (27)

bintésséténo.

Mon sartre es riche

1 — Ara qu'avèm plan manjat, nos cal tornar sortir per crompar de vestiments e de sabatons (1).

2 — Dintrem dins aqueste magasin, çò que vendon es plan solide.

3 — Aimariás pas aquelas cauçaduras ? Son en cuèr. (2)

4 — Semblan de bona qualitat mas me pareisson pas a la darrièra mòda.

5 — Per la campanha, es çò que cal. E qual te ditz que son pas en avança sus la novèla mòda ? L'an que ven, se tornaran far tan ponchudas benlèu.

6 — Per crompar una vèsta, cresi qu'aquel magasin es lo melhor.

7 — Agacha aquela, amb de flors. Diriam una vèsta color d'estiu.

PRONONCIATION. — ritché.
2 magazi. - 3 Kuèr. - 4 sémblon / blou(n). - 5 kampanyo.
7 flous - diryan.

MON TAILLEUR EST RICHE

1. Maintenant que nous avons bien mangé, il nous faut ressortir pour acheter des vêtements et des chaussures. –**2.** Entrons dans ce magasin, ce qu'ils vendent est très solide. –**3.** N'aimerais-tu pas ces souliers ? Ils sont en cuir. –**4.** Ils ont l'air (semblent) de bonne qualité mais ils ne me paraissent pas à la dernière mode. –**5.** Pour la campagne, c'est ce qu'il faut. Et qui te dit qu'ils ne sont pas en avance sur la prochaine (nouvelle) mode ? L'an prochain (qui vient) on les refera (ils se referont) peut-être aussi pointus. –**6.** Pour acheter une veste, je crois que ce magasin est le meilleur. –**7.** Regarde celle-là, avec des fleurs. On dirait une veste couleur d'été.

NOTES :

(1) Sartre, var. **saltre** (Rg., Quercy). Toutefois, bien souvent, on entend le gallicisme **talhur.**

Vestiment, var. **vestit. Sabaton**, syn. cauçaduras; **solièr** est un gallicisme.

(2) Cuèr, var. **cuòr.**

(3) Un pauc pus corta , syn. un brigat, briat pus corta (Rg.); **un bricon(èl).**

8 — Aimi melhor la verda, a pas cap de flors mas es un pauc pus corta, farà pus jove (3).

9 — Ieu tanben, aimi mai que prengas la qu'a pas de flors, es pus simpla (4).

10 — Quant vos devi, mossur ? Quinze mila francs ; lo prètz me conven. Es mens car que fach sus mesura. Es aquò que mon *sartre es riche* !

11 — Aquela darrièra frasa me rapèla quicòm !

12 — E ara, cal dintrar per manjar e anar al lièch que deman matin, devèm anar veire Joanon.

- **10** moussu - kar.

Exercice en limousin. — **1** Per que me puesche vestir, deve anar au talhor (1). - **2** Per que ieu siá brave, 'chaptarai un costume nuòu. - **3** Fau que puesche me n'anar avant la nuech. - **4** Vòles qu'ane veire lo pepet ? (2) - **5** Vòle que puescham venir avant eu a sa maisoneta (3). - **6** Vòu que prenham quauquaren per minjar (4).

Pron. — **1** pèr kè mè pèchè / pœché veyti, dévè na òou talyour. - **2** pèr kè you / yaou syo bravé, tsataray un koustumè nyòou. - **3** fòou kè pèchè / pœchè mè nana avant lo nè. - **4** volèy kanè vèyrè lou pépé ? **5** volè kè pècham / peucham vèni avan èou a so meyzounèto. - **6** vòou kè prègnam kaoukorè pèr mindza.

–**8.** Je préfère la verte, elle n'a pas du tout de fleurs mais elle est un peu plus courte, elle fera plus jeune. –**9.** Moi aussi, je préfère que tu prennes celle qui n'a pas de fleurs, elle est plus discrète (simple). –**10.** Combien vous dois-je, monsieur ? – 15.000 francs; le prix me convient. C'est moins cher que fait sur mesure. Voilà pourquoi (c'est çà que) mon tailleur est riche ! –**11.** Cette dernière phrase me rappelle quelque chose ! –**12.** Et maintenant, il faut rentrer pour manger et aller au lit (parce) que demain matin, nous devons aller voir «Jeanou».

NOTES (suite)

(4) Les verbes du 3ème groupe (finale en **-e** ou **-er**) ont leur subjonctif présent souvent formé avec **-ga : (que) prenga, -gas, -ga, -gam, -gatz, -gan;**cf. leçon 12 note 2. En Limousin on dit **prenhe** «que je prenne» etc.
Aimar mai ou **melhor** «préférer».
Faire, subjonctif présent : **(que) faga.** Toutefois on rencontre aussi **(que) fasca, faça.**
Poder/porre «pouvoir» : **(que) pòga,** var. **pòsca .**

Dans certains parlers, la finale de ces subj. est pron. -é **(fagué,** etc.).

Vous remarquez donc deux formations : soit **-ga,** soit **-sca, qui** sont des variétés dialectales parfaitement acceptables (ainsi que leurs autres variantes).

EXERCICE

1. Pour que je puisse me vêtir, je dois aller chez le (au) tailleur. –**2.** Pour que je sois joli, j'achèterai un costume neuf. –**3.** Il faut que je puisse partir avant la nuit –**4.** Veux-tu que j'aille voir (le) «Pépé» ? Je veux que nous puissions parvenir avant lui à sa (jolie) maisonnette. –**6.** Il veut que nous prenions quelque chose pour manger.

(1) Puesche, lang. **pòsca.**
Deve, var. de **devi,** présente aussi en lang.
(2) Vòles, lang. **vòls.**
(3) Puescham , lang. poscam.
Maison, syn. lang. **ostal.**
(4) Prenham, lang. **prengam.**
Quauquaren (comme en prov.), syn. lang. **quicòm.**

Vint-e-uechena leiçon (28)

1. Vous devez maintenant être familiarisé avec les tournures propres à l'occitan : **es aquò que/es per aquò que** «c'est pour cette raison que»; **l'amic que ne parli** «l'ami dont je parle (que j'en parle)» etc.

2. Consacrez toujours quelques minutes à former de petites phrases qui vous permettent de «jongler» avec les verbes. Entraînez-vous aujourd'hui avec le conditionnel présent : **Aimariái manjar** «j'aimerais manger»; **aimariás parlar** «tu aimerais parler» etc. Faites de même avec le futur : **aimarai cantar** «j'aimerai chanter»; **aimaràs manjar** «tu aimeras manger»; avec le subjonctif présent : **cal que vengas** «il faut que tu viennes».

3. Placez bien les pronoms compléments : **lo vòli anar quèrre** «je veux aller le chercher». **O te vòli** dire «je veux te le dire» (le te veux dire).
4. Vous avez vu l'essentiel de la grammaire de l'occitan. Comme vous le voyez, ce n'est pas très difficile. Continuez à progresser en vocabulaire et bientôt, vous parlerez couramment.

LES JORNS DE LA SEMMANA : TABLÈU
(les jours de la semaine : tableau)

Lundi : **diluns**, var. **luns.**
Mardi : **dimarç**, var. **març.**
Mercredi : **dimècres**, var. **mècres.**
Jeudi : **dijòus**, var. **jòus.**
Vendredi : **divendres** , var. **vendres.**
Samedi : **dissabte**, var. **sabte.**
Dimanche : **dimenge**, syn. **dimèrgues.**

Vint-e-novena leiçon (29)

Lo bòsc

1 — Uèi, vos prepausi d'anar veire Joanon qu'a de mòbles regionals plan polits. Nos espèra a dètz oras (1).

2 — Sètz prèstes, alara en rota. Prenem la corcha, poirem veire aital un bòsc que vos i mostrarai los arbres que butan dins lo païs (2).

3 — Lo grand, a drecha, es un olm. Son boès es plan dur, òm se'n servís pas gaire per far de mòbles, que te rosiga los autisses ; se'n fasiá de botons de carretas (3).

4 — Los qu'an las fuèlhas denteladas, coma aquel d'aquí, son de garrics. I a lo garric e lo rove, que ven mai gròs. Lo sieu boès es tanben plan dur, se'n fa de fustas, de pondes, de mòbles (4).

5 — Quand es plan vièlh, es talament dur qu'i podèm espintar de tachas o de clavèls a pro pena. Passam alara lo clavèl dins de graissa, o alara, tot simplament, pels pials ; òm pòt alara l'espintar (5).

LE BOIS.

1. Aujourd'hui, je vous propose d'aller voir «Jeanou» qui a des meubles régionaux admirables. Il nous attend à 10 heures. –**2.** Vous êtes prêts, alors en route. Prenons le raccourci, nous pourrons voir ainsi un bois où (que... i...) je vous montrerai les arbres qui poussent dans le pays. –**3.** Le grand, à droite, c'est un orme. Son bois est très dur, on ne s'en sert pas beaucoup pour faire des meubles, parce qu'il (te) «ronge» les outils. On en faisait (il s'en faisait) des moyeux de charrettes. –**4.** Ceux qui ont les feuilles dentelées, comme celui-ci, ce sont des chênes. Il y a le chêne kermès et le chêne vert, qui devient (vient) plus gros. Son bois est aussi très dur, on en fait (il s'en fait) des poutres, des planchers, des meubles. –**5.** Quand il est très vieux, il est tellement dur qu'on peut (nous pouvons) y enfoncer des «tatches» ou des clous très difficilement (à grand peine). On passe (nous passons) alors le clou dans de la graisse, ou bien, tout simplement, dans (par) les cheveux; on peut alors l'enfoncer.

NOTES :

Dans cette leçon, vous avez vu un certain nombre de noms d'arbres. Vous pourrez ainsi les nommer en occitan quand vous voyagerez en Occitanie.

(1) Prepausar, var. **perpausar** «proposer».

(2) Notez l'emploi de **que...i** «où» : **que vos i mostrarai** littéralement «que je vous y montrerai». Toutefois, on pourrait dire aussi : **ont vos mostrarai** «où je vous montrerai».

Corcha «raccourci», dér. de même sens **corchièira** (Rg.).

(3) Olm est prononcé «**oun, oul**»; var. **òlme, olme, orme** (lang.); **òume** (Prov.) Dér. **olmat/-mac** «ormeau»; **olmièra, olmeda** «lieu planté d'ormes».

Autís «outil», var. **utís.**

Rosigar «ronger»; on pourrait dire aussi : **que te capusa los autisses : capusar** «couper les têtes (de l'oc. **cap** «tête»), les pointes (d'une scie etc.)».

(4) Lo bòsc «bois non coupé, forêt» est différent actuellement de **boès** «bois coupé», lequel est emprunté au français.

(5) Los pials (sing. **lo pial**) signifie «les cheveux, la chevelure». Parfois le pluriel de **pial** est **pialses** (plur. redoublé); syn. **lo pel** «les cheveux, la chevelure».

PRONONCIATION. — bòsk.
1 prépaouzi. - **2** kourtcho. - **3** oun. - **4** fuèlyos - garrits - mòplès. - **5** éspinta.

6 — Pels pials, mas perqué ?

7 — Perqué los pials son totjorn un pauc graissuts. Aquò evita de se prene un topinon de graissa.

8 — Aquel d'aquí, es un sause e aquel d'ailà, un fraisse. Aquí un vèrnhe, es un boès que poirís pas dins l'aiga. Es aquò que se met dins las fondacions d'ostals e de glèisas ; la de Sant-Africa es aital bastida sus de vernhàs (6).

9 — Gaitatz-me plan lo gròs, es un noguièr. Pel menusièr, es lo rei dels arbres. Son boès es pas tan solide que lo del garric, mas es fòrça mai polit, que son gran es plan fin ; es de bon trabalhar.

10 — Malurosament, se'n copèt talament que ne demòra pas gaire. Pels mòbles, s'emplega tanben de cerièr. Es pas de bon trabalhar perqué espeta, mas sa color roja e la finessa del gran lo fan de còps aimar melhor que lo noguièr.

11 — Las cadièras son sovent fachas amb de fau.

- 7 toupinou. **- 8** saouzé - frayssé - bèrnyé - pouyris - bérnyas. **- 9** gra. **- 10** sérye. **- 11** kadyèros - faou.

–**6.** Dans (par) les cheveux, mais pourquoi ? –**7.** Parce que les cheveux sont toujours un peu gras. Cela évite de prendre avec soi (de se prendre) un petit pot de graisse. –**8.** Celui-ci, c'est un saule et celui-là, un frêne. Voilà un aulne, c'est un bois qui ne pourrit pas dans l'eau. Pour cette raison (c'est ça qu') on en met (il s'en met) dans les fondations des maisons et des églises ; celle de Saint-Affrique est bâtie ainsi sur de l'aulne. –**9.** Regardez (-moi) bien le gros, c'est un noyer. Pour le menuisier, c'est le roi des arbres. Son bois est moins solide que celui du chêne, mais il est beaucoup plus joli à cause de son grain (que son grain est) très fin; il est facile à (de bon) travailler. –**10.** Malheureusement, on en a tellement coupé (il s'en est coupé) qu'il n'en reste presque plus. Pour les meubles, on emploie aussi du cerisier. Il n'est pas facile à (pas de bon) travailler parce qu'il éclate, mais sa couleur rouge et la finesse de son grain le font parfois préférer au noyer. –**11.** Les chaises sont souvent faites avec du hêtre.

NOTES (suite)

(6) Lo vèrnhe est «l'aulne» alors que **lo vernhàs** est «le bois (coupé) de l'aulne». **Vèrnhe,** var. vèrn.

12 — Coma o vesètz, los òmes coneisson plan las qualitats e los defauts dels arbres.

13 — E lo pibol, a qué servís ?

14 — Lo pibol, se'n fa sovent de doèlas, de detrasses de mòbles ; se patina pas coma lo noguièr o lo cerièr, mas se cussona pas, sustot s'es borrut (7).

15 — Coma lo temps passa en parlant, arribam a l'ostal de Joanon.

- **14** kussouno.

Exercice en limousin. — 1 Los muebles son fachs emb lo bois daus aubres dau païs, mai que mai emb dau ròure, dau nogier e dau cirier (1). - 2 Dins lo temps, se fasiá dau beu e dau solide. - 3 Se copam pas un aubre quora se deu far, son bois se cussonará. - 4 De tots los aubres, lo mai solide es lo jarric que fròja tot suau dins los terrens rocalhós (2). - 5 Per i pincar un claveu o una tacha, fau tustar fòrt e mai d'un còp.

Pron. — **1** lou meubley soun fa èm lou bouey dòou aoubrey doou payi, may kè may èm dòou roouré, dòou noudzyé e dòou siryé. - **2** din lou tèm, sè fazyo doou bèou è dòou soulidè. - **3** sè koupam pa un aoubré kouro sè dèou fa, soun bouey sè kussounaro. - **4** dè tou lou aoubrey, lou may soulidè ey lou dzari kè frodzo / freudzo tou syaou din lou tèrrèn roukalyou. - **5** pèr i pinka un klavèou ou uno tatso, fòou tuta for.

–**12.** Comme vous le voyez, les hommes connaissent bien les qualités et les défauts des arbres. –**13.** Et le peuplier, à quoi sert-il ? –**14.** Le peuplier, on en fait (il s'en fait) souvent des planches de voliges, des dos de meubles; il ne se patine pas comme le noyer ou le cerisier, mais il n'est pas attaqué par le ver, surtout s'il est «bourru» (couvert de «bourre», de duvet). –**15.** Comme le temps passe en parlant, nous arrivons chez «Jeanou» (à la maison de «Jeanou»).

NOTES (suite)

(7) Cusson «ver du bois», var. **cosson, quisson, quesson;** d'où **cussonar, cossonar, quissonar** ou **quessonar** «ronger, en parlant des vers du bois, des insectes»; **cusson,** sens dérivé, «avare».

1. Les meubles sont faits avec le bois des arbres du pays, surtout avec du chêne, du noyer et du cerisier. –**2.** Autrefois (dans le temps), on faisait du beau et du solide. –**3.** Si l'on ne coupe pas un arbre quand cela doit se faire, son bois sera attaqué par les vers du bois. –**4.** De tous les arbres, le plus solide c'est le chêne qui pousse doucement dans les terrains rocailleux. –**5.** Pour y enfoncer un clou ou une «*tatche*» (gros clou à tête carrée), il faut frapper fort et plus d'une fois.

NOTES :

(1) Mueble, lang. **mòble.**
Bois, -oi – se prononce -ouey.
Nogier, lang. **noguièr.**
Beu, lang. **bèl** (**-l** final = **-u** en limousin).
(2) Jarric, lang. **garric** (**ja-** nord-occitan = **ga-** lang.).
Fròja /frueja,syn. long. **buta, creis.**
(3) Pintar, syn. lang. **espintar.**
Claveu, lang. **clavèl** (cf. ci-dessus **beu).**

Trentena leiçon (30)

Lo brave Joanon, sa bòria e sos mòbles

1 — Adieu, Joanon ; soi vengut amb los amics del Nòrd que te parlèri. Venèm veire ta bòria e tos mòbles (1).

2 — Alara, se compreni plan, sètz pas venguts que per veire mos mòbles ancians ?

3 — Mas non, Joanon; sèm venguts veire d'antiquitats regionalas e coma as pas encara mai de cent ans, sèm pas venguts per tu, qu'ès pas encara una antiquitat !

4 — Bon, e ben aquò m'empacharà pas de beure amb la joventut. Aladonc tu, Guilhèm, qu'as pas pus de vint ans, auràs pas que d'aiga. Aquò t'aprendrà a far lo degordit ! (2)

5 — D'aiga, mas me vòls tuar, Joanon !

6 — Mas non, Guilhèm, teni tròp a ta vida.

7 — Alara, me balhèsses pas d'aiga, mas d'aigardent (3).

PRONONCIATION. — djanou.
4 émpatchara - béouré - aygo. - 7 balyèssés.

LE BRAVE «JEANOU», SA FERME ET SES MEUBLES.

1. Bonjour, «Jeanou»; je suis venu avec les amis du Nord dont (que) je t'ai parlé (parlai). Nous venons voir ta ferme et tes meubles. –**2.** Alors, si je comprends bien, vous n'êtes venus que pour voir mes meubles anciens ? –**3.** Mais non, «Jeanou»; nous sommes venus pour voir des antiquités régionales et comme tu n'as pas encore plus de 100 ans, nous ne sommes pas venus pour toi, puisque tu n'es pas encore une antiquité ! –**4.** Bon, et bien cela ne m'empêchera pas de boire avec la jeunesse. Donc toi, «Guilhem», comme (que) tu n'as pas plus de 20 ans, tu n'auras que de l'eau. Ça t'apprendra à faire le malin ! –**5.** De l'eau, mais veux me tuer, «Jeanou» ! –**6.** Mais non, «Guilhem»; je tiens trop à ta vie. –**7.** Alors, ne me donne surtout pas de l'eau, mais de l'eau de vie.

NOTES :

(1) Bòria «ferme», syn. **bòrda** «ferme, métairie» ; **mas** «ferme, hameau».
(2) La joventut «jeunesse» signifie plutôt «l'ensemble des jeunes» alors que **jovença** indique le «fait d'être jeune». **Ont es ma jovença ?** «Où est ma jeunesse» ? ; **aquí i a de joventut** «ici, il y a de la jeunesse». **Joventut** var. **joventura** (Prov.). On entend parfois, à la place de **joventut** ou de **jovença**, le mot **junessa** qui est emprunté au français.
(3) Le subjonctif imparfait sert d'impératif d'insistance. **Parles pas** (subj. présent) signifie «ne parle pas»; **parlèsses pas**(subj. imparfait) signifie «et surtout ne parle pas». N'oubliez pas que l'impératif négatif «ne...pas» est formé à l'aide du subjonctif, en occitan.
Le subj. imparfait est d'emploi régulier en occitan, pour respecter la concordance des temps (bien connue en ancien français). En français moderne on dira très peu, *il faudrait que je vinsse.* Cela serait affecté. Seule la troisième personne, *il faudrait qu'il vînt* est parfois employée. En occitan, il faut donc TOUJOURS respecter cette concordance des temps. On dira ainsi : **caldriá que venguèsse/-èssi, -guèsses, -guèsse/guès, -guèssem** (ou **guessiam** en Provence), **-guèssetz** (ou **-guessiatz** en Provence), **-guèssen/-èsson.**

8 — Tè ! l'as aquí ton riquiquí coquin ; amb ta maissa, te'n sortisses totjorn, pintairàs (4).

9 — Caldriá que sachèsse se sètz venguts per veire ma bòria e de mòbles o per beure un còp ? Pel moment, vesi pas que de gargantas que « badan ». Venètz amb ieu, anam veire lo bestial (5).

10 — Vesètz las vacas dins la prada, n'ai pas que tres ara. La de drecha m'a vedelat. Fau puslèu la cabra dempuèi un parelh d'ans (6).

11 — Tè ! Me semblava que la fasiás dempuèi mai longtemps !

12 — A tu cabrassa ! Quanta lenga qu'as, mon paure Guilhèm ! (7)

13 — Dins lo temps, aviái de pòrcs e de truèjas. Mas la femna trapèt que sentissiá tròp missant. Aviái de buòus tanben, per laurar, e qualques fedas. Vendèri tot (8).

14 — E lo paròt, l'as encara ? (9)

- **8** kouki - maïsso. - **9** kaldryo - qu'agatchon. - **10** bédélat. - **13** por(t)s - truèdjos.

–**8.** Tiens, le voici ton «riquiqui» (petit verre d'alcool) coquin ! Avec ta «blague». tu t'en sors toujours, ivrogne. –**9.** Il faudrait que je sache (susse) si vous êtes venus pour voir ma ferme et des meubles ou pour boire un coup ? Pour le moment, je ne vois que des gosiers qui «badent». Suivez-moi (Venez avec moi), nous allons voir les animaux (le bétail). –**10.** Vous voyez les vaches dans la prairie, je n'en ai que trois maintenant. Celle de droite (m') a vêlé. J'élève plutôt des chèvres (je fais plutôt la chèvre) depuis deux ans (une paire d'ans). –**11.** Tiens, il me semblait que tu la faisais depuis plus longtemps ! –**12.** Grosse (ou vilaine) chèvre toi-même ! Quelle langue (que) tu as, mon pauvre «Guilhem»!–**13.** Autrefois (Dans le temps), j'avais des porcs et des truies. Mais ma (la) femme a trouvé (trouva) que (ça) sentait trop mauvais (méchant). J'avais des bœufs aussi, pour labourer, et quelques brebis. J'ai tout vendu (je vendis tout). –**14.** Et le bélier, tu l'as encore ?

NOTES (suite)

(4) Pintaire «buveur», **pintairàs** «ivrogne»; **-às** (suf. péjoratif). On dit aussi **ibronhe** mais ce terme est un emprunt au français.
«Ivre» se dit **èbri.** Familièrement, on dit **bandat** ou **pintat,** mots fréquents dans le français d'Occitanie : «*il est bandé, pinté*» **(es bandat, pintat).**

(5) Sachèsse, var. **saupèsse, sapièsse, sabèsse.**
Ici, on pourrait dire aussi **: caldriá saber** «il faudrait savoir».
Badar «regarder bouche bée», «*bader*» en fr. du «Midi».
(6) Vedèl «veau» (pron. **bé**-ou **budèl** en Lang.); la **vedèla** «**la génisse**».
(7) Cabrassa: **cabra** «chèvre» avec le suf. (fém. ici) **-assa,** péjoratif.
(8) Truèja, var. **trueia, tròja;** syn. **maura.**
(9) Paròt ou **peròt** «bélier», **jogar a truca-paròts** «jouer à truque-béliers» est un jeu de «tête» qui consiste à foncer l'un vers l'autre tête baissée et à se «**trucar**» (cogner la tête) comme le font les béliers qui se battant; **paròt,** syn. **aret, marre/arran;** un truc «un coup, une ecchymose», différent de **truc** «mont»

15 — Lo teni estacat, qu'es dangeirós lo bogre : pensa pas qu'a trucar (10).

16 — E ara, dintrem a l'ostal !

Exercice en limousin. — **1** Joanton aima los braves muebles ancians (1). - **2** Mos amics lo vòlen anar veire (2). - **3** Guilhem tròba que l'aiga rolha los budeus, e que fau beure dau vin per se portar plan (3). - **4** A la campanha, ofren la gota ; n'i a que son famosas (4). - **5** I a mas los monges per ne'n far de melhoras. - **6** Una gobeletada de bon vin fai lo jorn plasent e fin (5).

Pron. — **1** dzantou èymo lou bravèy mœblèy ansyan. - **2** mou(-z-)ami lou volèn na vèyrè. - **3** guilyèm trobo kè l'aygo roulyo lou budèou / budœ, è kè fòou bèoure / bœre dòou vi pèr sè pourta plo. - **4** a lo kampanyo, oufrèn lo gouto ; nya kè soun famouza. - **5** ya ma lou moundzèy pèr nén fa dè mèlyoura. - **6** uno groubèlètado dè boun vi fay lou dzour plazèn è fi.

–**15.** Je le garde (tiens) attaché, (parce) qu'il est dangereux le bougre : il ne pense qu'à donner des coups de tête. –**16.** Et maintenant, rentrons (à la maison) !

***

1. Jeanou aime les jolis meubles anciens. –**2.** Mes amis veulent aller le voir.–**3.** «Guilhem» trouve que l'eau rouille les boyaux et qu'il faut boire du vin pour bien se porter. –**4.** A la campagne, on offre (ils offrent) la goutte; il y en a qui sont fameuses. –**5.** Il n'y a que les moines pour en faire de meilleures. –**6.** Un plein verre de bon vin fait le jour divin (joli ne rimerait pas).

NOTES (suite)

(10) Bogre ou **bolgre** désignait au Moyen Age les Bulgares Bogomiles, dont la religion est en grande partie à l'origine du catharisme. Ce terme signifie donc à l'origine «hérétique».
Dangeirós, var. **dangieirós.**

(1) Joanton, lang. **Joanon.** En limousin **Joanon** est le dim. féminin, en lang. **Joaneta.**
(2) Vòlen, lang. **volòn.**
(3) Los budeus, syn. lang. **las tripas.**
(4) Ofren, lang. **offrisson.**
Remarquez la 6ème pers. du présent des verbes du 2ème et 3ème groupe (finale **-ir, -er, -e) qui est en -en** (lim.) et non en **-on** (comme en lang.)
(5) Gobelatada, syn. lang. **veirat** (lang.), **esclopat** (Rg.), caliçada (lang., Gasc. or.).

Trenta unena leiçon (31)

Guilhèm espèrt (1)

1 — Vejam un pauc se Guilhèm es tan fòrt coma o ditz ; mesclem un mòble nòu amb los vièlhs.

2 — Tè ! Guilhèm, vèni agachar mos mòbles e nos mostrar ton saber (2).

3 — Serà lèu fach Joanon ! Aquel armari, a drecha, es tot nòu (3).

4 — Mas cossí diable l'as vist ? Emai que sosquèssi compreni pas ! (4)

5 — Es facil ! Quand la copia es plan recenta, son boès es pas encara patinat e es ressat plan sovent a la maquina (5).

6 — E aqueste cabineton, qué ne pensas ? (6)

7 — Un mòble aital, lo podèm considerar coma d'epòca Loïs tretze, mas deu èstre del sègle dètz e uechen, pr'amor de sas ferraduras (7).

PRONONCIATION. — éspèrt.
1 béjan - dits - mòplé. - 2 sabé(r). - 3 nòou. - 4 dyaplé. - 5 bouès - maquino. - 6 kabinétou.

«GUILHEM» EXPERT.

1. Voyons un peu si «Guilhem» est aussi fort qu'il le dit; mêlons un meuble neuf aux (avec les) vieux. –**2.** Tiens, «Guilhem», viens examiner mes meubles et nous montrer ton savoir. –**3.** Ce sera vite fait «Jeanou» ! Cette armoire, à droite, elle est toute neuve. –**4.** Mais comment diable l'as-tu vu ? Bien que je réfléchisse je ne comprends pas ! –**5.** C'est facile ! Quand la copie est très récente, son bois n'est pas encore patiné et il est scié très souvent à la machine. –**6.** Et ce «*cabinétou*» (petite armoire régionale), qu'en penses-tu ? –**7.** Un tel meuble (un meuble ainsi), nous pouvons (ou on peut) le considérer comme d'époque Louis XIII, mais il doit être du XVIIIème siècle, à cause de ses ferrures.

NOTES :

(1) **Espèrt** «expert»; var. **espèrs** (Rg.); graphie savante **expèrt.**
(2) **Mostrar** «montrer»; **montrar,** que l'on entend parfois, est un gallicisme. **La mòstra** «la montre, l'exposition».
(3) **Lèu** «bientôt», **lèu** ou **lèu-lèu** «vite». **(4) Emai,** var. **amai** «bien que» est suivi du subjonctif imparfait. Comme exclamation, **amai** signifie «ah oui, et comment !» : **l'as vist ? -Amai !** «tu l'as vu ? –Et comment; Ah oui (que trop)!».
(4) Emai ou amai.
(5) Facil, var. parlée **facile.**
Ressar, ou **ressegar** (lang.); **serrar** (Prov.) «scier». La «scie» se dit donc **la rèssa,** ou **la ressèga;** la sèrra (Prov.); la **loba** «grande scie de scieur de long».
Maquina, var. francisée **machina.**
(6) Cabineton, diminutif de **cabinet** «buffet». Les «**cabinetons**» sont de petits buffets ou de petites armoires occitans, très recherchés; en fr. d'Occitanie, mot très employé : «*regarde ce «cabinétou» !*»
(7) **Un moble aital** «un tel meuble» est plus occitan qu'**un tal mòble.**
Pr'amor de «à cause de (pour l'amour de)». Très belle expression rappelant que l'**amor** «l'amour» est le moteur et la raison d'être de la civilisation occitane. **Per amor/pr'amor d'èla soi aquí** «à cause d'elle (pour elle), je suis ici».
Pr'amor que «parce que» ou «afin que» : **li parli, pr'amor que venga** «je lui parle, afin qu'elle vienne».

8 — Aladonc, Guilhèm, i compreni pas res pus : Loïs tretze moriguèt en setze cents quaranta tres ; pr'aquò soi pas caluca ! (8)

9 — E t'imagenas bensai que los estils moriguèron amb los reis ? Sabes pas que Loïs quinze, que moriguèt en dètz-e-sèt cents setanta cinc, faguèt tornar moblar Versalhas en dètz-e-sèt cents quaranta cinc... en estil Loïs setze ? (9)

10 — Aital, los estils correspondon pas als renhes dels reis. Dins las províncias sustot, l'estil Loïs tretze se contunhèt fins al debut del sègle dètz-e-nòu. Un mòble qu'es pas d'epòca es un mòble que copia un estil que se fasiá pas pus (10).

11 — Mas cossí se fa que los mòbles ancians son tan polits e tan solides ?

12 — Un còp èra, la qualitat comptava en primièr. Causissián lo boès e tanben l'epòca de lo copar. Aicí, s'esperava totjorn la luna vièlha e un arbre se copava pas que se lo nòrd bufava ! Sens aquò, las plancas se cussonan. Daissavan secar lo boès avant de lo trabalhar (11).

- **8** mouriguèt. - **9** béssay. - **10** sustout. - **12** kaouzissyon - kussounon. -

–**8.** Alors, «Guilhem», je n'y comprends plus rien (pas rien plus): Louis XIII est mort (mourut) en 1643 ; je ne suis pourtant pas «toquée» !–**9.** Et tu te figures (tu t'imagines) peut-être que les styles sont morts (moururent) avec les rois ? Tu ne sais pas que Louis XV, qui est mort (mourut) en 1775, a fait (fit) remeubler Versailles en 1745... en style Louis XVI ? –**10.** Ainsi, les styles ne correspondent pas aux règnes des rois. En province surtout, le style Louis XIII a continué (s'est continué) jusqu'au début du XIXème siècle. Un meuble qui n'est pas d'époque est un meuble qui copie un style qui ne se faisait plus. –**11.** Mais comment se fait-il que les meubles anciens sont si jolis et si solides ? –**12.** Autrefois, la qualité comptait avant tout (en premier). On choisissait (ils choisissaient) le bois, ainsi que l'époque où on le coupait (de le couper). Ici, on attendait (il s'attendait) toujours la lune vieille et on ne coupait (il se coupait) un arbre que si le (vent du) nord soufflait ! Sinon (sans cela), les planches prennent le ver. On laissait (ils laissaient) sécher le bois avant de le travailler.

(8) Pr'aquò, syn. **pasmens** (Prov.).

(9) Faguèri, var. **fasquèri** «j'ai fait, je fis» **d'où fasquères, fasquèt...;** autre var. **fèri** etc.

(10) Rei «roi» est parfois prononcé **ré.** (Toul.).

(11) Bufar, var. **bofar; bohar** (Gasc.).

13 — A l'ora d'ara, i a pas que la quantitat e la rendabilitat que comptan. Es aquò que çò que se fa uèi val pas un damne (12).

14 — E ben Guilhèm, ès sabentàs ; me riscarai pas pus a ensajar de t'agantar ! (13)

***

Exercice en limousin. — **1** I a ren de pus brave qu'un mueble d'epòca (1). - **2** Sa patina e sa qualitat li balhan una arma. - **3** Faudriá pas creire qu'un estile moriguet emb-d-un rei. - **4** Tot lo monde recercha aurá daus muebles ancians, que podem 'chaptar chas un antiquari, o b'etot un pelhaire (2). - **5** Los muebles los mai ancians datan de l'Edat-Meiana. Son gotiques, e daus uns còps, mas rarament, romaniques. - **6** Se planhiá pas lo bois, a l'epòca ; las planchas eran espessas (3).

Pron. — ya rè dè pu bravè k'un meublè d'èpoko. so patino è so kalita li balyan un'armo. - **3** fòoudryo pa krèyrè k'un èstilè mouriguè endun rèy. - **4** tou lou moundè rèssertso aouro doou meubley ansyan, kè poudèm tsata tsa un antikari oubètou un pèlyayrè. - **5** lou meubley lou may ansyan datan dè l'èda mèyano soun goutikey, è dòou-z-u-ko, ma raromèn. roumanikey. - **6** sè planyo pa lou bouey, a l'èpoko ; la plantsa èran egpèssa.

—**13.** De nos jours (A l'heure d'aujourd'hui), seules la quantité et la rentabilité comptent (il n'y a que... qui comptent). C'est la raison pour laquelle (C'est ça que) ce qu'on fait aujourd'hui (se fait) ne vaut pas un pet de lapin (un juron). —**14.** Et bien «Guilhem», tu es drôlement savant; je ne me risquerai plus à essayer de jouer au plus fin avec toi (te duper)!

NOTES (suite)

(12) Damne «juron» (de **damnar** «damn ») : **far/ faire petar un (de) damne(s)** «jurer».
Damnejar «jurer souvent ou longuement».

(13) Sabentàs «très savant, *grosse tête»,* formé de **sabent** «savant» + **-às** suf. augm.
Ensajar, var. **assajar, sajar.**
Vous avez certainement remarqué la façon de traduire l'ordinal dans une date : on met soit l'ordinal **lo sègle tresen,** soit le chiffre placé après le mot **lo sègle tres** «le troisième siècle».

EXERCICE

1. Il n'y a rien de plus joli qu'un meuble d'époque. —**2.** Sa patine et sa qualité lui donnent une âme. —**3.** Il ne faudrait pas croire qu'un style est mort avec un roi —**4.** Tout le monde recherche maintenant des meubles anciens que nous pouvons acheter chez un antiquaire ou même un chiffonnier. —**5.** Les meubles les plus anciens datent du Moyen Age. Ils sont gothiques et parfois, mais rarement, romans. —**6.** On ne «plaignait» pas le bois à l'époque (on n'hésitait pas à mettre la quantité nécessaire); les planches étaient épaisses.

NOTES :

(1) I a ren ou **i a pas ren** (comme en prov.), lang. **res.**
(2) Recercha, lang. **recerca.**
Chas un, lang. **en cò de.**
B'etot, syn. lang. **tanben.**
(3) Planchas, lang. **plancas;** syn. lim. **las pòsts.**

Trenta dosena leiçon (32)

Primièra jornada a la bòria
o Becassina en cò dels Occitans

1 — Alara, madomaisèla la parisenca, aquò vos agrada las vacanças a la bòria ? (1)

2 — Òc-ben ; Joanon es plan brave. Dempuèi una semmana que soi aicí, me soi plan regalada (2).

3 — Contatz-me un pauc la primièra jornada passada amb los amics.

4 — Se volètz ; mas per çò qu'es la fèsta, me'n vau vos contar e tanben vos jogar la pèça que s'entitolarà : « Primièra jornada a la campanha de « Françoise » la parisenca : dialògue entre « Françoise » e la borièra » (3).

5 — Bonjorn « Françoise », avètz plan dormit ? Avètz aquí lo cafè amb un toston de burre e de mèl (4).

6 — Bonjorn madama la borièra ; mas quanta ora es ?

PREMIÈRE JOURNÉE A LA FERME DE FRANÇOISE ou BÉCASSINE CHEZ LES OCCITANS.

1. Alors, mademoiselle la parisienne, ça vous plaît les vacances à la ferme ? –**2.** Oui, vraiment; «Jeanou» est très gentil. Depuis une semaine que je suis ici, je me suis bien «*régalée*». –**3**.Racontez-moi un peu votre (la) première journée passée avec nos (les) amis. –**4.** Si vous voulez; mais comme c'est la fête, je (m'en) vais vous raconter et aussi vous jouer la pièce intitulée (qui s'intitulera) : «Première journée à la campagne de Françoise la parisienne; dialogue entre Françoise et la fermière». –**5.** Bonjour, Françoise, vous avez bien dormi ? Voilà (Vous avez ici) votre (le) café avec une tartine de beurre et de miel. –**6.** Bonjour madame la fermière; mais quelle heure est-il ?

***

PRONONCIATION. — boryo.
1 madoumaysèlo. - **2** oppé. - **4** boulèts - bouryèro. - **5** kafè.

NOTES :

(1) Parisenc(a) est la forme occitane. La var. **parisièn(a)** que l'on entend parfois, est francisée.
Agradar «plaire», syn. **convenir.**
(2) Òc-ben; on emploie aussi **òc-ben plan, òc-ben tant.**
(3) Le titre se dit en occitan **lo títol; titolar** «titrer»; **entitolar** «intituler», var. savante **intitular.**
Françoise se dit en occitan **Francesa.** Comme la personne est française et non occitane, son prénom français est conservé.
Dialògue «dialogue», var. savante **dialòg;** une causerie, une conversation (plutôt longue) se dira **un parladís; parladissa** «très longue conversation» (fém. aug.).
(4) Toston «tartine» var. **tòsta** (Quercy); **tostet** (Prov.); syn. **lesca/lisca.**

7 — Sièis oras manca un quart : i a bèl brieu que lo solelh lusís. Es ora de se levar. L'òme es ja pels camps e las bèstias espèran ; las cal apasturar (5).

8 — Que farem puèi ? Anarem dalhar la lusèrna ? (6)

9 — Pensatz-vos ; amb las maquinas, los òmes se'n tiraran ben tot sols ! Nosautres, prepararem lo manjar ; ausiguèri a la radiò una receta que me sembla famosa ; la pizza a l'occitana, amb de cambajon e de ròcafòrt ! (7)

10 — Anarem al mens far la bugada al riu ?

11 — I pensatz pas ! La lavadoira farà la bugada melhor e pus lèu. Mas perqué me disètz aquò ? Anatz totjorn lavar la farda a Sèina a París ? (8)

***

7 briou - pés kan(t)s. - 8 apuèy. - 10 riou. - 11 labadouyro - farda sèyn(o) a paris.

–**7.** Six heures moins le (manque un) quart : il y a beau temps que le soleil brille. C'est l'heure de se lever. Mon mari (l'homme) est déjà aux (par les) champs et les bêtes attendent; il faut les soigner. –**8.** Que ferons-nous ensuite ? Irons-nous faucher la luzerne ? –**9.** Pensez-vous; avec les machines, les hommes s'en tireront bien tout seuls ! Nous autres, nous préparerons le repas (le manger) : j'ai entendu (j'entendis) à la radio une recette qui me paraît délicieuse (fameuse) la pizza à l'occitane, avec du jambon de pays et du roquefort ! –**10.** Irons-nous au moins laver (faire) la lessive au ruisseau ? –**11.** Vous n'y pensez-pas! La machine à laver fera la lessive mieux et plus vite. Mais pourquoi me dites-vous ça ? Vous allez toujours laver le linge à la Seine à Paris ?

(5) Notez les expressions **i a bèl brieu** «il y a longtemps, beau temps». **Es ora** (et non **es l'ora) de...**; cette dernière expression signifie aussi : «il est (plus que) temps de ... **Èra ora de partir** «il était (plus que) temps de partir».
Ja, var. **déjà,** influencée par le français.
(6) Dalhar, syn. **segar.** Toutefois, là où l'on dit **dalhar** pour «faucher», **segar** signifie «moissonner».
Dalha «faux», syn. **fauç.**
Lusèrna, var. **lausèrda, ausèrda.**
(7) Ausir «entendre» syn. **entendre; entendèri** ou **entendiguèri** «j'ai entendu, j'entendis».
(8) La farda, syn. **lo linge; la farda** signifie aussi «les habits».

Exercice en limousin. — **1** Per poder bien dalhar la luserna, la fau pas traulhar (1). - **2** Agusas la dalha sus la peira que tenes dins la codiera (2). - **3** Se n'as pas beucòp a copar, te sierves d'un volam (3). - **4** Per podar, un se sierv d'un podon (4). - **5** Quand an mestivat per los champs, fan de las gerbas (5). - **6** Minjam lo grun, mas pas la palha, que ne'n fasem daus chapeus (6). - **7** Per pas se chaulhar a la campanha, se fau botar un davantau (7).

Pron. — pèr poudey byèn dalya lo luzèrno, lo fòou pa traoulya. - **2** aguza lo dalyo su lo pèyro kè ténèy din lo koudyèro. - **3** se na pa béouko / beuko a koupà, tè syèrvey d'un voulam. - **4** pèr pouda, un sè syèr d'un poudou. - **5** kan an meytiva pèr lou tsam, fan dè la dzèrba. - **6** mindzam lou gru, ma pa lo palyo, kè nèn fazèm dòou tsapèou. **7** pèr pa sè tsaoulya a lo kampanyo, sè fòou bouta un davantaou.

***

1. Pour pouvoir bien faucher la luzerne, il ne faut pas la piétiner. **–2.** Tu aiguises la faux sur la pierre à aiguiser que tu ranges (tiens) dans le coffin. **–3.** Si tu n'en a pas beaucoup à couper, tu te sers d'une faucille. **–4.** Pour tailler la vigne, on se sert d'une serpe (à tailler) **–5.** Quand ils ont moissonné dans (par) les champs, ils font des gerbes. **–6.** Nous mangeons du grain, mais pas la paille dont on fait (que nous en faisons) des chapeaux. **–7.** Pour ne pas se tacher à la campagne, il faut se mettre (charger) un tablier.

NOTES :

(1) Poder, var. lim. **puesser.**
Bien, lang. **ben.**
Traulhar, syn. lim. **chauchar,** lang. **caucar.**
Codier, var. lim. **codièra,** syn.lim. **cossòt.**
(3) Beucòp, syn. lang. **fòrça.**
Sierves, lang. **servisses.**
(4) Un, lang. **òm.**
Sierv, lang. **servís.**
Podon, lang. **podador.**
(5) Mestivar, lang. **segar.**
Champ(s), lang. **camp(s).**
Gerba(s), lang. **garba(s).**
(6) Grun, lang. **gran.**
Daus chapeus, lang. **de** (sans article) **capèls.**
(7) Chaulhar, lang. **tacar.**
Botar un davantau, lang. **cargar un davantal.**

***

LEIÇON 32

Trenta tresena leiçon (33)

Lo dinnar

1 — Parlam, mas miègjorn apròcha. Anem far lo mercat ; de parlar es plan, mas de tot preparar es melhor.

2 — E de manjar, es plan melhor.

3 — E se contunhas a parlejar, manjaràs de corropias. Tè ! pren lo davantal : òc, aquel faudal que penja al cròc. Fai-te un nos dins l'esquina e comença de copar la carn qu'es dins lo fregedor (1).

4 — Un autre còp, tendrai ma lenga. Enfin, i soi, debi nadar e per ara, nadar es de copar aquela carnassa, que seriái pus a l'aise sus una cadièra a legir **l'Occitan sens Pena** (2).

5 — E las carròtas, las te caldriá pelar ara, amb las patanas.

6 — N'i a que dison las patanas mas dins l'Avaïron se ditz las trufas (3).

7 — Te demandi pas cossí se ditz ça-que-la, mas de prendre lo cotèl, pas la cotèla, e de « parlar amb tos dets », blagueta.

LE DÉJEUNER

1. Nous parlons, mais midi approche . Allons faire le marché; (de) parler c'est bien, mais (de) tout préparer c'est mieux. –**2.** Et de manger, c'est bien mieux. –**3.** Et si tu continues à «*parléjer*», tu mangeras des «*caroubes*». Tiens, prends le tablier : oui, ce tablier qui pend au crochet. Fais (-toi) un nœud dans ton (le) dos et commence à (de) couper la viande qui est dans le réfrigérateur. – **4.** Une autre fois, je tiendrai ma langue. Enfin, j'y suis, je dois nager et en l'occurrence (pour maintenant), nager c'est (de) couper cette «*viandasse*», alors que je serais bien mieux (plus à l'aise) sur une chaise à lire *l'Occitan sans Peine.* –**5.** Et les carottes, il te faudrait les peler maintenant, avec les pommes de terre. –**6.** Il y en a qui disent les «*patanes*» mais dans l'Aveyron, on dit (il se dit) les «truffes». –**7.** D'ailleurs, je ne te demande pas comment on dit, mais de prendre le couteau, pas le coutelas, et de «parler avec tes doigts» «blaguette».

NOTES :

(1) **Davantal** ou simplement **vantal;** syn. **faudal.**
Corrópia, var. **corróbia, caròbia.**
(2) Vous avez un exemple de l'emploi du suffixe **-às**, ici péjoratif (**carnassa**). Pour donner une impression encore plus péjorative, on peut employer le double suffixe **-aràs (-sa) : carnarassa** «langue très vilaine, très longue» (sens propre ou figuré); **ostalaràs** «maison très laide», d'où le sens dérivé de «building».
(3) Dans le Rouergue notamment, **patana** signifie «pomme de terre plutôt pour animaux» et **trufa** «pomme de terre plutôt pour les hommes»; pour la «truffe», oc. **trufa,** on dira dans le Rg. **trufa negra.**

PRONONCIATION. — **1** mélyou. - **3** kountunyos - faoudal - krok - nous - kar - frédjédou. - **4** séryòy.- **6** dizou(n)-abayrou. - **7** déts. -

8 — Ara, te cal metre las patanas dins la pairòla e la carn dins la padena.

9 — Clara, qu'es de Provença, ditz pas la padena mas la sartan, coma sa sòrre Maria (4).

10 — Apèla-la coma vòls, mas fai-me còire la carn, qu'après, quand passaran a taula, serà pas cuècha.

11 — Andrieu, qu'es del Païs Bas, ditz pas cuèch mas cuòch. Tè ! Las dins ta padena, ta carn. I a tanben l'òli, que lo dejós se rabine pas (5).

12 — Parlas, parlas, mas baste que la rabastines pas, que te faràs apelar Batista.

13 — E tu, a la plaça de soscar, sortís las escudèlas, los veires, las forquetas, las culhièras, las servietas, los cotèls et los cotelons pel fromatge (6).

14 — Meti una assietona pel fromatge o desvirarem l'assièta ?

8 payrolo. - **9** sorré. - **10** fai-koiré - passaran - taoulo - kuètcho. - **11** andriou - paï bas - kyotch - **13** kulyèros - koutélous - froumatché.

–8. Maintenant, il te faut mettre les pommes de terre dans la marmite et la viande dans la poêle. **–9.** Claire, qui est de (la) Provence ne dit pas la «padène» mais la «sartan», comme sa sœur Marie. **–10.** Appelle-la comme tu veux, mais fais (-moi) cuire la viande, sinon (qu')ensuite, quand ils passeront à table, elle ne sera pas cuite. **–11.** André, qui est de l'Hérault (le Pays Bas), ne dit pas «cuèch» mais «cuòch». Tiens, elle y est (tu l'as) dans ta poêle, ta viande. Il y a même l'huile, afin que le dessous ne se «*rabine*» pas. **–12.** Tu parles, tu parles, mais pourvu que tu ne la «*rabastines*» pas, ou alors (que) tu te feras «appeler Baptiste». **–13.** Et toi, au lieu de (à la place de) «*sousquer*», sors les assiettes à soupe, les verres, les fourchettes, les cuillères, les serviettes, les couteaux et les petits couteaux pour le fromage. **–14.** Je mets une petite assiette pour le fromage ou nous retournerons l'assiette ?

(4) Le mot «poêle» se traduit par des mots différents suivant les régions. Le plus fréquent est **padena** (Lang., Gasc.) ou **padèla (lang. occid.) padèra** (Gasc., avec la passage normal du **-l-** intervocalique à **-r-); sartan (Prov.); pèla** (nord-occitan).
(5) Un exemple de l'alternance **-uè-, -uò-** (pron. **yo**) (Sud-Av., Montp.). La limite passe juste au nord de St-Affrique (Av.).
Dans cette leçon vous avez certains mots qui ne sont pas vraiment traduisibles en français : **rabinar** signifie à peu près «brûler en surface», **rabastinar** même sens, mais un peu plus fort, que **rabinar.**
Ces termes sont employés très couramment en français du «Midi» : *rabiner, rabastiner.*
(6) Al luòc «au lieu de» ou **a la plaça de** (syn.). **Soscar** «penser».

15 — Uèi qu'avèm de convidats, cal metre un sieton (7).

16 — Aquí l'ensalada, es de frisada, es bon pel sang. A taula tot lo monde, lo manjar es prèst ! Ne profitaretz per me dire ont aimariatz anar deman (8).

***

Exercice en limousin. — **1** Per se portar plan, fau bien minjar. - **2** Se parlam de tròp, avem una platussa (1). - **3** Nos podem sietar sus una chadiera o sus un fautuelh (2). - **4** A la campanha, se desvira sovent l'assieta per minjar lo fromatge (3). - **5** Après un talhon de fromatge, fau beure una gobeletada de bon vin. - **6** Lo ròcafòrt e lo cantal son daus fromatges occitans. Lo prumier se fai emb dau lach d'ovelha, l'autre emb dau lach de vacha (4).

Pron. — **1** pèr sè pourta plo, foou byèn mindza. - **2** sè parlam dè tro, avem uno platusso. - **3** nou poudem syèta su uno tsadyèro / tsadyèyro. - **4** a lo kampanyo, sè deyviro souvèn l'assyèto pèr mindza lou froumadzè. - **5** aprèy un talyou dè froumadzè, fòou bèourè / beurè uno goubèlètado dè boun vi. - **6** lou rokofor è lou kantal soun dòou froumadzey oussitan. lou prumyè sè fay em dòou la d'òouvèlyo, l'aoutrè em dòou la dè vatso.

–**15.** Aujourd'hui, puisque (que) nous avons des invités, il faut mettre un «*siétou*». –**16.** Voici la salade, c'est de la frisée, c'est bon pour le sang. A table tout le monde, le repas (le manger) est prêt ! Vous en profiterez pour me dire où vous aimeriez aller demain.

NOTES (suite)

(7) Sieton ou **assieton** «petite assiette; soucoupe».
(8) Ensalada, var. **salada.**
Le mot **sang** est fém. ou masc. en occitan : **la sang** ou **lo sang.** On pourrait donc dire ici **per la sang.**
Le repas se dit très souvent **lo manjar** «le manger». En français du «Midi», on dit aussi «prendre le manger» pour *prendre le repas*; syn. **repais** «repas».

1. Pour bien se porter, il faut bien manger. –**2.** Si nous parlons trop, nous avons une langue trop longue. –**3.** Nous pouvons nous asseoir sur une chaise ou sur un fauteuil. –**4.** A la campagne, on retourne souvent l'assiette pour manger le fromage. –**5.** Après un morceau de fromage, il faut boire un plein verre de bon vin. –**6.** Le roquefort et la cantal sont des fromages occitans. Le premier se fait avec du lait de brebis, l'autre avec du lait de vache.

NOTER :

(1) Platussa, syn. lim. **lengassa,** mot présent en lang.
(2) Sietar, lang. **assetar.**
Chadièra, lang. **cadièra.**
(3) Fromatge : le groupe **-atge** se prononce **-adzé** (lim.), **-atché** (lang. central).
(4) Prumier, lang. **primier.**
Ovelha, syn. lang. **feda.**
Vacha, lang. **vaca; lach de vacha,** syn. lim. **breta.**

Trenta quatrena leiçon (34)

Lorda

1 — Coma o me demandèretz, vos ai menats a Lorda. Son pelegrinatge es ara tan celèbre coma autres còps lo de Compostèla.

2 — Uèi matin, visitam la basilica. Es pas anciana mas es bèla, çò qu'es rare per una glèisa dicha modèrna (1).

3 — Ara, nos cal seguir lo Camin de Crotz. Agachatz aquestes que marchan descauces e aqueles d'aquí que montan de genolhons. Escotatz-me tanben aquelas preguièras (2).

4 — Anem a la gròta de Bernadeta.

5 — Espiatz totes los malautes que demandan a la Verge de los garir. Quant monde !

6 — Los que sabon pas l'occitan se'n planhisson ; se devon contentar del francés, de l'alemand o d'una autra lenga.

7 — Mas perqué s'en planhisson, compreni pas brica ?

LOURDES

1. Comme vous me l'avez demandé, je vous ai donc conduits (menés) à Lourdes; Son pélerinage est de nos jours aussi célèbre que jadis celui de Compostelle. –**2.** Ce matin, on visite (nous visitons) la basilique. Elle n'est pas ancienne mais elle est belle, ce qui est rare pour une église dite moderne. –**3.** Maintenant, il nous faut suivre le Chemin de Croix. Regardez ceux-ci qui marchent pieds nus et ceux-là qui montent à genoux. Ecoutez (-moi) aussi ces prières. –**4.** Allons à la grotte de Bernadette. –**5.** Regardez bien tous les malades qui demandent à la Vierge de les guérir. Quel monde ! –**6.** Ceux qui ne savent pas l'occitan le regrettent (s'en plaignent); ils doivent se contenter du français, de l'allemand ou d'une autre langue. –**7.** Mais pourquoi le regrettent-ils, je ne comprends pas du tout ?

NOTES :

(1) **Rare,** var. savante **rar.**
(2) **Seguir,** var. **sègre, siègre. Preguièra,** var. **pregària.**

PRONONCIATION. — Lourdo.
1 démandèrés. - **3** déskaoussés - djénoul**you**s.

8 — Perqué la Verge parla occitan ; o sabiatz pas ?

9 — La Verge Maria parla occitan ! Mas d'ont o tenètz aquò ?

10 — O sabi, perqué parlèt en occitan a Bernadeta : quand la pichona Gascona li demandèt qui èra, t'i respondèt : « Que sòi era Immaculada Concepcion » (3).

11 — Es aquò que los qu'aprenon l'occitan fan lo melhor afar possible que, al Darrièr Jorn, poiran anar veire la Verge Maria e li explicar lors problemassons (4).

12 — Mas alara, compreni perqué tant de monde, que siá en França, en Alemanha, al Japon o endacòm mai, aprenon l'occitan : es a dire que, parlar l'occitan, es aver ja un pè dins lo Paradís ! (5)

***

–**8.** Parce que la Vierge parle occitan; vous ne le saviez pas ? –**9.** Mais d'où le tenez-vous (cela) ? –**10.** Je le sais, parce qu'elle s'est adressée en occitan à Bernadette : quand la chère petite Gasconne lui a demandé qui elle était, elle (te) lui a répondu : «(Que) Je suis l'Immaculée Conception». –**11.** C'est la raison pour laquelle (ça que) ceux qui apprennent l'occitan font la meilleure affaire possible car, au Dernier Jour, ils pourront aller voir la Vierge Marie et lui expliquer leurs petits problèmes. –**12.** Mais alors, je comprends pourquoi tant de personnes (monde), que ce soit en France, en Allemagne, au Japon ou ailleurs, apprennent l'occitan : c'est que, parler l'occitan, c'est avoir déjà un pied dans le Paradis !

(3) Ce **que** est le **que** énonciatif, caractéristique du gascon.
Era, art. fém., var. pyrénéenne de **la;** oc. central: **soi l'Immaculada Concepcion. I** var. de **li** «lui».
(4) Problemasson : le terme est composé du mot **problèma** et de deux suf., **-às** (aug. et péj.), **-on** (dim. et affectif). Le terme, au pluriel dans le texte, est donc d'une extrême richesse sémantique et signifie exactement : «problèmes graves (ou grands) sur des choses laides (fautes), (**-às** aug. et péj.) mais que l'on essaiera de faire admettre, en plaidant sa cause, comme petits et pas trop laids (même assez mignons) (**-on** dim. et affectif). Aucune autre langue au monde ne permet de nuancer et préciser autant sa pensée. Grâce à son système de suffixes, l'occitan peut donc EXPRIMER TOUTES LES NUANCES DU COEUR ET DE L'ESPRIT. Autre exemple : **un lapinonàs** est un *lapin jeune et mignon* (**-on**, premier suffixe, donc le plus important, dim. et affectif), mais grand pour son âge (puisque jeune) et un peu «lourdaud» (**-às** suffixe aug. et péj.). **Un lapinasson** est *un grand lapin un peu lourdaud* (**-às** 1er suf.), *qu'on aime bien malgré tout et jeune* (**-on** suf. affec. et dim.). **Darrièr Jorn** ou **Jorn del Judici.**
C'est par cette particularité extraordinaire (expression aussi complète que possible des moindres nuances de l'esprit et des sentiments) que l'occitan suscite l'admiration des linguistes du monde entier.
(5) Endacòm (pron. parfois **éndikon, éntakon** etc.) signifie «quelque part», var. **enquicòm.**
Endacòm mai ou **enquicòm mai** signifie «ailleurs». Le terme **alhur,** que l'on entend parfois, est emprunté au français (*ailleurs*). La forme vraiment occitane est **alhors,** syn. d'**endacòm/enquicòm mai.**

Exercice en limousin. — **1** La vila de Lorda es au pe daus Pireneus. - **2** Dempuei lo segle passat, daus romieus van prejar davant la gròta miraclosa (1). - **3** Daus musulmans tanben i venen, perquè la Vierja Maria es la mair de Jesús, que prenen per un grand profeta (2). - **4** A Lorda, un tròba fòrça malauts que demandan la garison. - **5** N'i a tanben que prejan Maria que los oblude pas au Darnier Jorn (3). - **6** A queu jorn, los qu'auran agut la bona idea d'aprener l'occitan lo regretaran pas, que se podran far comprener de la Vierja Maria, que la parla plan la lenga nòstra (4).

Pron. — **1** lo vilo dè lourda èy òou pè dòou pirènèou. - **2** dempèy lou sèglè passa, dòou roumiou / roumi van prèdza davan lo groto miraklouzo. - **3** dòou muzulman tobè i vénèn pèrkè lo vyèrdzo mariyo ey lo may dè dzèzu, kè prénèn pèr un gran proufèto. - **4** a lourda, un trobo forso malaou kè dèmandan lo garizou. - **5** nyo tobè kè prèdzan mariyo kè lou(-z-) òoubludè pa òou darnyè dzour. - **6** a kèou dzour, lou k'aouran gu lo bouno idéyo d'aprènèy l'oussitan lou règrètaran pa, kè sè pourran fa koumprènèy dè lo vièrdzo mariyo, kè lo parlo plo lo lengo notro.

1. La ville de Lourdes est au pied des Pyrénées. –**2.** Depuis le siècle dernier, des pélerins vont prier devant la grotte miraculeuse. –**3.** Des musulmans y viennent aussi, parce que la Vierge Marie est la mère de Jésus, qu'ils considèrent (prennent) pour un grand prophète. –**4.** A Lourdes, on trouve de nombreux malades qui demandent leur (la) guérison. –**5.** Il y en a aussi qui prient Marie afin qu'elle ne les oublie pas au Dernier Jour. –**6.** Ce jour-là, ceux qui auront eu la bonne idée d'apprendre l'occitan ne le regretteront pas, parce qu'ils pourront se faire comprendre de la Vierge Marie qui le parle bien l'occitan (la... la langue notre).

NOTES :

(1) Prejar, lang. **pregar.**
Venen, lang. **venon** (var. voir exercice de la leçon 30 note 2).
(2) Jesus, lang. **Jèsus/jès.**
Prenen, lang. **prenon** (cf ci-dessus **venen).**
(3) Prejan, lang. **pregan.**
Oblude, lang. **oblide;** cf **prumier,** lang. **primièr** (alternance -**u**-lim., -**i**- lang.) exercice de la leçon 33 note 4.
(4) A queu, lang. **a aquel.**
Agut, par aphérèse se dit **gu** et non **agu; (autre graphie 'gut).**
Vierja, lang. **Verge.**
Comme pour la 6ème pers. du présent, le **-an** de la 6ème pers. du futur se prononce **-an.** Le limousin, pour cette finale en **-an**, a conservé la prononciation ancienne.

Trenta cinquena leiçon (35)

REVISIONS ET NOTES

1. Vous voilà arrivés à la fin de ce que nous appelons la phase "passive". Comme l'essentiel de la grammaire a été vu, vous pouvez à présent entrer dans la phase "active" qui va vous amener à parler couramment.
Comment ? Jusqu'à présent vous avez écouté ou lu "passivement", tout en traduisant et en faisant quelques exercices. L'occitan commence donc à devenir pour vous plus familier.
Pour entrer dans la phase "active", nous vous demandons maintenant de créer vous-même la langue. Avec chaque nouvelle leçon qui suivra, reprenez une des anciennes, en commençant par la leçon 1, et traduisez-la du français en occitan, toujours à voix haute. Ces quelques minutes de traduction quotidiennes vous donneront rapidement la sensation agréable de parler occitan et de constater que c'est plus facile que vous ne pensiez...
N'oubliez pas de vous entraîner à "jongler" avec les verbes et les conjugaisons.
Faites attention au subjonctif imparfait, qui est obligatoire et général en occitan. Il s'emploie quand le verbe de la proposition principale est au passé ou au conditionnel même présent (le conditionnel est à l'origine un futur du passé) ; exemple : *je pensais qu'il viendrait* : les deux actions se situent dans le passé. Voilà pourquoi le conditionnel présent (*à l'origine un temps du passé*) demande le subjonctif imparfait dans la proposition subordonnée.

2. À la leçon 21, note 4, il vous est rappelé l'emploi des différents temps du passé. Veillez à ne pas trop vous tromper dans l'emploi du passé simple et du passé composé : le passé simple est un temps normal du passé, le passé composé indique une action passée depuis 24 heures au maximum.

Enfin, la leçon 24, note 3, vous donne des exemples de l'emploi des suffixes. On peut ajouter à presque tous les mots des suffixes marquant notamment la petitesse ou la grandeur, mais n'oubliez pas qu'ils sont bien souvent chargés d'EXPRIMER AUSSI LES SENTIMENTS. Vous en verrez d'autres exemples plus loin.

***

Trenta seisena leiçon (36)

L'aiga de Lorda (istòria vertadièra)

1 — Guston, as pas oblidat de prene una botelha d'aiga de Lorda per ta sòrre que t'o a plan recomandat, avant de partir ?

2 — Non ; soi anat a la font que i aviá plan de monde e soi arribat a emplenar aquel botelhon. Aquò anirà plan. Serà contenta (1).

3 — Ara, se cal pas retardar s'òm vòl montar al Tormalet. Sètz prèstes, e ben fai tirar !

4 — Qu'aquò monta ! Cossí fan los correires del Torn de França per montar amb la bicicleta d'aquí a la cima sens s'arrestar per bufar un pauc ? (2)

5 — Agachatz aqueles païsatges, aquelas montanhas, los pics, aquelas pradas verdas amb de vacas que semblan tan piòtas coma las nòstras. Tè ! Calfa.

6 — Qué calfa ?

PRONONCIATION. — l'aygo de Lourdo.
1 sorré. - 2 foun - boutélyou. - 3 tourmalét. - 4 mounto - fan louz kouréyrés. - 5 pits - kaoufo.

L'EAU DE LOURDES (histoire vraie)1. «Gustou», n'as-tu pas oublié de prendre une bouteille d'eau de Lourdes pour ta sœur qui te l'a bien recommandé, avant de partir. – **2.** Non, je suis allé à la fontaine où il (qu'il) y avait grand monde et j'ai réussi à remplir cette petite bouteille. Ça ira bien. Elle sera contente. – **3.** Maintenant, il ne faut pas se retarder si l'on veut monter au Tourmalet. Vous êtes prêts, et bien en route (fais tirer). – **4.** Que ça monte! Comment font-ils les coureurs du Tour de France pour monter avec leur (le) vélo jusqu'au bout sans s'arrêter pour souffler un peu? – **5.** Regardez ces paysages, ces montagnes, les pics, ces prairies vertes avec des vaches, qui ont l'air aussi bête (dindes) que les nôtres. Tiens, ça chauffe! – **6.** Qu'est-ce qui chauffe? –

NOTES

(1) Font, var. **fònt** (Lang. or., Prov.).
Que i avia...: on pourrait dire aussi: **ont / ant i aviá...**
(2) Correire est souvent remplacé par **corrur** emprunté au fr.

LEIÇON 36

7 — Lo motur, de segur. De qué cresiás ? (3)

8 — Se cal arrestar e veire se manca pas d'aiga.

9 — Malurós ! Per segur qu'a degut fumar. dempuèi un brave moment, ne cal tornar metre.

10 — E d'aiga, ont trapar d'aiga aicí ? I a pas qu'una solucion, se volèm contunhar. Cal metre dins lo radiator l'aiga de Lorda de Guston (4).

11 — Sètz pas calucs ? D'aiga de Lorda dins lo motur !

12 — Qué i vòls metre ? Voldriás esperar que ploguèsse benlèu ! (5)

13 — S'es pas possible de far autrament, pren-la !

14 — Tornam partir. La Verge nos protejís, riscam pas res pus.

15 — I es, sèm en naut... Demòra pas qu'a davalar... Sèm de retorn ; començavi d'èstre las.

16 — Arrèsta-te : una font a man drecha !

7. Le moteur, bien sûr. Qu'est-ce que tu croyais? – 8. Il faut s'arrêter et voir s'il ne manque pas de l'eau (d'eau). – 9. Malheureux ! Ça a dû certainement fumer depuis un bon (grand) moment, il faut en remettre. – 10. Et de l'eau, où trouver de l'eau ici? Il n'y a qu'une solution, si nous voulons continuer. Il faut mettre dans le radiateur l'eau de Lourdes de Gustou. – 11. Vous n'êtes pas fous ? De l'eau de Lourdes dans le moteur! – 12. Que veux-tu y mettre? Tu voudrais attendre qu'il pleuve (plût) peut-être! – 13. S'il n'est pas possible de faire autrement, prends-la ! – 14. On repart. La Vierge nous protège, nous ne risquons plus rien. – 15. Ça y est, nous sommes en haut... Il ne reste plus qu'à descendre... Nous sommes de retour; je commençais à (d') être fatigué. – 16. Arrête-toi: une fontaine sur la (à main) droite! –

NOTES (suite)

(3) Motur est un emprunt au fr. ; var. oc. **motor.**
(4) Radiator (occitan), var. **radiatur** (empruntée au fr.).
(5) Notez le subj. imparfait après le cond. **voldriás.**
(6) Messorga, var. **mensorga, messòrga.**
Sòrre, var. **sòr.** Le mot **sur** «sœur (religieuse)» est emprunté au fr.: **ma sòrre es venguda sur** «ma sœur est devenue religieuse».

17 — Una font, Guston, mas per qué far ?

18 — Per metre d'aiga de Lorda dins la botelha; aital, la sòrre serà contenta.

19 — Mas li vas far una messorga a ta paura sòrre (6).

20 — Pas cap. Sèm tornamai a Lorda, òc o non ? Alara, se sèm a Lorda, es ben d'aiga de Lorda !

- 7 moutur. **- 10** radyatou. **- 12** bouldryos. **- 14** pa rés pus. **- 15** rétour. **- 19** méssourgo.

Exercice en gascon. — 1 A Lorda qu'i a ua hont celèbra on i pisha ua aiga miraculosa. - 2 Qu'ei la Bernadeta, la petita Gascona, qui trobèc la dotz. - 3 La soa aiga qu'ei bona entà la santat deus òmes e tanben deus motors. - 4 Ende montar au Tormalet en bicicleta, e cau aver de braves pompilhs. - 5 Ende ne tornar devarar, cadun deu anar lentament, tà cabussar pas dens lo varat, sustot que varat n'i a pas nat. - 6 Se vos mancatz un contorn, com non i a pas nat varat, vos tornatz trobar dens la plana... o en çò deu Bon Diu, dab la Bernadeta. Atau, qu'ètz tostemps en païs de coneishença. Aquò que pòt tostemps servir.

Pron. — **1** houn - picho. - **2** douts. - **3** souo. - **5** débara. - **6** én so - diou kounéchénso.

17. Une fontaine, «Gustou», mais pour quoi faire? – **18.** Pour mettre de l'eau de Lourdes dans la bouteille; ainsi, ma (la) sœur sera contente. – **19.** Mais tu vas lui faire un mensonge à ta pauvre sœur. – **20.** Pas du tout. Nous sommes à nouveau à Lourdes, oui ou non? Alors, si nous sommes à Lourdes, c'est bien de l'eau (d'eau) de Lourdes!

***

EXERCICE

1. A Lourdes il y a une fontaine célèbre où coule une eau miraculeuse. – **2.** C'est Bernadette, la petite Gasconne, qui a trouvé la source. – **3.** Son eau est bonne pour la santé des hommes et aussi des moteurs. – **4.** Pour monter au Tourmalet à bicyclette, il faut avoir de bons mollets. – **5.** Pour en redescendre, chacun doit aller lentement, pour ne pas culbuter (*pour culbuter pas)* dans le fossé, d'autant plus qu'il n'y a pas de fossé (surtout que fossé il n'y en a pas aucun). –**6.** Si vous ratez un virage, comme il n'y a pas de fossé, vous vous retrouvez dans la plaine... ou chez le Bon Dieu, avec Bernadette. Ainsi, vous êtes toujours en pays connu (en pays de connaissance). Cela peut toujours servir.

Var. gasc.: **(1) Hont**, lang. **font (f-** lang. = **h-** gasc.**).**
– **2.Trobèc**, var. de **trobèt** présente aussi en lang. occid. cf. gasc. **parlèc**, lang. **parlèt**, etc.
– **3.La soa**, lang. **la siá.**
– **4.Au**, lang. **al.; cau**, lang. **cal.**
Pompilhs, syn. lang. **botelhs.**
– **5.Devarar**, lang. **davalar; varat**, lang. **valat**
(gasc. **-r-** = lang. **-l-** = latin **-ll-**).
N'i a pas nat, syn. lang. **n'i a pas brica, pas cap.**
– **6.En çò de**, lang. **en cò de.**
Tostemps, syn. lang. **totjorn, sempre.**
Çoneishença, lang. **coneissença .**
Ètz, var. de **sètz,** présente aussi en lang. occid.

LEIÇON 36

Trenta setena leiçon (37)

Escrivèm als amics

1 — Sèm en Occitania dempuèi qualques jorns, avèm visitadas fòrça vilas coma Lorda, mas avèm pas encara enviadas de cartas postalas als amics (1).

2 — Sèm talament plan aicí, que n'oblidariam la rèsta del monde.

3 — Aquí un burèu de tabat, lo tabaton es darrièr lo comptador, amb la tabatona (2).

4 — Bonjorn, sénher ; avètz de cartas del païs ?

5 — Per segur, las avètz sus aquela taula. Causissètz.

6 — Ieu, aimi melhor de vistas de païsatges. Coma aquò, es un pauc de la region qu'enviam.

PRONONCIATION. — éskribèn azamits.
1 sèn. -

ON ECRIT (nous écrivons) AUX AMIS

1. Nous sommes en Occitanie depuis quelques jours, nous avons visité de nombreuses villes comme Lourdes mais nous n'avons pas encore envoyé de cartes postales à nos (aux) amis. – **2.** Nous sommes si bien ici, que nous en oublierions le reste du monde. – **3.** Voilà un bureau de tabac, le buraliste est derrière le comptoir, avec la buraliste. – **4.** Bonjour, monsieur; vous avez des cartes du pays? – **5.** Bien sûr (pour sûr), vous les avez sur cette table. Choisissez. – **6.** Moi, je préfère (j'aime meilleur) des vues de paysages. Comme cela, c'est un peu de la région que l'on envoie (nous envoyons).

NOTES

(1) Fòrça, syn. **bravament de, un fum de.**
Enviar; la var. **envoiar (émbouya)** est empruntée au fr.
Remarquez l'accord du part. passé **visitadas.** En occitan, la tendance à l'accord est générale, sauf quand cela heurte la logique.
(2) Notez la formation occitane **tabaton,** fém. **tabatona.** Parfois on entend le mot **buralista**, emprunté au fr.
Pour désigner la femme de quelqu'un, on ajoute le **-a** du féminin soit au prénom du mari (souvent employé avec le suf. **-on**) ou au nom du métier du mari. Ainsi, la femme de **Paulon (Paul + -on** suf. affectif) se verra fréquemment appelée la **Paulona**, la femme de **Guston, la Gustona**. La femme du **menusièr** «menuisier» sera appelée **la Menusièra**, etc.
Comptador, syn. **comptoèr**, emprunté au fr.
Lo comptador est «la chose qui permet de **comptar** (compter)»; cf. **l'escotador** «la chose qui permet d'écouter» d'où «l'écouteur». Ce suffixe **-(a)dor**, indiquant un objet qui permet de faire quelque chose, est très employé: cf. aussi **fregedor** «la chose qui donne le froid», donc «réfrigérateur», **mocador** «mouchoir», **cagador** «cabinets, WC» (la cuvette se disant la **cagadoira** (**-adouyro-**) (**-(a)doira** fém. de **-(a)dor), pissador** «pot de chambre». Ces trois derniers termes sont employés en fr. du «Midi», avec une nuance un peu comique. On francise alors leur orthographe: **cagadou,** etc.

7 — Ieu, son los costumes que m'interèssan. Agachatz aquela joveneta, s'es braveta amb la longa rauba e lo davantal brodat. E aquel pastron, amb la blòda, los esclòps, lo capèl negre e la cana de bois. Sembla un senhor dels Causses (3).

8 — E ben, prengam de païsatges e de costumes. N'enviarem una partida e ne gardarem tanben, coma sovenirs.

9 — Avètz de timbres e d'envelòpas ? Ne voldriái dètz, amb un estilò a bilha tanben, que lo mieu es acabat.

10 — Mercé plan, sénher, adieu-siatz (4).

11 — Ara, las cal escriure. Venes amb ieu, Joanon ?

12 — Non que deman, Guston m'a dich qu'anariam a Carcassona e vòli mandar de cartas de la Ciutat.

7 raoubo - ésklots - négré - bouys - sényou. 9 bouldryòï. - 10 adioussyats. - 11 éskriouré. - 12 sioutat.

7. Moi, ce sont les costumes qui m'intéressent Regardez cette jeune fille, si elle est mignonne avec sa longue robe et son (le) tablier brodé. Et ce jeune berger, avec sa «blode» (blouse), ses sabots, son chapeau noir et sa canne en (de) buis! Il semble (être) un seigneur des Causses. – **8.** Eh bien, prenons des paysages et des costumes. Nous en enverrons une pártie et nous en garderons aussi, comme souvenirs. – **9.** Vous avez des timbres et des enveloppes? J'en voudrais dix, avec un stylo à bille aussi, (étant donné) que le mien est fini (achevé). – **10.** Merci bien, monsieur, au revoir. – **11.** Maintenant, il faut les écrire. Tu viens avec moi, «Jeanou»? – **12.** Non parce que demain, «Gustou» m'a dit que nous irions à Carcassonne et je veux envoyer des cartes de la Cité.

NOTES (suite)

(3) S'es, contraction de **se es.**
Attention au mot **bois (bouys) qui signifie «buis» et non «bois»,** lequel se dit **bòsc** (forêt) ou **boès** (coupé) comme nous l'avons vu leçon 29 note 4; **lenha** «bois de chauffage»; **fusta** «bois de construction; poutre».
(4) Adieu-siatz, var. **adessiatz.**

Exercice en gascon. — 1 Qu'èm talament plan en Occitania que nos desbrembam d'enviar cartas aus amics. - 2 Las cartas que's crompan au burèu de tabat ont demòra la marchanda de tabat. - 3 Qu'i podem crompar cartas qui muishan los paisatges e los arrius beròis. - 4 Que n'i a de beròias qui representan un pastor au miei deu tropèth d'auelhas. - 5 Dens lor reiaume de la natura, los nòstes pastors que son com senhors.

Pron. — 3 muchon - arrius. - 4 awélyos.

Trenta uechena leiçon (38)

Carcassona

1 — Arrèsta-te un pauc pus luènh, sul puèg, que poscam agachar la Ciutat de Carcassona (1).

2 — Gaitatz-me aquela vista. Vesètz los barris e las torres quilhadas cap al cèl ? (2)

PRONONCIATION. — Karkassouno.
1 l(u)èn- puètch - sioutat. - 2 kilyados. -

1. Nous sommes tellement bien en Occitanie qu'on oublie (nous oublions) d'envoyer des cartes à nos (aux) amis. – **2.** Les cartes s'achètent au bureau de tabac où habite la buraliste. – **3.** Nous pouvons y acheter des cartes qui montrent la beauté des montagnes et des ruisseaux (les...beaux). – **4.** Il y en a de belles qui représentent un berger au milieu de son troupeau de brebis. – **5.** Dans leur royaume de la nature, nos chers (les nôtres) bergers sont comme des seigneurs.

Var. gasc.:

– **1.Èm**, var. de **sèm** présente aussi en lang.

– **2.Desbrembam**, syn. lang. **(d)oblidam.**
– **3.Muishan**, syn. lang. **mòstran.**
Arriu(s), lang. **riu(s): (r**- initial lang. = **arr**- en gasc.).
– **4.Pastor**, lang. **pastre.**
Miei, lang. **mièg.**
Tropèth, lang. **tropèl.**

●●●●●●●●●●●●●●●●●

CARCASSONE

1. Arrête-toi un peu plus loin, sur la hauteur (puy), que nous puissions regarder la Cité de Carcassonne. – **2.** Regardez (-moi) cette vue. Voyez-vous les remparts et les tours dressées vers le ciel (tête vers)?

NOTES

(1) Puèg, var. **puòg.**
Poscam, var. **poguem**. Nous avons déjà vu, leçon 27 note 4, cette alternance de formation **-squ-**/**-gu-.**
(2) Barri signifie «rempart» mais aussi «faubourg» (près des remparts à l'origine).
Cap al est beaucoup plus occitan que **vèrs lo (cèl)** qui est aussi possible. La var. **lo cièl** est empruntée au fr.

3 — Vesètz las teuladas? N'i a que son en ardesa e d'autras en teule. Quand Viollet-le-Duc restaurèt la Ciutat, al sègle passat, cobriguèt las doèlas amb d'ardesas grisas, perqué aquò fasiá mai polit, a çò que cresiá (3).

4 — Mas ara, quand cal tornar cobrir una teulada al Païs-Bas s'emplèga de teules e pas pus d'ardesas, que dins lo païs de Carcassona, i aviá pas d'ardesa. Mas se Viollet-le-Duc cometèt qualques fautas, oblidetz pas que salvèt la Ciutat de Carcassona de la roïna totala. Se n'èra pas ocupat, ne demorariá pas que de clapasses. Se'n cal sovenir (4).

5 — Arrèsta-te sus la plaça, cap drech a la pòrta Sarrasina. Pareis qu'es aquí que Carlemanhe auriá escagassat los Sarrasins (5).

6 — Agachatz lo valat en passant sul pontet. Vesètz, i a doás rengas de muralhas. Coma aquò, se l'enemic aviá passat la primièra, li caliá encara encambar la segonda per poder dintrar dins la vila (6).

3 téoulados - ardézos - téoulés. - 4 rouïno. - 5 karlémanyé.

– **3.** Vous voyez les toitures? Il y en a qui sont en ardoise et d'autres en tuile. Quand Viollet-le-Duc a restauré la Cité, au siècle dernier (passé), il a couvert les planches de voliges avec des ardoises grises, parce que cela faisait plus joli, selon lui (à ce qu'il croyait). – **4.** Mais maintenant, quand il faut refaire (recouvrir) une toiture dans le Bas-Languedoc (au Pays-Bas), on emploie (il s'emploie) des tuiles et non plus des ardoises, (étant donné) que dans le pays de Carcassonne, il n'y avait pas d'ardoise. Mais si Viollet-le-Duc a commis quelques fautes, n'oubliez pas qu'il a sauvé la Cité de Carcassonne de la ruine totale. S'il ne s'en était pas occupé, il n'en resterait que des tas de pierres. Il faut s'en souvenir. – **5.** Arrête-toi sur la place, en face de la porte Sarrasine. Il paraît que c'est ici que Charlemagne aurait écrasé («*escagassé*» en français du «Midi») les Sarrasins. – **6.** Regardez le fossé en passant sur le petit pont. Vous voyez, il y a deux rangées de murailles. Comme cela, si l'ennemi avait franchi (passé) la première, il lui fallait encore franchir (enjamber) la seconde pour pouvoir entrer dans la ville.

(3) Ardesa, var. **ardaisa; ardesar** «ardoiser»; var. **ardaisar**. Mot différent de **lausa** «pierre plate pour couvrir les toits».
(4) Clapàs est un mot pré-indo-européen (préhistorique) méditerranéen; sa racine **kl- «dur, pierre», var. kal-,** est d'origine proche-orientale et néolithique.
(5) Escagassar est un mot très expressif qui signifie exactement «donner à quelque chose la forme d'un excrément, aplatir complètement»; (cf. **cagar** «faire ses besoins»). Toutefois, le mot n'est pas du tout vulgaire; il est employé couramment en français d'Occitanie: «**escagasser**» un chapeau, une voiture (détériorer complètement) etc.

LEIÇON 38

7 — Anam montar la carrierassa, que mena al castèl. Es plan conservat perqué Viollet-le-Duc l'oblidèt pas, el tanpauc, qu'èra pas pus qu'un castelàs. I a un pichon musèu d'antiquitats dedins ; val d'èstre vistalhat (7).

8 — Tè, vesètz aquel membre, es aquí que Simon de Montfòrt faguèt morir lo paure Trencavel, vescomte de Carcassona, que defendèt son païs contra los crosats.

9 — Ara, podèm agachar la glèisa gotica. Sèm arribats a la bona ora, que lo solelh comença de virar ; los vitralhs devon èstre plan esclairats.

10 — Qué vos disiái ? Nos diriam a Chartres. Admiratz aquelas colors. Semblan las colors del Paradís !

11 — Sabi ben qu'es bèla la Ciutat de Carcassona, ne'n partiriam pas, mas avèm de camin per tornar venir. Amb aquò, me sentissi pas plan. Me demandi s'ai pas trapat quicòm ; benlèu es la tracièra que me trapa ! (8)

– **7.** Nous allons monter la grand-rue, qui mène au château. Il est bien conservé parce que Viollet-le-Duc ne l'a pas oublié, lui non plus, (alors) qu'il n'était plus qu'un château en ruines. Il y a un petit musée d'antiquités à l'intérieur (dedans); il vaut une visite (d'être visité). – **8.** Tiens, vous voyez cette pièce, c'est ici que Simon de Montfort a fait mourir le pauvre Trencavel, vicomte de Carcassonne, qui a défendu son pays contre les croisés. – **9.** Maintenant, nous pouvons regarder l'église gothique. Nous sommes arrivés à la bonne heure, au moment où (que) le soleil commence à descendre (tourner). Les vitraux doivent être bien éclairés. **10.** Qu'est-ce que je vous disais? On se dirait (Nous nous dirions) à Chartres. Admirez ces couleurs. On dirait les (elles ressemblent aux) couleurs du Paradis! – **11.** Je sais bien qu'elle est belle la cité de Carcassonne, nous n'en partirions pas, mais nous avons du chemin pour rentrer (re-venir). De plus (Avec cela), je ne me sens pas bien. Je me demande si je n'ai pas «attrapé» quelque chose; peut-être est-ce la «tracière» qui me saisit!

(6) Pontet, syn. **pontilh** «petit pont».
(7) Castelàs: le suffixe **-às**, aug. mais aussi péj., a aussi le sens dérivé de «en ruines» (parce que une maison en ruines est plus laide qu'une maison en bon état). Un **ostalàs** signifie donc «une maison grande, laide, ou en ruines»; idem pour **castelàs.**
Antiquitat, d'où **antiquitaire** «antiquaire», var. **antiquari (anticari** graphie d'Alibert).
(8) La tracièra est le fait de devenir **traça/trace, c'est-à-dire «malingre, chétif, vieux et fatigué, usé»: mot très expressif, sans** correspond en français; fr. du «Midi» «tracière»; syn. **vielhum.**

Exercice en gascon. — 1 Deu puei estant, que's pòt véser la Ciutat de Carcassona. - 2 Sos teules n'èran pas cobèrts de lausas mes de teulas. - 3 Au sègle passat, sas murralhas n'èran sonque rueinas ; que las restaurèc Viollet-le-Duc. - 4 Qu'ei agradiu de's passejar entremiei las doas murralhas, per l'èrba. 5 Que's cau pas desbrembar de vesitar la glèisa avant de tornar devarar a l'autò. - 6 La Ciutat de Carcassona qu'estoc la patria deus Trencavèls.

Pron. — **1** bézé. - **3** ruévnos. - **6** k'éstouk.

Trenta novena leiçon (39)

Lo medecin

1 — Ièr, a Carcassona, te cobriguères pas coma o te disiái, e ara ès enraumassat. As trapat de fèbre e patisses a marchar. Me'n vau quèrre lo medecin (1).

2 — Non, que me potingarà e qu'après serai encara mai malaut. Balha-me una tisana de frigola amb d'aigardent dedins e deman serai garit (2).

PRONONCIATION. — médéssi.
1 kèrré. - **2** poutingara - balyo - frigoulo - aygardén.

1. De la hauteur, on peut (que se peut) voir la Cité de Carcassonne.– **2.** Ses toitures n'étaient pas couvertes de «lauses» mais de tuiles. – **3.** Au siècle dernier, ses murailles n'étaient que ruines, lesquelles furent restaurées par Violet-le-Duc (que les restaura...). – **4.** Il est agréable de se promener entre les deux murailles dans (par) l'herbe. – **5.** Il ne faut pas oublier de visiter l'église avant de redescendre à la voiture (l'auto). – **6.** La Cité de Carcassonne (que) fut la patrie des Trencavel.

Var. gasc.:
-**1. Puei,** lang. **puèg.**
-**2. Teule**, lang. teulada. En lang. **teule** signifie «tuile».
-**3. Rueinas**, lang. **roïnas.**

●●●●●●●●●●●●●●●●●

LE MEDECIN

1. Hier, à Carcassonne, tu ne t'es pas couvert comme je te le disais, et maintenant tu es enrhumé. Tu as «attrapé» de la fièvre et tu as de la peine à marcher. Je m'en vais chercher le médecin. – **2.** Non, (qu')il me bourrera de remèdes et (qu')après je serai encore plus malade. Donne-moi une tisane de thym avec de l'eau-de-vie (dedans) et demain je serai guéri.

NOTES

(1) Le mot occitan **mètge** «médecin» a été supplanté par **medecin; doctor:** la forme **doctur** est francisée.
(2) (Se) **potingar** est un verbe très expressif qui signifie «(se) bourrer de remèdes» (oc. **potinga** «remède», de oc. **pòt** «lèvre» donc «ce que l'on avale par les lèvres»). On dit fréquemment en français d'Occitanie «**(se) poutinguer**». **Potingaire** «personne qui prend (ou médecin qui donne) trop de remèdes».
Frigola, var. **frigol, fribola;** syn. **pòta.**

3 — Auràs ton aigardent mas tanben lo medecin. Ça-que-la, Batiston es partit lo quèrre. Seran aquí dins un momenton (3).

4 — Tè ! Arriban. Bonjorn, doctor. Anatz plan ?

5 — Que non ! Soi vengut pr'amor de vos, que rabali un raumàs del diable.

6 — Vos tanben doctor ? Me'n vau vos dire çò que vos caldriá per vos garir. Daissatz-me totas aquelas potingassas que vos crèban l'estomac e lo fetge. Marineta, pòrta la gota pel doctor, que lo devèm sonhar coma cal, lo pauròt (4).

7 — Cambiaràs pas tu, coquinasson ! Marineta, cal totjorn escotar l'òme. Pòrta-nos la gota, que n'avèm plan besonh per garir ! (5)

8 — E ben mon vièlh, aviatz rason. Me sentissi melhor. Aquò te reviscolariá un mòrt !

9 — Alara, avant de partir, demandatz una botelha a Marineta : per vos plan garir, ne prendretz tres còps per jorn. Al reveire, doctor !

3 sakéla. - 5 raoumas. - 6 douttou - kaldryo - éstoumak é lou fétché - sounya. - 7 koukinassou - bézoun.

– **3.** Tu auras ton eau de vie mais aussi le médecin. D'ailleurs, Batistou est parti le chercher. Ils seront là dans un petit moment. – **4.** Tiens, ils arrivent. Bonjour, docteur. Vous allez bien? – **5.** Oh (que) non! Je suis venu parce que c'était vous (pour l'amour de vous), (étant donné) que je tiens (traîne) un rhume du diable. – **6.** Vous aussi, docteur ? Je (m'en) vais vous dire ce qu'il vous faudrait pour vous guérir. Laissez-moi tous ces remèdes affreux qui vous crèvent l'estomac et le foie. Marinette, apporte la goutte pour le docteur; (que) nous devons le soigner comme il faut, ce (le) pauvre ami. –**7.** Tu ne changeras pas toi, cher grand coquin ! Marinette, il faut toujours écouter son mari (l'homme). Apporte-nous la goutte, (que) nous en avons bien besoin pour guérir ! –**8.** Eh bien, mon vieux, vous aviez raison... je me sens mieux ! Ça (te) remettrait un mort sur pied ! –**9.** Alors, avant de partir, demandez une bouteille à Marinette : pour bien vous guérir, vous en prendrez trois fois par jour. Au revoir, docteur !

(3) Remarquez le dim. **momenton,** de **moment.** Un **mômentonàs** signifiera «un moment relativement long». Cf. note 5 **coquinasson.**

(4) Le suffixe **-òt**, affectif (comme **-on**), montre que le «pauvre» docteur est estimé et aimé, le traduire par le mot *ami* n'est pas exagéré. On pourrait dire aussi **pauron** (avec suf. affectif **-on).**

(5) Ici, nous avons avec **coquinasson** un double suffixe: **-às** aug. et péjoratif, **-on** dim. et affectif. Ce mot est donc sémantiquement extrêmement riche; le traduire par «cher grand coquin» rend assez bien le sens, mais non l'expressivité, étant donné qu'il faut dans ce cas *trois* mots français pour traduire à peu près *un seul* mot occitan.

10 — Al reveire, Batiston ; per segur, vos sabètz sonhar a la campanha !

Exercice en gascon. — 1 L'òme de la Marineta qu'ei malaut, qu'a la frèbe. - 2 Lo Batiston qui ei brave se'n va cercar lo mètge entà que'u balhe potingas. - 3 Mes lo malaut que's vòu suenhar a la soa manièra. 4 Com lo mètge n'avè pas poscut se guarir eth-medish dab las potingas, que l'aconselha bravament de préner la soa pontinga miraculosa : aiga-ardent. - 5 Lo mètge... qui's vòu guarir lèu, que demanda a la Marineta que'u pòrte aquera brava potinga.

Pron. — **1 frèbé. - 2 balyé. - 3 bòou suénya. - 4 èt-médich - brabomén.**

– **10.** Au revoir, «Batistou»; vraiment (pour sûr), vous savez vous soigner à la campagne!

1. Le mari de Marinette est malade, il a de la fièvre. – **2.** (Le) «Batistou» qui est gentil (brave) s'en va chercher le médecin pour lui donner des remèdes. – **3.** Mais le malade veut se soigner à sa manière. – **4.** Comme le médecin n'avait pas pu se guérir lui-même avec ses remèdes, (qu')il lui conseille grandement (bravement) de prendre son médicament miraculeux: l'eau-de-vie. – **5.** Le médecin... qui veut vite se guérir, (que) demande à (la) Marinette de lui porter (qu'elle lui porte) ce bon (brave) remède.

Var. gasc.:
-**1**. **Frèbe**, lang. **fèbre**; cf. gasc. et lang. occid. **craba**, lang. or. **cabra** «chèvre».
-**2**. **Suenhar**, lang. **sonhar**.
-**4**. **Eth-medish**, lang. **el-meteis**; **meteis** «même» a été remplacé par le gallicisme «**mème(s)**», dans la langue parlée.
-**5**. **Vòu**, lang. **vòl**.
-**6**. **Que'u**, lang. **que li**.

●

LEIÇON 39

Quarantena leiçon (40)

La Crosada contra los Albigeses

1 — Ai profitat de çò qu'avèm un malaut per far venir Peironet que nos va parlar de la Crosada contra los Albigeses.

2 — Cars amics, vos vau parlar del drama de la civilisacion occitana : aital, en dotze cents nòu comencèt aquela Crosada que s'èra promés de destruire l'eretgia catara (1).

3 — Los senhors del Nòrd, comandats per Simon de Montfòrt, venguèron envasir lo nòstre païs. De catares, n'i aviá. Mas aquela eretgia èra una de per las autras (2).

4 — Mas alara, Peironet, perqué aver causit de combatre aquela d'aquí ?

5 — Perqué lo temps de la conquista aviá sonat. En dotze cents nòu, los crosats començan per roinar Besièrs e tuan a pauc près tota sa populacion ; lo flume n'èra roge de sang.

PRONONCIATION. — la Krouzado - albidjézés.
3 sényous - nyabyo. - 4 abé. -

LA CROISADE CONTRE LES ALBIGEOIS

1. J'ai profité de ce que nous avons un malade pour faire venir «Peirounet» qui va nous parler de *la Croisade contre les Albigeois.* –2. Chers amis, je vais vous parler du drame de la civilisation occitane : ainsi, en 1209 a commencé cette Croisade qui visait à (s'était promis de) détruire l'hérésie cathare. –3. Les seigneurs du Nord commandés par Simon de Montfort, sont venus envahir (le) notre pays. Des cathares, il y en avait. Mais cette hérésie était une parmi les autres. –4. Mais alors, «Peirounet», pourquoi avoir choisi de combattre celle-là ? –5. Parce que le temps de la conquête avait sonné. En 1209, les Croisés commencent par ruiner Béziers et tuent à peu près toute sa population ; le fleuve en était rouge de sang. –

NOTES

(1) S'èra promés de, syn. **gaitava de.**
Destruire, var. **destruir, destruisir.**
(2) Envasir, var. **envaïr.**

6 — Mas perqué los crosats faguèron aquò ?

7 — Perqué Besièrs refusèt de lor liurar los qualques catares que s'i trobavan. Puèi, pauc a pauc, ataquèron las autras vilas, ont avián metut lo sèti (3).

8 — Mas Ramond Sièis de Tolosa, qu'aviá vist lo dangièr aumentar, apelèt lo rei Pèire d'Aragon, son bèlfraire, que venguèt amb son armada.

9 — La batalha foguèt liurada en dotze cents tretze a Murèth, mas foguèt una victòria francesa ; lo rei d'Aragon i perdeguèt quitament la vida (4).

10 — Pr'aquò, lo comte de Tolosa resistiguèt encara longtemps e, quand moriguèt, sas tèrras occitanas li semblavan deliuradas.

11 — Mas, coma lo rei de França Loïs Uèch decidiguèt alara de dirigir personalament aquela crosada, Ramond VII, que son païs èra tròp estripat per suportar una novèla guèrra deguèt acceptar en dotze cents vint-e-nòu lo tractat de Meaux que disiá que las tèrras de Tolosa serián restacadas a la França se, un jorn, los comtes de Tolosa avián pas pus d'eretièr (5).

7 troubabon. - 8 aouménta. 11 atsétta - séryon-abyon.

6. Mais pourquoi les croisés ont-ils fait cela? – **7.** Parce que Béziers a refusé de leur livrer les quelques cathares qui s'y trouvaient. Puis, peu à peu, ils ont attaqué les autres villes après y avoir mis le siège (où ils avaient mis le siège). – **8.** Mais Raimond VI de Toulouse, voyant le danger augmenter, a fait alors appel au roi Pierre d'Aragon, son beau-frère, qui est venu avec son armée. – **9.** La bataille fut livrée en 1213 à Muret, mais ce fut une victoire française; le roi d'Aragon y perdit même la vie. – **10.** Toutefois, le comte de Toulouse a résisté encore longtemps, et quand il est mort, ses terres occitanes lui paraissaient libérées. – **11.** Mais comme le roi de France, Louis VIII a décidé alors de diriger personnellement cette croisade, Raimond VII, dont le pays était trop ravagé pour supporter une nouvelle guerre, a dû accepter en 1229 le Traité de Meaux, selon lequel (qui disait que) les terres de Toulouse seraient rattachées à la France si, un jour, les comtes de Toulouse n'avaient plus de descendant (héritier).

***

NOTES (suite)

Catare, var. savante **catar.**
Una de per ou **una demest las autras.**
(3) Refusar, var. **refudar.**
Sèti, var. francisée **sièti.**
(4) Batalha «bataille», syn. **batèsta.**
Perdeguèt, var. **perdèt.**
(5) Deure, var. **dever.**

12 — Alara, quand en dotze cents setanta un sa filha Joana e son òme Anfós lo Segond, fraire de Sant Loïs, moriguèron sens enfant, las tèrras del comtat de Tolosa devenguèron francesas. « *Amor* e *Paratge* », foguèron remplaçats per « *Desleialtat e Cobeitat* » coma lo diguèt lo poëta qu'escriguèt *la Cançon de la Crosada.*

Exercice en gascon. — 1 En Occitania que i avè catars. - 2 Las tèrras deus Occitans qu'interessavan mei los barons francés que non pas la fe. - 3 Que comencèn per rueinar Besièrs tà espaurir las autas vilas : atau, que's renderén sense resistir, ça disèvan. 4 Los comtes de Tolosa qu'estón coratjoses. - 5 Los còssos e lo pòble de Tolosa que'us aidèn hèra dens la luta per la libertat. - 6 Au cap de vint ans de guèrra, lo païs qu'èra rueinat. - 7 Cobeitat qu'avè vençut Amor.

Pron. — awè. - 2 k'intéréssawon. - 3 dizèwon. - 4 k'éstoun. 7 bénsut.

– **12.** Alors, lorsque en 1271 sa fille, Jeanne, et son mari, Alphonse II, frère de Saint-Louis, moururent sans enfant, les terres du comté de Toulouse sont devenues françaises. «*Amour* et *Egalité*» ont été remplacés par «*Fourberie* et *Cupidité*» comme l'a dit le poète qui a écrit *la Chanson de la Croisade*.

***

1. En Occitanie (qu')il y avait des cathares. – **2.** Les terres des Occitans (qu')intéressaient plus les barons français que (non pas) la foi. – **3.** Ils ont commencé par ruiner Béziers pour faire peur aux autres villes: ainsi, elles se rendraient sans résister, disaient-ils. – **4.** Les comtes de Toulouse furent courageux. – **5.** Les consuls et le peuple de Toulouse les aidèrent beaucoup dans la lutte pour la liberté. – **6.** Après vingt ans de guerre, le pays était ruiné. – 7. **«Cobeitat»** avait vaincu **«Amor»**.

Var. gasc.:

-2. **Mei**, lang. **mai**.
-3. **Comencèn**, lang. **comencèron**.
Tà, syn. lang. **per**.
Atau, lang. **atal/aital**.
Disèvan, lang. **disián**.
Renderén, lang. **rendrián**.
-4. **Estón**, lang. **foguèron**.
-5. **Còssos**, lang. **cònsols**.
Lus, lang. **los**.
Aidèn (aidar), lang. **ajudèron (de ajudar)**.
Hèra, lang. **fòrça**.

Quaranta unena leiçon (41)

Paratge tornarà viure

1 — Mas alara, es una granda civilisacion que foguèt estrifada per la Crosada (1).

2 — Òc-ben. Un grand pòble que voliá viure amb totes los òmes e tanben los aimar, foguèsson josieus, arabis o crestians, veniá de pèrdre son arma (2).

3 — *L'asirança* remplaçava la *convivéncia,* e lo fuòc de l'*Inquisicion,* lo fuòc de l'*Amor.* Qualques trobadors fugiguèron en Italia, en Aragon e tanben a Montpelhièr qu'èra pas encara francesa.

4 — Contunhèron a cantar l'*Amor,* mas l'Amor es fragil, la guèrra l'aviá tuat.

5 — Pichon a pichon, los Trobadors e la civilisacion occitana s'oblidèron. En Italia o en Alemanha, qualques especialistas contunhavan a parlar d'eles. Mas èra tot.

PRONONCIATION. — paratché.
2 oppé-poplé - boulyo. - 3 fuok. - 5 pitchou. -

«PARATGE» REVIVRA

1. Mais alors, c'est une grande civilisation qui a été déchiquetée par la Croisade. – **2.** Certes oui. Un grand peuple qui voulait vivre avec tous les hommes et aussi les aimer, qu'ils soient (fussent-ils) juifs, arabes ou chrétiens, venait de perdre son âme. – **3.** La *haine* remplaçait la *tolérance*, et le feu de l'*Inquisition*, le feu de l'*Amour*. Quelques troubadours ont fui en Italie, en Aragon et même (aussi) à Montpellier qui n'était pas encore française. – **4.** Ils ont continué à chanter l'*Amour*, mais l'*Amour* est fragile, la guerre l'avait tué. – **5.** Peu à peu, on a oublié les Troubadours et la civilisation occitane (s'oublièrent). En Italie ou en Allemagne, quelques spécialistes ont continué à parler d'eux. Mais c'était tout.

NOTES

(1) Estrifar «déchirer, mettre en pièces», syn. **estripar** «étriper, éventrer» d'où «déchirer, mettre en pièces».
(2) Èstre/èsser «être» subjonctif présent:
(que) **siái, siás, siá, siám, siátz, sián.** Var. radicaux **siag(u)-, sias(qu)-, fug(u)-, fus(qu)-** et terminaison en **-a** (régulière) ou en **-e** (analogique du subjonctif des verbes en **-AR**) d'où (3ème pers.): **siaga/siague, siasca/siasque, fuga/fugue, fusca/fusque.** Subj. imparfait: **foguèssi,-èsses, -ès(se), -èssem, -èssetz, -èssen/-on,** var. **siaguèssi, fusquèssi,** etc.

6 — Urosament, lo pòble d'òc, dempuèi un sègle, torna prene consciéncia de sa personalitat, de sa valor e de sa grandor.

7 — De pertot tornamai, s'escriu en occitan. Los libres sus nòstre païs e nòstra civilisacion venon cada jorn mai nombroses

8 — E ara que lo monde semblan aver perdut lo sens, que la libertat es menaçada, que la paur remplaça la fisança e la bomba lo laüt, avèm pus que jamai besonh d'una pensada que torne balhar sa dignitat e sa valor a l'umanitat : lo monde a besonh que *Paratge, Drechura* e *Amor* tornen viure

6 urouzomén - balou-grandou. - 7 s'éskriou. - 8 bézoun - dinnitat.

Exercice en gascon. — 1 La Crosada contra los Albigés que tüèc ua de las mei grandas civilisacions deu monde. - 2 En Occitania, totas las religions que podèn víver ; qu'èra lo païs de la *Convivéncia*. - 3 Los senhors occitans que volèn ganhar *Prètz* en balhar deus sons bens, mentre que los Francés que s'ac volèn préner tot e tornar pas arren. - 4 Alavetz, *Larguesa* qu'estoc remplaçada per *Cobeitat*. - 5 Pendent quauquas annadas, qu'i avoc Trobadors qui's refugièn en Italia o a Montpelhèr. - 6 Lo Roèrgue tanben, pas tocat per la Crosada, que'n receboc quauques-uns.

Pron. — 2 biwé. - 5 awouk. - 6 réssébouk.

– **6.** Heureusement, le peuple d'oc, depuis un siècle, reprend conscience de sa personnalité, de sa valeur et de sa grandeur. – **7.** (De) Partout à nouveau, on écrit (il s'écrit) en occitan. Les livres sur notre pays et notre civilisation deviennent chaque jour plus nombreux. – **8.** Et maintenant que le monde semble avoir perdu l'esprit (le sens), que la liberté est menacée, que la peur remplace la confiance et la bombe le luth, nous avons plus que jamais besoin d'une pensée qui redonne sa dignité et sa valeur à l'humanité: le monde a besoin que «**Paratge**» (Egalité), «**Drechura**» (Droiture) et «**Amor**» (Amour) revivent.

***

1. La Croisade contre les Albigeois (que) a tué une des plus grandes civilisations du monde. – **2.** En Occitanie, toutes les religions pouvaient vivre; c'était le pays de la «**Convivéncia**» (Coexistence pacifique et tolérante). – **3.** Les seigneurs occitans (que) voulaient gagner du **Mérite** en donnant de leurs biens, pendant que les Français voulaient tout prendre et ne rien donner. –**4.** «Larguesa» (générosité, largesse) fut alors remplacée par «**Cobeitat**» (Cupidité). –**5.** Pendant quelques années, il y eut des Troubadours qui se réfugièrent en Italie ou à Montpellier. –**6.** Le Rouergue lui-même, non touché par la Croisade, en reçut quelques-uns.

Var. gasc.:

–**2.Podèn,** lang. **podián.**
Viver, lang. **viure.**
– **3. En balhar** (part. présent formé de **en** + infinitif): cette tournure est présente en lang.; var. **en balhant** (lang.).
Deus sons bens, lang. **de lors bens.**
Que s'ac volèn, lang., **volian.**
Arren, lang. **res,** var. **ren;** pour **arr/-r** cf. leçon 37 note 3 des exercices gascons.
– **4.Avoc,** lang. **aguèt.**
Refugièn, lang. **refugiguèron.**
– **6.Receboc,** lang. **receupèt/receguèt, recebèt.**
Quauques, var. de **qualques** présente en lang.

LEIÇON 41

Quaranta dosena leiçon (42)

REVISION ET NOTES

Veillez toujours à manier les verbes régulièrement. Si vous avez étudié l'occitan, *sans peine* mais *avec zèle*, vous devez y parvenir.

REVISION

Cantar (1er groupe, finale en –**ar**)

Présent : **Uèi, canti, canta per ela** «aujourd'hui, je chante, il chante pour elle».

Imparfait : **Ièr cantavi, cantàvem per ela** «hier, je chantais, nous chantions pour elle».

Passé simple : **Ièr cantèri, cantèretz per ela** «hier, je chantai, vous chantâtes pour elle».

Passé composé : **Uèi matin ai cantat, an cantat per ela** «ce matin j'ai chanté, ils ont chanté pour elle».

Toutefois, **cantèri** etc. signifie aussi «j'ai chanté», et s'emploie si l'action est passée depuis plus d'un jour.

Futur : **Deman cantarai, cantarem per ela** «demain, je chanterai, nous chanterons pour elle».

Conditionnel : **Cantariái per ela se la vesiái** «je chanterais pour elle si je la voyais».

Subj. présent : **vòli que cantes, que cantès**

per ela «je veux que tu chantes, qu'il chante pour elle».
Subj. imparfait : **caldriá que cantèsses, que cantèssetz par ela** «il faudrait que tu chantes (-tasses), que vous chantiez (-tassiez) pour elle».
Impératif : **canta, cantem, cantatz per ela** «chante, chantons, chantez pour elle».
Impératif négatif : **cantes pas, cantem pas, cantetz pas per ela** «ne chante, chantons, chantez pas pour elle».
Forme emphatique : **cantèsses pas, cantèssem pas, cantèssetz pas per ela** «surtout ne chante , chantons, chantez pas pour elle».

2.**Finir** (2ème groupe, finale en –**ir**)
Présent : **Uèi finissi, finís lo trabalh** «Aujourd'hui, je finis, il finit le travail».
Imparfait : **Ièr finissiái, finissiam lo trabalh** «hier, je finissais, nous finissions le travail».
Passé simple : **Ièr finiguèri, finiguèretz lo trabalh** «Hier, je finis, vous finîtes (j'ai fini, vous avez fini) le travail».
Passé composé : **Totara, ai finit, an finit** lo **trabalh** «tout à l'heure, j'ai fini, ils ont fini le travail».
Futur : **deman finirai, finirem lo trabalh** «Demain je finirai, nous finirons le travail».
Conditionnel : **Finiriái lo trabalh, se podiái** «Je finirais le travail si je (le) pouvais».
Impératif : **finís, finiscam, finissètz lo trabalh** «finis, finissons, finissez le travail»

3.**Prene** «prendre» (3ème groupe, finale en **-e**/**-er**).

Présent : **Uèi preni, prenèm l'avion (abyou(n))** (Aujourd'hui, je prends, nous prenons l'avion».

Imparfait : **Ièr preniái, preniatz l'avion** «Hier, je prenais, vous preniez l'avion».

Passé simple : **Ièr prenguèri, prenguèron l'avion** «Hier je pris, ils prirent l'avion».

Impératif : **pren, prengam, prenètz l'avion** prends, prenons, prenez l'avion».

Impératif négatif : **prengas pas, prengam pas, prengatz pas l'avion** «ne prends, prenons, prenez pas l'avion».

Les verbes du 3ème groupe sont souvent irréguliers .

4. Vous avez vu de nombreux exemples de l'emploi des suffixes, qui ont pour but d'indiquer la grandeur ou la petitesse, mais aussi la laideur ou l'affection. Vous êtes ici en présence de l'un des aspects les plus essentiels de «l'âme de l'occitan», qui est une langue qui traduit *aussi bien* les mouvements du *cœur* que ceux de l'*esprit.* Il permet donc à l'homme de s'*exprimer plus totalement* que n'importe quelle autre langue au monde (d'autant plus que son vocabulaire est plus important que celui des autres langues) et l'on comprend qu'au Moyen Age, elle ait été la plus grande langue de culture et de civilisation de

l'Europe.

Retenez surtout : -às (aug. péj.) **castelàs** «château grand, laid; en ruines»; **-on, -òt** (dim. affectifs); **canhon** petit chien mignon»; **Pauròt**! «Mon cher petit !». Ces suffixes peuvent se combiner : **montasson** «mont assez grand».

5. Certains mots de civilisation très importants, qui résument la pensée et la philosophie de l'Occitanie vous ont été présentés (cf. aussi les leçons consacrées aux Troubadours (15–19 et 71–3).
Pour en connaître plus, vous pouvez consulter les ouvrages cités au début de cet ouvrage, à la bibliographie.
Paratge (égalité), **Libertat** (liberté), **Drechura** (droiture), **Leialtat** (loyauté) **Melhorament** (amélioration), **Amor** (amour), **Prètz** (prix, mérite), **Onor** (honneur), **Valor** (valeur) et **Jòi** (joie suprême obtenue par la pratique harmonieuse de toutes ces valeurs).

***

Quaranta tresena leiçon (43)

Arribam a Avinhon

1 — Uèi, que nòstre malaut es garit, podèm partir a Avinhon, la vila dels Papas.

2 — Passarem per Montpelhièr, qu'avèm ja vist.

3 — Òu, Guston, dormisses ? Sèm arribats. Agacha-me un pauc aquela vista !

4 — Ont sèm ?

5 — A Vilanòva d'Avinhon. A man esquèrra, as lo fòrt Sant-Andrieu e en fàcia, una de las vistas pus bèlas de l'Occitania. Los barris qu'entornan la vila, lo celèbre pont d'Avinhon amb sa capèla, que la mitat foguèt emportada pel Ròse, e lo Palais dels papas. Espiatz-me aquò ! (1)

6 — Tot aquò es plan polit, mas val pas ma borieta e mon tropelon de fedas (2).

PRONONCIATION. — arriban a abinyou / avinyoun (Provence).
3 òou - arribats - paouk - 5 andriou - poun - palays. - 6 bouryéto.

NOUS ARRIVONS A AVIGNON

1. Aujourd'hui, comme (que) notre malade est guéri, nous pouvons partir à Avignon, la ville des Papes. – **2.** Nous passerons par Montpellier, que nous avons déjà vu. –**3.** Hep, «Gustou», tu dors ? Nous sommes arrivés. Ragarde (-moi-) un peu cette vue ! –**4.** Où sommes-nous ? –**5.** A Villeneuve-lès-Avignon. A (main) gauche, tu as le fort Saint-André et en face, une des plus belles vues de l'Occitanie. Les remparts qui entourent la ville, le célèbre pont d'Avignon avec sa chapelle qui fut à moitié emportée par le Rhône, et le Palais des Papes. Regardez (-moi) bien cela ! –**6.** Tout ça c'est très joli, mais ça ne vaut pas ma petite ferme et mon cher petit troupeau de brebis.

NOTES

(1) Pont, variante **pònt** (lang. oriental, Prov.).
(2) Borieta dérivé de **bòria.** Quand le **-ò** n'est plus accentué (à cause du suffixe qui prend l'accent) le **-ò**– devient **-o-** (ou) cf. leçon 8 n. 3.

7 — Mon paure Guston, i coneisses pas res. Te rendes pas compte de çò qu'as aquí, davant ton nasàs (3).

8 — Que si, que o vesi ; mas se vòli parlar, mas fedas me comprenon, al luòc qu'aquelas pèiras parlan pas, e se vòli manjar, una feda es melhora qu'un rocàs (4).

9 — Mon paure amic, coma cervèla, as pas qu'un estomac. E ben, s'i aviá pas agut que de monde coma tu, seriá polida la cultura occitana. Tè ! Meritariás que t'escampèssi dins lo Ròse ! (5)

10 — Marineta, qu'ès polida quand ès en colèra : vèni que te fagui un potonasson que « pete » ! (6)

- **8** koumprénou(n) - parlon - kun roukas. - **9** éstoumak. - **10** poutounassou - pété.

***

7. Mon pauvre «Gustou», tu n'y connais rien. Tu ne te rends pas compte de ce que tu as là devant ton vilain nez. – **8.** Oh si, (que) je le vois; mais si je veux parler, mes brebis me comprennent, alors (au lieu) que ces pierres ne parlent pas, et si je veux manger, une brebis est meilleure qu'un rocher. –**9.** Mon pauvre ami, comme cervelle, tu n'as qu'un estomac. Eh bien, s'il n'y avait eu que des gens comme toi, elle serait belle la culture occitane. Tiens, tu mériterais que je te jette (jetasse) dans le Rhône! – **10.** Marinette, que tu es jolie quand tu es en colère : viens que je te fasse un gros baiser qui te montre combien je t'aime, (et) qui «pète» !

(3) Vous avez encore un exemple du suffixe **-às** (aug. ou péjoratif) **(nasàs).**
(4) Melhor donne au fém. **melhora.** Toutefois, on entend aussi **melhona**, dans le Bas-Languedoc notamment, parce qu'on a substitué au suffixe **-or** le suffixe **-on**, qui a la même prononciation (**-r** et **-n** finals ne sont plus prononcés) d'où **-ona.**
(5) Agut, var. **abut, ajut, augut.**
(6) Fagui «(que) je fasse» var. **faga, fasqui, fasca, fase, faça.**
Potonasson: dérivé de **poton** «baiser» (de **pòt** «lèvre») avec deux suffixes: **-às** (aug. ici) et **-on** (affectif). Il est donc nécessaire de faire appel à une longue périphrase pour le traduire aussi bien que possible.

***

LEIÇON 43

Exercice en provençal. — 1 Guston es entendut, saup apreciar l'estile e la beutat d'un monument. - 2 Mai fa crèire a Marineta qu'es pas capable d'aimar la vista d'Avinhon d'enaut de Vilanòva. - 3 Lo Palais dei Papas foguèt bastit a l'Edat mejana, sobretot au sègle catòrze. - 4 Ara, pèr que sigue mai bèu, la comuna an restaurat la plaça que davala davant d'eu. - 5 A man drecha se tròba un ostau renaissènça ambé de fenèstras remirablas que deu servir lèu de musèu. - 6 Fa un pauc oblidar qu'an tombat leis ostaus vièlhs dau quartier de la Balança.

Pron. — 2 visto d'avinyoun. - 3 papo fouguè.

Quaranta quatrena leiçon (44)

Avinhon e sas beutats

1 — Dintram per la pòrta de l'Ola, anam daissar l'autò aquí ; passejarem a pè (1).

2 — Aquela carrièra s'apèla la carrièra de la Republica : es la mai granda d'Avinhon.

3 — Sèm aicí sus la plaça del Relòtge, amb lo cloquièr que pica las oras (2).

PRONONCIATION. — béoutats.
1 pè. - 2 karryèro.

1. «Guston» est connaisseur (entendu), il sait apprécier le style et la beauté d'un monument. – **2.** Mais il fait croire à Marinette qu'il n'est pas capable d'aimer la vue d'Avignon d'en haut de Villeneuve. – **3.** Le Palais des Papes a été bâti au Moyen Age, surtout au XIVème siècle. – **4.** Maintenant, pour qu'il soit plus beau, la municipalité a restauré la place qui descend devant lui. –**5.** A sa droite, (à main droite) se trouve une maison renaissance aux (avec des) fenêtres admirables qui doit servir bientôt de musée. –**6.** (Ça) fait un peu oublier qu'on a fait détruire (qu'ils ont tombé) les vieilles maisons du quartier de la Balance.

Var. prov.:
– **1. saup**, lang. **sap.**
– **4. bèu**, lang. **bèl; eu**, lang. **el.**
Remarquez les pluriels **an restaurat** et **an tombat**: cela est dû au fait que **la comuna** est un singulier représentant un groupe de personnes.

●●●●●●●●●●●●●●●●●

AVIGNON et ses BEAUTES

1. Nous entrons par la porte de l'Oule, nous allons laisser la voiture ici. Nous nous promènerons à pied. –**2.** Cette rue s'appelle la rue de la République : c'est la plus grande d'Avignon. –**3.** Nous voici (Nous sommes ici) sur la place de l'Horloge, avec son clocher qui sonne les heures. –

NOTES

(1) **Ola** signifie «marmite».
(2) **Sèm aicí**, syn. **nos veicí/vaquí.**
Cloquièr, «clocher» syn. **campanal.**
Picar «sonner», syn. **sonar** (qui signifie aussi «appeler»).

LEIÇON 44

4 — Aquí, la plaça del Palais dels Papas qu'èra transformat, al sègle passat, en casèrna e los soldats s'amusavan amb un cotelon a gratusar las frescas ; cal ben rire !

5 — Gaitatz-me aquelas fenèstras goticas, valon lo desplaçament.

6 — Ara, cal veire la cort d'onor. Es aquí que se ten lo festival d'Avinhon que lo TNP coneguèt de grandas oras.

7 — E las votas, aquestas chaminèias, aquelas frescas ! Ça-que-la, l'art occitan aquò's quicòm !

8 — Ne'n sortiriam pas, mas devèm anar veire encara lo palais renaissença del Rore.

9 — Vesètz, darrièr aquel portal se tenon d'acampadas sabentas coma las de l'Acadèmia de Vauclusa (3).

10 — E lo ser tomba sus una de las pèrlas occitanas de Provença e pensam que deman, es Arles que nos aculhirà.

4 souldats - s'amuzabon koutélou. - **5** balou(n) lou désplassomén. - **10** akulyira.

4. Voilà (là) la place du Palais des Papes qui était transformé, au siècle dernier, en caserne et les soldats s'amusaient avec un canif à gratter les fresques; il faut bien rire! – **5.** Regardez-moi ces fenêtres gothiques, elles valent le déplacement. – **6.** Maintenant, il faut voir la cour d'honneur. C'est là que se tient le festival d'Avignon et que le TNP a connu de grandes heures. – **7.** Et les voûtes, ces cheminées, ces fresques ! Vraiment (certes), l'art occitan c'est quelque chose! – **8.** Nous n'en sortirions pas, mais nous devons aller voir encore le palais renaissance du Roure. – **9.** Voyez-vous (c'est) derrière ce portail (que) se tiennent des réunions savantes commes celles de l'Académie de Vaucluse. – **10.** Et le soir tombe sur une des perles occitanes de la Provence et nous pensons que demain, c'est Arles qui nous accueillera.

NOTES (suite)

(3) Téner, var. **tenir; ténguer** (Gasc.).

Exercice en provençal. — 1 En Avinhon, banhada pèr Ròse, podèm veire e visitar lo Palais dei Papas, tot de pèiras de talha. - 2 D'estiu, fòrça joves vènon de tota la França pèr lo festenau. - 3 Dins aqueu Palais se ten tanbèn la fièra deis antiquaris qu'expausan sei mòbles, de candelièrs d'argènt, d'estanhs, de capfuòcs... 4 Dins quauquei mèmbres se pòt veire de polidas frescas que lei soldats perissián pèr passatèmps. - 5 Se volètz una bèla vista, vos fau (ou cau) passar Ròse sus lo pònt nòu, de nuèch ; auretz davant leis uelhs emberlugats lo pònt vièlh d'Avinhon, lo verai, lei barris, lo Palais dei Papas, Nòstra Dòna de Dòms esclairats, que mòstran ais estèlas çò que leis òmes son capables de bastir quand vòlon.

Pron. — **3** kafyo. - **4** pò - soulda - passatèn. - **5** nuè.

Quaranta cinquena leiçon (45)

Arles pòrta de la Camarga

1 — Ara qu'avèm passat Malhana, la patria de Frederic Mistral, serem lèu a Arles ont nos espèran los Aliscamps (1).

2 — Vesètz totes aqueles tombèls en pèira e en marbre qu'an dos mila ans, coma son plan talhats e escrincelats.

PRONONCIATION. — kamargo.
1 patriyo - arlé - aliskans. - 2 toumbèls.

1. A Avignon, baigné par le Rhône, nous pouvons voir et visiter le Palais des Papes tout en pierres de taille. – **2.** En été, de nombreux jeunes viennent de toute la France pour le festival. – **3.** Dans ce Palais se tient aussi la foire des antiquaires qui exposent leurs meubles, des chandeliers en argent, des étains, des chenets... – **4.** Dans quelques pièces, on peut voir de jolies fresques que les soldats abîmaient (périssaient) par amusement (passe-temps). – **5.** Si vous voulez une belle vue, il vous faut traverser (passer) le Rhône sur le pont neuf, de nuit; vous aurez devant vos yeux éblouis le vieux pont d'Avignon, le vrai, les remparts, le Palais des Papes, Notre Dame des Doms, éclairés, qui montrent aux étoiles ce que les hommes sont capables de bâtir, quand ils (le) veulent.

Var. prov.:

-3. **seis**, lang. **lors.**
-4. **mèmbres**, lang. **membres; tèmps**, lang. **temps.**
On peut dire **tota la França** ou **tota França** (phr.2)

ARLES PORTE de la CAMARGUE

1. Maintenant que nous avons dépassé Maillane, la patrie de Frédéric Mistral, nous serons vite à Arles où nous attendent les Aliscamps. – **2.** Vous voyez tous ces tombeaux en pierre et en marbre qui ont deux mille ans, comme ils sont bien taillés et ouvragés.

NOTES

(1) A Arles. On dit souvent **a-n-Arles**: cet **-n-** sert de transition phonique.

3 — Seguissètz-me per veire la glèisa Sant-Trefume e son portal romanic plan famós.

4 — Lo dedins val la visita tanben e particulièrament las tapissariás ancianas.

5 — E ·las arenas, las caldriá pas oblidar. I manca pas que tres o quatre lions per que l'espectacle rapèle la vida de l'epòca romana quand lor fasián manjar qualques crestians per dire d'amusar lo brave pòble. Çò que sabián rire los Romans ! (2)

6 — Tè ! Agachatz-los qu'arriban : son de gardians, amb las cauças raiadas et lo grand capèl (3).

7 — Los anam seguir, perqué van en Camarga.

8 — Se tombam plan, veirem de taures ; mas es pas a dire que ne traparem, qu'espèran pas los toristas (4).

9 — Per una chança, n'avèm una de brava. Vesètz al fons, una manada. E lo gardian qu'ensaja d'atrapar un brau (5).

- 3 pourtal. - 4 tapissaryos. - 5 kaldryo - fazyon-sabyon. - 6 arribon. - 7 bon. - 9 braou.

– **3.** Suivez-moi pour voir l'église Saint-Trophime et son portail roman très célèbre. – **4.** L'intérieur (le dedans) vaut la visite également et particulièrement les tapisseries anciennes. – **5.** Et les arènes, il ne faudrait pas les oublier. Il n'y manque que trois ou quatre lions pour que le spectacle rappelle la vie de l'époque romaine quand on leur faisait (ils leur faisaient) manger quelques chrétiens pour (dire d') amuser le brave peuple. Comme (Ce que) ils savaient rire les Romains! – **6.** Tenez, (Tiens), regardez ceux qui arrivent; ce sont des *gardians* avec leurs (les) pantalons rayés et leur (le) grand chapeau. – **7.** Nous allons les suivre, puisqu'ils vont en Camargue. – **8.** Si nous avons de la chance (Si nous tombons bien), nous verrons des taureaux; mais il n'est pas sûr que nous en trouvions (trouverons), (parce qu') ils n'attendent pas les touristes. – **9.** Pour une chance c'est une chance (nous en avons une de grande). Vous voyez au fond, une *manade*. Et le *gardian* qui essaie d'attraper un jeune taureau.

NOTES (suite)

(2) Rapèle, subj. présent de **rapelar** «rappeler».
Per dire de est couramment employé au sens de «afin de» dans l'intention de, dans le but de».
(3) Le mot **gardian** n'a pas de correspondant en français qui l'a donc adopté au sens de «gardien de troupeaux en Camargue».

Cauças «pantalons» (mot d'origine latine), var. **calças,** n'a pas supplanté son rival **bragas** «pantalons» (mot d'origine celtique), qui est aussi employé que lui et même parfois plus.
(4) Pas a dire que «pas sûr que» var. **es pas per dire que, es pas dire que. Es pas dire / a dire / per dire que demòre aquí** «ce n'est pas sûr qu'il habite ici».
(5) Manada: comme pour le mot **gardian** (ci-dessus note 3), le français a adopté ce mot en francisant la finale d'où «français» *manade* «troupeau de Camargue» mais aussi «mas de Camargue où l'on élève des taureaux».
Taure «taureau», var. **taur. Atrapar** ou **trapar** «attraper».
(6) Estanh «étang», dim. **estanhòl**, var. **estanc.** A ne pas confondre avec l'**estam** «l'étain» var. **estanh; estamar** «étamer» et **estamaire** «étameur».

10 — Aquí, es un camp de ris. Buta plan en Camarga.

11 — Ailà, agachatz, de flamencs ròses ; aquò òc ! I a lo primièr que guida los autres, se van pausar de l'autre ban de l'estanh del Vacarés (6).

12 — Quina serada agradiva passada dins lo calme e la beutat de la Provença !

- **10** ris. - **11** éstan.

Exercice en provençal. — 1 Arles es una polida vila que s'i vei fòrça monuments romans. - 2 Vau la pena d'i anar e d'i restar una brava jornada. - 3 De mai, i siam pròchi de la Camarga ont podèm veire de polits aucèus devèrs leis estanhs, en paluns ò dins lo cèu. - 4 Lo dimenge, dins lei mas, se pòt veire lei gardians, a chivau, acampar la manada ; se pòt veire de buòus e, de còps, de polidas corsas. - 5 Mai lo pus bèu, es de destoscar aqueu terraire encara un pauc oblidat pèr la vidassa fòla de nòstre tèmps. - 6 I podèm alenar, pensar, cantar sèns èstre entraïnats pèr la foliá modèrna de la vitessa.

Pron. — **4** tchivaou - kò. - **6** foulyo.

***

–10. Là, c'est un champ de riz. Il pousse bien en Camargue. – **11.** Là-bas, regardez, des flamants roses; ça oui! Il y a le premier qui guide les autres, ils vont se poser de l'autre côté de l'étang du Vacarès. – **12.** Quelle soirée agréable passée dans le calme et la beauté de la Provence!

1. Arles est une jolie ville où l'on voit (s'y voit) beaucoup de monuments romains. – **2.** Cela vaut la peine d'y aller et d'y passer une bonne journée. – **3.** De plus, nous y sommes près de la Camargue où nous pouvons voir de beaux oiseaux, vers les étangs, dans les marais ou (passant) dans le ciel. – **4.** Le dimanche, dans les mas, on peut voir les *gardians*, à cheval, rassembler leur troupeau («*manade*»); on peut voir des taureaux et, parfois, de belles courses. – **5.** Mais le plus extraordinaire (beau), c'est de trouver ce coin de terre encore un peu oublié par la vie folle de notre temps. –6. Nous pouvons y respirer, penser, chanter, sans être emportés (entraînés) par la folie moderne de la vitesse.

Var. prov.

–2. vau, lang. val. **–3. siam**, lang. **sèm; aucèus**, lang. **aucèls.** –
–4. chivau (influencé par le français) ou **cavau,** lang. **chaval.**

***

LEIÇON 45

Quaranta seisena leiçon (46)

De libres occitans

1 — Coma avèm una ora o doás davant nosautres, podèm anar dins una librariá per crompar qualques libres occitans.

2 — Bonjorn, monsen ; voldriam saber s'avètz de libres, que sián en occitan o que parlen de l'Occitania ?

3 — Vos interessatz a nòstra lenga, la lenga dels Trobadors e de Mistral, alara sètz de brave monde. Me'n vau m'ocupar de vosautres personalament. Qué vos caldriá ?

4 — Avèm cap d'idèa pel moment. Digatz-nos çò qu'avètz dins vòstra librariá (1).

5 — Se volètz aprene la lenga d'òc o solament vos perfeccionar, qu'a çò que vesi la parlatz plan, avètz aicí lo *Tresor dóu Felibrige* de Mistral qu'es un bon diccionari, lo mai complèt. Mas se ne volètz un en grafia normalisada m o d è r n a , que poscatz escriure e vos comprene, que siatz de Provença o d'una autre region, podètz crompar lo d'Alibèrt. E puèi, es pas tan car coma lo de Mistral.

DES LIVRES OCCITANS

1. Comme nous avons une heure ou deux devant nous (autres), nous pouvons aller dans une librairie pour acheter quelques livres occitans. – **2.** Bonjour, monsieur. Nous voudrions savoir si vous avez des livres qui soient en occitan ou qui parlent de L'Occitanie? – **3.** Vous vous intéressez à notre langue, la langue des Troubadours et de Mistral, alors vous êtes de braves gens. Je (m'en) vais m'occuper de vous personnellement. Que vous faudrait-il? – **4.** Nous n'avons pas du tout d'idée pour le moment. Dites-nous ce que vous avez dans votre librairie. – **5.** Si vous voulez apprendre la langue d'oc ou seulement vous perfectionner, étant donné que je vois (qu'à ce que je vois) que vous la parlez bien, vous avez ici *Le Trésor du Félibrige* de Mistral, qui est un bon dictionnaire, le plus complet. Mais si vous en voulez un en graphie normalisée moderne, afin que vous puissiez écrire et vous comprendre, que vous soyez de Provence ou d'une autre région, vous pouvez acheter celui d'Alibert. De plus (Et puis), il n'est pas aussi cher que celui de Mistral. –

(1) Idèa, var. idèia.

6 — De gramaticas, ne manca pas. N'espèri d'autras, que devon sortir lèu.

7 — L'occitan interèssa tant de monde ara que mancam de libres. Mas dins qualques meses, aurem çò que cal.

8 — Aquel-d'aquí es plan tanben. Permet de legir de tèxtes comentats, seguits per una pichòta gramatica.

9 — S'es l'Occitania que volètz melhor conéisser, deuriatz crompar la *Pichona Enciclopedia Occitana*, escricha en francés.

10 — I avètz tot çò que volètz saber sus nòstre païs : originas, istòria, geografia, lenga, cultura, industria, arts, òmes celèbres, etc.

11 — Avèm tanben de libres policièrs e aquí de romans, de poësias.

12 — E ben, ne manca pas de libres. Se bolega l'Occitania.

13 — Se cresèm los que dison que « *la fe sens òbra, mòrta es* », podèm pensar que lo pòble d'òc se revelha e torna començar a s'interessar a sa cultura (2).

6. Des grammaires, il n'en manque pas. J'en attends d'autres, qui doivent sortir bientôt. – **7.** L'occitan intéresse tant de monde maintenant que nous manquons de livres. Mais dans quelques mois, nous aurons ce qu'il faut. – **8.** Celui-là est bien aussi. Il permet de lire des textes commentés, suivis d'une (par une) petite grammaire. – **9.** Si c'est l'Occitanie que vous voulez mieux connaître, vous devriez acheter la *Petite Encyclopédie Occitane*, écrite en français. – **10.** Vous y avez tout ce que vous voulez savoir sur notre pays: origines, histoire, géographie, langue, culture, industrie, arts, hommes célèbres etc. – **11.** Nous avons même (aussi) des livres policiers et, là, des romans, des poésies. – **12.** Et bien, il n'en manque pas des livres. Elle se remue l'Occitanie. – **13.** Si nous croyons ceux qui disent que «*sans œuvres, la foi est morte*», nous pouvons penser que le peuple d'oc se réveille et recommence à s'intéresser à sa culture.

NOTES (suite)

(2) Revelhar, dér. **desrevelhar** de même sens.

Exercice en provençal. — 1 Se vòs legir de libres en occitan, te fau començar pèr legir l'Occitan sensa Pena, te farà pas (de) mau. - 2 Se te languisses, que sabes pas (de) que legir, pòs far coma ieu, te prendre lo « Tresor dóu Felibrige » e l'aprendre de còr ; te farà passar un gròs moment. - 3 En Provènça, podèm crompar, tanbèn, de tèxtes de Pastoralas. Son de pèças de teatre que nos còntan la naissènça de Jèsus-Crist en Provènça. - 4 Se ne volèm veire jogar, basta de passar Nadau en Provènça pèr exèmple a-n-Avinhon, ò a Seguret, que sa pastorala es coneguda de tota Euròpa.

Pron. — 1 maou. - 2 grò. - 3 kòntòn - dzèzœ.

●●●●●●●●●●●●●●●●●

Quaranta setena leiçon (47)

Los Bauces

1 — E ben mon vièlh, sèm cargats coma de muòls, amb tot çò qu'avèm crompat a-n-aquel librari. Un autre còp, vendrem amb un camionàs (1).

2 — Quand tot lo monde serà prèst, poirem tornar partir per anar veire lo pòlit vilatge dels Bauces.

PRONONCIATION. — 1 myols - kamyounas.

1. Si tu veux lire des livres en occitan, il faut que tu commences par lire *l'Occitan sans Peine* (cela) ne te fera pas de mal. – **2.** Si tu t'ennuies (te languis), si tu ne sais pas que lire, tu peux faire comme moi, (te) prendre le «*Trésor du Félibrige*» et l'apprendre par cœur; (cela) te fera passer un long moment. – **3.** En Provence, nous pouvons acheter, aussi, des textes de Pastorales. Ce sont des pièces de théâtre qui nous racontent la naissance de Jésus-Christ en Provence. – **4.** Si nous voulons en voir jouer, il suffit de passer Noël en Provence, par exemple à Avignon ou à Seguret, dont la (que sa) pastorale est connue dans toute l'Europe.

Var. prov. – **1. sensa**, var. de **sens** présente aussi en lang.; **mau,** lang. **mal.** – **3. còntan**, var. de **contan,** présente aussi en lang. – **4.** En provençal, «Noël» se dit **Nadau** ou **Novè,** lang. **Nadal;** «connu» se dit **conegut** ou **conoissut**

●●●●●●●●●●●●●●●●●

LES BAUX

1. Eh bien mon vieux, nous sommes chargés comme des mulets, avec tout ce que nous avons acheté chez ce (à ce) libraire. Une autre fois, nous viendrons avec un gros camion. – **2.** Quand tout le monde sera prêt, nous pourrons repartir pour aller voir le joli village des Baux.

NOTES :

(1) Muòl, var. **mul,** fém. **muòla/mula.** On dit aussi **cargat coma d'abelhas** «chargé comme des abeilles». Remarquez le suf. aug. **-às** de **camionàs.**

3 — Sarra-te a drecha, anam visitar lo Val d'Infèrn. Son de peirièras dins la montanha que valon un còp d'uèlh (2).

4 — Coma es curiós ! Nos diriam en infèrn, i manca res que lo Diable (3).

5 — A ieu, ne manca pas, qu'aquel polissonàs nos vendriá de pega per de recuècha (4).

6 — Que parlas fòrt, Guston !

7 — Es per far paur al Diable, se l'enveja de venir lo trapava.

8 — Al luòc de dire de sotisassas, fariás melhor de nos cantar quicòm, que sèm dins un endrech plan polit (5).

9 — Coma i a pas lo Diable, vos poiriái cantar lo Vedèl d'Aur de Faust (6).

10 — Es aquò, dins lo còr de la Provença, nos vas cantar en francés ! Pòdes pas cantar en occitan, coma tot lo monde !

11 — Alara, brave monde, escotatz :

- 3 ifèr. - 4 dyaplé. - 8 al lyok. - 9 bédèl.

–**3.** Range-toi (serre-toi) à droite, nous allons visiter le Val d'Enfer. Ce sont des carrières de pierres dans la montagne qui valent un coup d'oeil. –**4.** Comme c'est curieux ! Nous nous dirions en enfer, il n'y manque que le Diable. –**5.** A moi, il ne me manque pas, vu que ce grand polisson nous vendrait de la poix pour de la *«recuite»*. –**6.** Que tu parles fort, «Gustou» ! –**7.** C'est pour faire peur au Diable, dans le cas où (si) l'envie de venir le prendrait (l'attrapait). –**8.** Au lieu de dire de grosses sottises, tu ferais mieux de nous chanter quelque chose, puisque (que) nous sommes dans un endroit très joli. –**9.** Comme il n'y a pas le Diable, je pourrais vous chanter le Veau d'Or de Faust. –**10.** C'est ça, dans le cœur de la Provence, tu vas nous chanter en français! Tu ne peux pas chanter en occitan comme tout le monde ! –**11.** Alors, braves gens, écoutez :

NOTES (suite)

(2) **Infèrn**, pron. **ifèr** (lang.), **infèrn** (Prov.); **ihèr** (Gasc.).
(3) **Res** ou **ren** (Prov.). «Le Diable» se dit aussi **lo grifet** «petite griffe» (Rg.).
(4) **Polissonàs** : **polisson** + **-às** (suffixe aug.).
(5) **Sotisassas** : autre emploi du suffixe **-as(sa)** (aug.). On peut dire aussi **de sornetas** «des sornettes».
(6) **Aur** «or», var. **òr**, empruntée au fr.

12 — Quand vau a la montanha
Per trapar de trabalh
Fasèm missanta vida
Manjam de missant pan
La mitat de garrota
L'autra mitat de jòlh
Nos disèm l'un a l'autre
Que la tèsta nos dòl (7).

13 — Quand sièrem a la paga (8)
Nos poguèt pas pagar.
Passèt la man a la pòcha
La sèrp lo mordiguèt
A tu, fripon de boire,
Te farem ben pagar
Aicí avèm la maura
La te farem tastar.

Exercice en provençal. — 1 Se te vòs pas esquintar per portar un fais tròp pesuc, pren una carreta ò un camion. - 2 Pèr garar sa veitura, fau èstre prudènt, pèr pas versar ò se desbauçar. - 3 Lo diable, de còps, es pas qu'un diabloton enraubat, mai de còps, s'encapa qu'es un diablàs de bèla-maire. - 4 Guston es un pauc barja-mau, l'aimam bèn, pasmèns. - 5 E canta bèn, puèi, que l'escotariam tota una serada.

Pron. — 4 pamèn.

–**12.** Quand je vais à la montagne – pour trouver du travail– nous menons pauvre vie (faisons méchante vie) – nous mangeons du mauvais pain – la moitié de gesse – l'autre moitié d'ivraie – nous nous disons l'un à l'autre – que la tête nous fait mal. –**13.** Quand arriva (nous fûmes à) la paye, – il ne put pas nous payer. – Il passa la main à la poche – le serpent le mordit – (à) toi, fripon de «*bouïre*», nous te ferons bien payer – ici nous avons le gros bâton – nous te le ferons goûter.

***

NOTES (suite)

(7) **Tèsta** «tête» syn. de **cap. Jòlh**, var. **juèlh.**
(8) **Sièri** ou **siaguèri** «je fus», var.de **foguèri;** autre var. **fusquèri.**
Boire «bœuf roux; gros ventre; nigaud» : sobriquet des habitants du Gévaudan.
Maura «gros bâton, jeu de la crosse; sorte d'insecte; truie (vieille ou châtrée), espace de terre qu'on oublie de cultiver» (Lang.); «religieuse» (Gasc.).

***

1. Si tu ne veux pas te crever à porter un fardeau trop lourd, prends une charrette ou un camion. **2.** Pour garer sa voiture, il faut être prudent, pour ne pas verser ou tomber dans un précipice. **3.** Le diable, parfois, n'est qu'un mignon petit diable en robe, mais il arrive qu'il soit (est) un méchant diable de belle-mère. **4.** «Gustou» est (un peu) mal embouché, malgré cela, nous l'aimons bien. **5.** Et puis, il chante (si) bien que nous l'écouterions toute une soirée.

Var. prov. –**5. canta bèn**, lang. **canta plan.**

Quaranta ochena leiçon (48)

Nimes

1 — Avant de quitar aquela region, vos deviái menar a Nimes, una autra granda vila romana coma Arles.

2 — Arribam al centre. Contunharem a pè. Dins doás minutas, serem a las arenas.

3 — Vesi las votas, al cap de la carrièra. Las pèiras son un pauc rosigadas per la pluèja e lo vent. Es aquò que de tras en tras se'n càmbia qualques unas. Se aquò contunha aital, dins trenta sègles, ne demorarà pas una de l'epòca romana (1).

4 — Nos podèm arrestar un momentonàs per agachar l'Ostal Carrat qu'es rectangulari ça-que-la. Finalament, es melhor conservat que las arenas. Èra un temple, es ara un musèu peironenc (2).

5 — E aquí los òrts de la Font de Nimes, amb sos cinnes e los petancaires (3).

PRONONCIATION. — nimés.
4 mouméntounas. - **5** sinné.

NIMES

1. Avant de quitter cette région, je devais vous conduire (mener) à Nîmes, une autre grande ville romaine comme Arles. – **2.** Nous arrivons au centre. Nous continuerons à pied. Dans deux minutes, nous serons aux arènes. –**3.** Je vois ses voûtes, au bout de la rue. Les pierres sont un peu rongées par la pluie et le vent. C'est pour cette raison (c'est pour cela) que parfois (de temps en temps) on en change («*qu'il s'en change*», en français du «midi») quelques-unes. Si cela continue ainsi, dans trente siècles, il n'en restera pas une de l'époque romaine. –**4.** Nous pouvons nous arrêter un bon petit moment pour regarder la Maison Carrée qui est d'ailleurs rectangulaire. Finalement, elle est mieux conservée que les arènes. C'était un temple, c'est maintenant un musée lapidaire.

***

NOTES

(1) Rosigadas; on pourrait dire aussi **capusadas,** de **capusar** «couper le(s) bout(s); dégauchir etc.»
Pluèja, var. **plòja, plèja, plèva; ploja** (Gasc).
De tras en tras «parfois (sans nuance d'éventualité)»; **de còps** «parfois (éventuellement)».
... Se'n càmbia «il s'en change» d'où «on en change». Dans ce début de phrase, **Es aquò que se'n càmbia,** vous avez donc deux tournures très occitanes, qu'il vous faut employer à votre tour; exemple : «c'est pour cette raison qu'on allume le feu en hiver» pourra donc se dire : **es aquò que s'aluca lo fuòc en ivèrn.**
(2) Momentonàs (**-on** suf. dim. + **-às** suf. aug.) «un moment relativement long».
Temple, pron. **témplé** ou **témpé** (Prov.).
Peironenc, syn. savant **lapidari; una gravadura peironenca** signifie «une inscription lapidaire».
(3) Cinne, var. **cieune** (Prov.); autre graphie **cigne.**

6 — Aquela font èra coneguda del temps dels Romans. Es l'endrech qu'avèm besonh per nos reviscolar. Bufar un briconèl fa pas de mal (4).

7 — Òc ; e coma aquò, poirem pensar a l'empèri roman, que dominava lo monde i a dos mila ans e que ne demòra pas que qualques pèiras capusadas (5).

8 — Es lo temps que passa, la ròda que vira. Adieu Roma, bonjorn Occitania !

***

Exercice en provençal. — **1** Leis Arenas de Nimes son quasi redonas, e coma o diriá Guston, foguèsson cairadas, nos empachariá pas de dormir ! - **2** Son en plen mitan de la vila. - **3** Atiran fòrça visitors que dison de paraulas nòvas coma aquestei d'aicí : **4** Qué son grandas ! Lei Romans, elei, sabián bastir solide ! Quinas pèiras, devon pesar coma un ase mòrt ! - **5** Bensai qu'a l'epòca, lei Romans, aqueu qu'escriguèt l'Occitan sensa Pena, l'aurián getat ai lions pèr de dire de veire s'un professor a tant de gaubi amb una ret e lei fèrres coma amb un libre e un estilò !

–**5.** Et voici les jardins de la Fontaine de Nîmes, avec ses cygnes et ses (les) joueurs de pétanque («*pétanqueurs*», en français du «Midi»). – **6.** Cette fontaine était connue au (du) temps des Romains. C'est l'endroit dont (que) nous avons besoin pour nous ragaillardir. Souffler un bon peu ne fait pas de mal. –**7.** Oui; et comme ça, nous pourrons penser à l'empire romain, qui dominait le monde il y a deux mille ans et dont il ne reste plus que (qu'il n'en...) quelques pierres rongées. –**8.** C'est le temps qui passe, la roue qui tourne. Adieu Rome, bonjour Occitanie !

***

NOTES (suite)

(4) **Reviscolar**, syn. **remaisar**, var. **remausar/-sir (Rg.)**.
(5) Cf. note 1.

1. Les Arènes de Nîmes sont presque rondes, et comme le dirait «Guston», (même si) elles étaient carrées, (cela) ne nous empêcherait pas de dormir ! –**2.** Elles sont au beau milieu de la ville. –**3.** Elles attirent beaucoup de visiteurs qui prononcent des paroles originales (neuves) comme celle-ci : – **4.** Qu'elles sont grandes ! Les Romains, eux, savaient construire solidement ! (solide) Quelles pierres ! elles doivent peser comme un âne mort ! –**5.** Peut-être qu'à l'époque, les Romains auraient jeté aux lions celui qu a écrit *«l'Occitan sans Peine»*, pour (de dire de) voir si un professeur est aussi adroit avec un filet et un trident qu'(comme) avec un livre et un stylo)

Var. prov. –**1. redonas**, lang. **redondas.** –**3. aquestei**, lang. **aquestas.** –**4. elei** lang. **eles.**

Quaranta novena leiçon (49)

REVISIONS et NOTES

1. Veillez toujours à bien conjuguer les verbes en construisant de petites phrases; subjonctif :
Cal qu'aime l'enfant «il faut que j'aime mon enfant»: **cal que sofriga per èstre polida** «il faut qu'elle souffre pour être jolie ; **cal que prengas un sòu** «il faut que tu prennes un sou»; **cal qu'anem / anguem a Tolosa** «il faut que nous allions à Toulouse»; **cal que pògam / pòscam parlar** «il faut qu'ils puissent parler».
Caldriá qu'aimèsses l'enfant «il faudrait que tu aimes (aimasses) ton enfant»; **caldriá pas que sofriguèssem** «il ne faudrait pas que nous souffrions (souffrissions)»; **caliá que prenguèssetz un sòu** «il fallait que vous preniez (prissiez) un sou»; **caldriá qu'anèsse / anguèsse** «il faudrait qu'il aille (allât)»; **caldriá que poguèsse / posquèsse parlar** «il faudrait que je puisse (pusse) parler».

2. Suffixes: entraînez-vous à former des dérivés; **ostal** «maison»: **ostalàs** «maison grande, laide, en ruines»; **ostalaràs** «maison très grande et laide; building»; **ostalet** «petite maison»; **ostalon** «petite maison mignonne, qu'on aime bien»; **ostalonàs** «maison qu'on aime bien mais un peu trop grande».
Tropèl «troupeau»: **tropelàs** «troupeau

(trop) grand» (terme un peu péj.); **tropelet** «petit troupeau»; **tropelon** «petit troupeau mignon»; **tropelonàs** «troupeau à l'allure sympathique mais (trop) important»; **tropelasson** «grand troupeau qu'on aime bien».

Les traductions données ne sont qu'approximatives. Le degré d'intérêt ou d'aversion, dû à la présence des suffixes, dépend du contexte.

3. **Los meses : tablèu** «les mois : tableau».

Janvier : **genièr**
Février : **febrièr**
Mars : **març**
Avril : **abril, abrial**
Mai : **mai**
Juin : **junh**
Juillet : **julh**, var. **julhet**
Août : **agost**
Septembre : **setembre**
Octobre : **octòbre, octobre**
Novembre : **novembre**
Décembre : **decembre, desembre**

Nèu de febrièr ten coma d'aiga dins un panièr «La neige de février tient comme de l'eau dans un panier».

En abrial, quites pas un fial, al mes de mai, va coma te plai: «En avril, ne quitte pas un fil, au mois de mai, va comme il te plait».

Cinquantena leiçon (50)

La Granda Mota

1 — Coma fa bèl e caud uèi, es lo jorn d'anar a la mar veire la Granda Mota sus la Florida occitana, coma o dison.

2 — Avètz pres lo malhòt ? Sabi ben qu'ara n'i a que se'n passan, pareis que fa modèrne, al mens que siá un biais per copiar las bèstias que ne pòrtan pas. Anem, podèm partir, que la rota es longa.

3 — Après lo contorn, m'arrestarai, aurem un bèl punt de vista sus la vila. Davalatz e cutetz pas los uèlhs (1).

4 — Nos creiriam en Egipte, al temps dels faraons, amb totas aquelas piramidas. Aquò's pas un estil occitan, me conven pas gaire.

5 — Finalament, a ieu, aquò m'agrada. Qu'auriam pogut far de mai, al temps d'ara ; tot còsta tan car ; de cubes de beton ? E puèi, coma aquò, cadun a de solelh a son estatge (2).

PRONONCIATION. — la grando mouto.
1 kaou. - **2** malyot. - **3** kountour - (u)èls. - **4** faraou(n)s. -

LA GRANDE MOTTE

1. Comme il fait beau et chaud aujourd'hui, c'est le jour d'aller à la mer voir la Grande Motte sur la Floride Occitane, comme on l'appelle (ils l'appellent). –**2.** Vous avez pris votre maillot ? Je sais bien que maintenant il y en a qui s'en passent, il paraît que (ça) fait moderne, à moins que ce soit une façon de (pour) copier les animaux (bêtes) qui n'en portent pas. Allons, nous pouvons partir, parce-que la route est longue. – **3.** Après le virage, je m'arrêterai, nous aurons un beau point de vue sur la ville. Descendez et ne fermez pas les yeux. –**4.** On se croirait (Nous nous croirions) en Egypte, au temps des pharaons, avec toutes ces pyramides. Ce n'est pas un style occitan, ça ne me plaît guère. –**5.** Finalement, (à) moi, ça me plaît. Qu'aurait-on pu faire d'autre (de plus), de nos jours (au temps de maintenant); tout coûte si cher; des cubes de béton ? Et puis, comme cela, chacun a du soleil à son étage.

NOTES

(1) Contorn «virage», syn. **virador, viratge.**
(2) Auriam pogut : le cond. imparfait se construit comme en fr.

6 — Nos anam arrestar a-n-aquel campador per demandar s'an de plaça per un amic (3).

7 — Bonjorn, sénher ; avètz una plaça per una caravana, pel mes d'agost ?

8 — Mon paure amic, aqueste campador es reservat pels minaires de Lorrena.

9 — E lo que vesèm ailà ?

10 — Aquel al fons, es reservat pels emplegats de la Pòsta del Nòrd (4).

11 — Mas alara, podèm pas caravanar dins nòstre païs, macarel ? (5)

12 — Si, n'avètz un, de l'autre ban de l'autòrota, benlèu qu'an encara de plaças.

13 — E s'aquí n'an pas pus, aurem pas qu'a anar caravanejar al bòrd d'una lavanha (6).

6 kampadou. - 13 labanyo.

–**6.** Nous allons nous arrêter à ce camping pour demander s'ils ont de (la) place pour un ami. –**7.** Bonjour, monsieur; avez-vous une place pour une caravane, pour le mois d'août ? –**8.** Mon pauvre ami, ce camping est réservé aux mineurs de Lorraine. –**9.** Et celui que nous voyons là-bas ? –**10.** Celui-là au fond, il est réservé aux (pour les) employés des PTT du Nord. –**11.** Mais alors, nous ne pouvons pas faire du caravaning dans notre pays ? –**12.** Si, vous en avez un, de l'autre côté de l'autoroute, il a peut-être (peut-être qu'il a) encore des places. –**13.** Et si celui-là n'en a plus, nous n'aurons plus qu'à aller ***«caravanéjer»*** au bord d'une mare !

(3) Campador, néologisme afin d'éviter le mot franglais *camping*.
(4) Emplegat : on entend aussi le mot **emploiat (emplouyat),** qui est francisé. De même **emploiar** «employer» est emprunté au français.
(5) Caravanar, comme **campador**, est un néologisme.
(6) E s'aquí n'an pas pus, on dira également (lang.), **e s'aquí n'an pas pussas. Pus** est considéré dans ce cas comme un adjectif, il se met donc au pluriel comme le mot **plaças** (auquel il se rapporte). De même, on mettra souvent **tròp** au fém. devant un mot fém. comme **penta** : la **teulada a tròpa de penta** «la toiture a trop de pente».
Caravanejar, néologisme, signifie exactement «faire du caravaning dans de mauvaises conditions» sur le modèle de **trabalhejar** «travailler mal, sans trop se fatiguer; travailloter»; le suffixe **-ejar** n'a pas ici un sens fréquentatif, mais indique que l'action est accomplie mal, sans zèle, dans le mauvaises conditions etc.

LEIÇON 50

Exercice en provençal. — 1 I a de plajas de sabla coma aquelei de Palavàs o de Vauràs ; d'autrei son que de codolièras. - 2 N'i a puèi que son pegosas de masot. - 3 Es un biais modèrne pèr far bronzar lo monde lèu lèu e sensa patir. - 4 Ambé lo masot, es pas de besonh de se rabinar lo cuer a la raja dau solèu. Te vas jaire un còp de vèntre, un còp d'esquina e siás moret. - 5 Sus una plaja, es agradiu d'i passar lei vacanças quand siatz dos ò tres mila esquichats coma d'anchòias e grasilhats. - 6 Ras de l'aiga, la sabla es trempa. Es aquí que podèm bastir de castelets ambé de muralhas espessas, d'autas torres, una valat qu'i fasèm venir l'aiga. - 7 Leis joves jògan au balon. - 8 S'un còp un de crentós saup pas coma far pèr parlar a una polida femna, li manda lo balon dessús. - 9 Quand tomba la nuech, la plaja se vueja. Lei batèus son au pòrt e la mar totjorn bèla e fèra bronzina e canta a la luna sota l'estelam.

1. Il y a des plages de sable comme celles de Palavas ou de Valras; d'autres ne sont que des plages de galets. – **2.** Il y en a même (puis) qui sont «*pégueuses*» (collantes) de mazout. –**3.** C'est un moyen moderne pour faire bronzer les gens très vite et sans souffrance (souffrir). –**4.** Avec le mazout, il n'est pas nécessaire (besoin) de se rôtir le cuir aux rayons du soleil. Tu vas t'allonger une fois sur le (de) ventre, une fois sur le dos, et tu es très brun. –**5.** Sur une plage, il est agréable de (d'y) passer ses vacances quand on est (vous êtes) deux ou trois mille «*esquichés*» (serrés) comme des anchois, et grillés. – **6.** Tout près de l'eau, le sable est mouillé. C'est là qu'on peut bâtir des châteaux avec des murs épais, de hautes tours, un fossé où (qu') on fait venir l'eau. – 7 Les jeunes jouent au ballon. – **8.** Quand parfois un timide ne sait pas comment faire pour parler à une jolie femme, il lui envoie le ballon dessus. – **9.** Quand la nuit tombe, la plage se vide. Les bateaux sont au port et la mer toujours belle et sauvage bruit et chante sous les étoiles.

Var. Prov. – **1. Vauràs**, lang. **Valràs; d'autrei,** lang. **d'autras.** – **4. solèu,** lang. **solelh; siás,** lang. **ès/siás.** – **9. sota,** lang. **jos.**

Cinquanta unena leiçon (51)

Guston cèrca una aubèrja

1 — Lo solelh a trescolat, fantons. Son uèch oras manca cinc. Se cercam pas una aubèrja, dormirem jol pont. Tè ! Guston, demanda a-n-aquel ont podèm anar ! (1)

2 — Digatz-me, sénher, coneisseriatz pas dins vòstre païs una ostalariá plan bona e pas cara ?

3 — Volètz benlèu tanben un endrech tranquilon e sens bruch ?

4 — Òc, es ben aquò ; m'avètz comprés.

5 — Vos ai comprés ! E ben, per dire de trobar quicòm de bon mercat e de plan tranquilon, prenètz a man drecha e al cap de la carrièra, trobaretz aquò.

6 — Mercé, sètz plan brave... Vertadièrament, son pas morruts dins aquel païs. Segur que podèm anar ont a dich.

PRONONCIATION. — aoubèrdjo.

«GUSTOU» CHERCHE UN HOTEL (auberge)

1. Le soleil s'est couché, les enfants. C'est huit heures moins (manque) cinq. Si nous ne cherchons pas un hôtel, nous dormirons sous le pont. Tiens, «Gustou», demande à cette personne (à celui-ci) où nous pouvons aller ! –**2.** Dites-moi, monsieur, ne connaîtriez-vous pas dans votre pays une hôtellerie très bonne et pas chère ? –**3.** Vous voulez peut-être un endroit bien tranquille et sans bruit ? –**4.** Oui, c'est bien ça; vous m'avez compris. –**5.** Je vous ai compris ! Eh bien, pour (dire de) trouver quelque chose de bon marché et de vraiment très tranquille, prenez à (main) droite et au bout de la rue, vous trouverez cela. –**6.** Merci, vous êtes bien gentil... Vraiment, il ne sont pas renfrognés dans ce pays. Nous pouvons sûrement (Sûr que nous pouvons) aller où il a dit.

NOTES :

(1) L'heure : même procédé qu'en français. **Doás oras cinq, un quart, e mièja** : «deux heures cinq, un quart, et demie». Toutefois, pour dire *moins* dans, par exemple, *trois heures moins cinq*, on peut dire soit **tres oras manca** (manque) **cinc**, soit **tres oras mens cinc.**
Aubèrja, var. **aubèrga**; le mot **otèl** est emprunté au fr.; **avitarèla** «relais pour voyageurs sur une route», terme fréquent comme nom de lieu : **l'Habitarelle, la Bitarelle** ou **la Vitarelle** (avec mécoupure de l'article).

7 — Tè ! Agachatz un pauc... Quant una ! S'es trufat de nosautres ; nos a ensenhat lo cementèri. E ieu que cresiái qu'èrem ben « tombats » !

8 — Qué vòls, Guston. Amb ton aire de dos aires e ta berreta a la coquinassa, a cregut que te trufavas d'el e ara, es el que ritz un brave còp. Agacha-lo, amont, que nos espincha e que se ritz coma una carpa ! (2)

7 Sémé(n)tèri. - 8 amoun.

***

Exercice en provençal. — 1 De sera, se fau despachar pèr trobar una cambra pèr la nuechada. - 2 Dins un cementèri, es suau e pas car, mai lei nuechs i son longuetas e fresquetas. - 3 Se poiriam dormir tanbèn sota un pònt, qu'es pas de besonh d'i dobrir lei fenèstras pèr poder respirar, breçats pèr lo cascalh dau riu. - 4 Dins un cementèri, i a de tombas, de tombèus ambé de crotz. - 5 Pèr Tot-sants, la vèlha dau jorn dei Mòrts, se pòrta de flors sus lei tombas bèn aliscadas. - 6 Oblidessiatz pas, se vos cresètz d'èsser desliures, que l'essenciau, lo caussissètz pas, es a dire vòstra vida e vòstra mòrt. - 7 E son pas quauquei filosòfes que i poiran cambiar quauqua rèn. - 8 Adonc, vos resta qu'una causa, far fòrça progrès en occitan, se volètz ganhar lo Paradís (Ne vesètz la rason leiçon 34).

–**7.** Tiens, regardez un peu... Celle-là, elle est bien bonne (Quelle une!). Il s'est moqué de nous; il nous a indiqué (enseigné) le cimetière. Et moi qui croyais qu'on était (que nous étions) bien «tombés»! – **8.** Que veux-tu, «Gustou». Avec ton «air de deux airs» et ton béret à la «*couquinasse*» (sur l'œil comme les «durs») il a cru que tu te moquais de lui et maintenant, c'est lui qui rit un bon (grand) coup. Regarde-le, là-haut, qui nous observe et qui (se) rit comme une carpe!

***

NOTES (suite)

(2) Se rire «rire pour soi et en profiter pleinement».

1. Le soir, il faut se dépêcher de trouver une chambre pour la nuit. –**2.** Dans un cimetière, c'est tranquille et pas cher, mais les nuits y sont trop longues et trop fraîches. –**3.** Nous pourrions dormir aussi sus un pont, (que) ce n'est pas la peine (besoin) d'(y) ouvrir les fenêtres pour pouvoir respirer, bercés par le bruit du ruisseau. –**4.** Dans un cimetière, il y a des tombes, des tombeaux avec des croix. –**5.** A la Toussaint, la veille du jour des Morts, on porte des fleurs sur les tombes bien arrangées. –**6.** N'oubliez pas, si vous vous croyez libres, que l'essentiel, vous ne le choisissez pas, c'est-à-dire votre vie et votre mort. –**7.** Et ce ne sont pas quelques phisosophes qui pourront y changer quelque chose. –**8.** Alors, il ne vous reste qu'une chose, faire beaucoup de progrès en occitan, si vous voulez gagner le Paradis (Vous en voyez la raison leçon 34).

Var. prov. –**5. bèn,** lang. **plan.** –**6. oblidessiatz,** lang. **oblidèssetz pas; essenciau,** lang. **essencial.** –**7 quauquei,** lang. **qualques/ quauques; quauqua rèn,** lang. **quicòm.**
Remarquez les finales des verbes en **-iatz** (Prov.), correspondant aux finales en **-etz** (lang.) au subj. imparfait.

LEIÇON 51

Cinquanta dosena leiçon (52)

Guston a trobat çò que voliá

1 — Podètz ben rire totes, e tu tanben Joanon amb ta pascada sus l'uèlh. Ara, me repausi ; se volètz trobar de cambras, avètz pas qu'a cercar (1).

2 — Tè ! Èra pas la pena de far tant de bruch, aviatz pas qu'a levar lo nas per veire la plancarda : « Cambras tot confòrt, a cinquanta mètres ». Seguissètz-me.

3 — Bonjorn, madama ; avètz encara de cambras ?

4 — Amb banh o sens banh ?

5 — Per Guston sens banh, qu'a recebut una brava « bugada », e per nosautres tanben, per çò que demoram pas qu'una nuèch (2).

6 — Al primièr estatge, ai doás cambras, amb dos grands lièches. I dormiretz plan. Fa dos mila francs caduna, en francs ancians, per segur. Aquí la clau.

PRONONCIATION. — **boulyo.**
1 **uèl.** - **2** **kounfor.** - **4** **sén ban.** -

«GUSTOU» A TROUVÉ CE QU'IL VOULAIT

1. Vous pouvez bien rire tous, et toi aussi «Jeanou» avec ta «pascade» (grand béret) sur l'œil. Maintenant, je me repose, si vous voulez trouver des chambres, vous n'avez qu'à chercher. –**2.** Tiens, ce n'était pas la peine de faire tant de bruit, vous n'aviez qu'à lever le nez pour voir la pancarte : «Chambres tout confort, à 5o mètres». Suivez-moi. –**3.** Bonjour, madame; avez-vous encore des chambres ? –**4.** Avec bain ou sans bain ? –**5.** Pour «Gustou» sans bain, (vu) qu'il a déjà reçu une bonne «douche» (lessive) et pour nous la même chose (aussi), étant donné (parce) que nous ne restons qu'une nuit. –**6.** Au premier étage, j'ai deux chambres, avec deux grands lits. Vous y dormirez bien. Cela fait deux mille francs chacune, en francs anciens, bien sûr. Voilà la clef.

NOTES :

(1) Une **pascada** «pascade» est une sorte de crêpe épaisse faite avec de la farine, que l'on préparait autrefois pour Pâques (**Pascas**) d'où son nom. Actuellement, on en mange aussi à la chandeleur, **la candelor / –losa,** et parfois, quelle que soit l'époque. Au sens figuré, ce mot signifie «béret large, chapeau plat et trop large (en forme de **pascade**)»; dans le Quercy, **pascada** signifie «omelette».
(2) **Recebre** «recevoir», var. **reçaupre, receure, receupre;** part. passé **recebut,** var. **reçauput/reçauchut, recegut, receubut, reçaupegut.**

LEIÇON 52

7 — Bon, e ben ! va plan ! las prenèm. E per dejunar, de qué servissètz ?

8 — Çò que volètz. De cafè al lach, amb de pan burrat, de mèl e de confitura, o de chocolat. Tanlèu que vos desrevelharetz, podètz telefonar.

9 — Avètz qualqu'un que nos poiriá balhar un còp de man a montar las valisas, que sèm cargats coma d'abelhas ?

10 — Vau sonar lo pichon que vos vendrà ajudar a portar los bagatges. A totara e bona nuèch dins nòstra vila.

11 — Anam far un torn, una mièja-orada, e tornarem dintrar, que deman, devèm èstre matinièrs per anar a Marselha.

***

–7. Bon, et bien ça va (bien); nous les prenons. Et pour déjeuner, que servez-vous ? –8. Ce que vous voulez. Du café au lait, avec du pain beurré, du miel et de la confiture, ou du chocolat. Dès que vous vous réveillerez. vous pouvez téléphoner. –9. Avez-vous quelqu'un qui pourrait nous donner un coup de main pour (à) monter les bagages, (que) nous sommes chargés comme des abeilles? –10. Je vais appeler le petit qui viendra vous aider à porter les bagages. A tout à l'heure et bonne nuit dans notre ville. –11. Nous allons faire un tour, une demi-heure et nous rentrerons, (étant donné) que demain, nous devons être matinaux pour aller à Marseille.

Exercice en provençal. — 1 Dins una ostalariá, podèm causir una cambra ambé banhador ò sensa. - 2 Una cambra sensa banhador, es pas tant cara, mai l'estiu, es brave de se poder prendre un banh ò una docha quand fa caud e qu'avèm susat. - 3 Pèr montar lei bagatges, es possible de se far ajudar pèr un serviciau que li fau, puèi, donar la peça. - 4 Pèr bèn dormir, pensatz de demandar una cambra sus lo darrièr pèr èsser pas desrevelhats, dins la nuech, pèr lo bruch de la carrièra. - 5 Devètz prendre garda que i ague ges de grifon que rage, que vos atacariá lei nervis. - 6 Demandatz tanbèn de pas jaire pròchi de la cambra d'un roncaire ni mai pròchi dau cagador. - 7 E se, maugrat toteis aquelei precaucions podètz, puèi, pas dormir, avètz plus que de far lume, de vos carrar còntra un coissin bèn mofle e de legir *l'Occitan sensa Pena*. De matin, partetz pas sensa pagar : que seriá pas polit !

Cinquanta tresena leiçon (53)

Marselha

1 — Dins qualques minutas, serem al còr de Marselha ; nos anam garar sul Vièlh Pòrt, al fons de la Canabièra.

2 — A pas gaire cambiat dempuèi lo temps que i passejavan Cesar e Panissa (1).

PRONONCIATION. — marsélyo.
1 kanabyèro. - 2 passéjabon. -

1. Dans un hôtel, on peut (nous pouvons) choisir une chambre avec ou sans salle de bains. –**2.** Une chambre sans salle de bains est moins chère, mais l'été, il est agréable de pouvoir prendre un bain ou une douche quand il fait chaud et que l'on a (nous avons) sué. –**3.** Pour monter les bagages, il est possible de se faire aider par un serviteur auquel il faut, ensuite, donner la pièce. –**4.** Pour bien dormir, pensez à (de) demander une chambre sur le derrière pour ne pas être (pour n'être pas) réveillés, pendant la nuit, par le bruit de la rue. –**5.** Vous devez prendre garde qu'il n'y ait pas de robinet qui coule, car (que) cela vous énerverait (attaquerait les nerfs). –**6.** Demandez aussi à (de) ne coucher ni près de la chambre d'un ronfleur ni près des WC. –**7.** Et si, malgré toutes ces précautions, vous ne pouvez toujours (ensuite) pas dormir, vous n'avez plus qu'à éclairer, à vous installer à votre aise contre un oreiller (coussin) bien moelleux et à lire l'*Occitan sans Peine* . Le matin, ne partez pas sans payer : (que) ce ne serait pas joli !

Var. Prov. –**5. ague,** lang. **aja; rage,** lang. **raja.** –**7. maugrat, lang. malgrat.** Remarquez donc les subj. présent en **-e** (provençal), correspondant aux subj. présents en **-a** (lang.).

●●●●●●●●●●●●●●●●

MARSEILLE

1. Dans quelques minutes, nous serons au centre (cœur) de Marseille; nous allons nous garer sur le Vieux Port, au fond de la Canebière. –**2.** Il n'a pas beaucoup changé depuis l'époque (le temps) où y déambulaient César et Panisse.

NOTES :

(1) Passejar ou se **passejar** (fréquentatif de **passar**); syn. **se promenar** (gallicisme).

LEIÇON 53

3 — D'un ban, la comuna amb l'Ostal Diamantat, de l'autre, la glèisa Sant-Victor, una de las mai bèlas de l'Occitania.

4 — S'es restaurada i a pas longtemps ; las pèiras de talha de las muralhas e las votas son plan bèlas.

5 — Ara, anam montar a Nòstra Dama de la Garda ; perqué fa bèl i poirem anar a pè. La glèisa es pas plan anciana mas merita un còp d'uèlh. Podètz profitar tanben d'un punt de vista extraordinari sus Marselha.

6 — Òm pòt pas quitar Marselha sens passejar sus la Canabièra. A çò que dison los Marselheses, lo sieu nom vendriá que, dins lo temps, lo monde plan, que marchavan amb una *cana,* i venián beure un veire de *bièra* ! (2)

7 — Tot simplament, vòl dire « *canabièra* » (3).

8 — Regalatz-vos d'aquela vista, amb lo Vièlh Pòrt e la mar al luènh ! An pas aquò a París !

9 — Per çò que començam d'èstre un pauc lasses, anam longar la Cornicha en autò.

3 sambitou. - **6** bényon. - **8** paris.

–3. D'un côté, la mairie avec la Maison Diamantée, de l'autre, l'église Saint-Victor, une des plus belles de l'Occitanie. –4. On l'a (elle s'est) restaurée récemment; les pierres de taille de ses (les) murs (et) ses voûtes sont très belles. –5. Maintenant, nous allons monter à Notre Dame de la Garde; puisqu'il fait beau nous pourrons y aller à pied. L'église n'est pas bien ancienne, mais elle mérite un coup d'œil. Vous pouvez profiter aussi d'un point de vue extraordinaire sur Marseille. –6. On en peut pas quitter Marseille sans (se) promener sur la Canebière. D'après (A) ce que disent les Marseillais, son nom viendrait (de ce) qu'autrefois, les «gens bien», marchant avec une *canne*, venaient y boire un verre de *bière*! –7. Tout simplement, il veut dire «chenevière» (endroit où l'on vend le chanvre). –8. Régalez-vous de cette vue, avec le Vieux-Port et la mer au loin ! Ils n'ont pas cela à Paris ! –9. Comme(Parce que) nous commençons à (d') être un peu fatigués, nous allons longer la Corniche en voiture.

NOTES (suite)

(2) Lo monde plan, syn. **lo monde coma cal** «comme il faut».
(3) La Canabière, célèbre avenue de Marseille, où l'on trouvait cordiers et fileurs de chanvre : oc. **canabièra** «chenevière ; lieu où l'on travaille, ou l'on vend le chanvre»; var. **cam(b)inièra.**

10 — Gaitatz-me los polits ostals ; respiratz plan la sentor de la mar ! Al luènh, es lo castèl d'If; Planhi qu'ajam pas pro de temps per l'anar visitar ! Serà per un autre còp (4).

11 — Se fa tard, cal dintrar. Benlèu que lo Guilhèm nos poiriá recitar un poëma, qu'un viatge per l'Occitania sens poësia es coma una jornada sens solelh.

***

Exercice en provençal. — **1** Pèr anar a Marselha, podèm prendre l'autòrota, es un pauc car mai i siam mai lèu. - **2** Es la mai granda vila d'Occitània, ambé quasi un milion d'armas. - **3** D'un caire, la mar, detràs, de còlas. - **4** Es pèr aquò que Marselha sembla un pauc esquichada. - **5** S'aimas viatjar ambé lo batèu, o pòs far, pron de te crompar una bilheta. - **6** Se vòs anar lèu, pòs anar prendre l'avion a Marinhana, pèr Argeriá pèr exèmple. Pèr Constantina, i a un vòu cada jorn a onze oras. - **7** Mai, de còps, partes tres ò quatre oras après, qu'un avion que part a l'ora, se vei pas totjorn.

–10. Regardez (-moi) ces (les) jolies maisons; respirez bien l'odeur de la mer ! Au loin, c'est le château d'If; je regrette que nous n'ayons pas assez de temps pour aller le visiter ! Ce sera pour une autre fois. **–11.** Il se fait tard, nous devons (il faut) rentrer. Peut-être que «Guilhem» pourrait nous réciter un poème, car (qu') un voyage à travers (par) l'Occitanie sans poésie est comme une journée sans soleil.

***

NOTES (suite)

(4) Castèl : en prov. on dit **castèu.** A Marseille on dit **«Castèou d'i»** (cons. finales non pron. en prov.).

1. Pour aller à Marseille, nous pouvons prendre l'autoroute, c'est un peu cher mais nous y sommes plus vite. **–2.** C'est la plus grande ville d'Occitanie, avec presque un million d'âmes. **–3.** D'un côté, la mer, derrière, des collines. **–4.** C'est pour cela que Marseille semble un peu «esquichée» (enserrée). **–5.** Si tu aimes voyager en bateau, tu peux le faire; il te suffit (assez) d'acheter un billet. **–6.** Si tu veux aller vite, tu peux prendre l'avion à Marignane, pour l'Algérie par exemple. Pour Constantine, il y a un vol chaque jour à onze heures. **–7.** Mais, parfois, tu pars trois ou quatre heures plus tard (après), parce qu'un avion qui part à l'heure, ça ne se voit pas toujours.

Var. Prov. **–5. pron**, long. **pro. –6. vòu**, lang. **vòl.**

Cinquanta quatrena leiçon (54)

D'al Brèç a la Tomba

1 — Alara escotatz lo començament de *D'al Brèç a la Tomba*, de l'abat Besson :
L'ostal que soi nascut n'es pas riche ni paure ;
Nòu i avèm espelit, e nòu i podiam claure,
E i avèm pas patit, mai que dins un castèl,
Los potons, l'aiga fresca e lo pan del cantèl (1).

2 — Çai aviá sèt frairons quand ieu çai arribèri;
Podiái ben, me diretz, demorar decont èri ?
Aital rasona pas l'obrièr trabalhador ;
E perqué Dieu o vòl, dins lo nòstre Avairon,
Las nòras dels paisans, pilièrs de las familhas,
Brèçon, d'un mème brèç, quatre enfants e cinc filhas (2)...

3 — Viva lo Segalar ! Viva la tèrra sansa
Que beu per sos enfants la rosada del cèl
E lèva lo segal e lo froment rossèl ! (3)

PRONONCIATION. — 2 say - dékoundèri. - 3 béou. - éfans / éfons (Nrgt.).

DU BERCEAU A LA TOMBE

1. Ecoutez donc (alors) le début(commencement) de *Du Berceau à la Tombe*, de l'abbé Bessou. La maison où (que) je suis né n'est ni riche ni pauvre; neuf, nous y avons éclos, et neuf nous y pouvions contenir, et nous n'y avons pas souffert, plus que dans un château, du manque de baisers, d'eau fraîche et de pain de la miche. –**2.** Il y avait ici sept mignons petits frères quand moi j'y suis arrivé; je pouvais bien, me direz-vous, rester là où j'étais ? ... Ainsi ne raisonne pas l'ouvrier travailleur, et parce que Dieu le veut, dans (le) notre Aveyron, les brus des paysans, piliers des familles, bercent en même temps (d'un même berceau) quatre garçons (enfants) et cinq filles.... Vive le Ségalar ! Vive la terre saine qui boit pour ses enfants la rosée du ciel et produit le seigle et le froment doré !

***

NOTES :

D'al Brèç a la Tomba est le chef-d'œuvre de l'abbé Justin Besson (1845-1918), né d'une famille rurale, surnommé le Mistral rouergat. En effet, avec une langue d'une richesse et d'une beauté exceptionnelles, il a conté l'âme profonde du Rouergue. En 1902, il fut élu félibre majoral du Rouergue, aux fêtes félibréennes de Béziers, tenues sous la présidence de F. Mistral. Peu d'écrivains ont manié leur langue avec autant de cœur et de génie.
Afin de garder l'authenticité de cette page connue de tous les Aveyronnais, l'enregistrement a été effectué avec l'accent rouergat.
(1) Aiga, pron. aigo (oc. central), ayo (nord lang.) et même **o**yo.
Pan, pron. pa (oc. central), **po** (nord lang); **a + n = o** (nord lang.)
(2) Decont, dér. de **ont. Van,** pron **bòou** (Rg.).
(3) Lo Segalar, région du Nord-Aveyron. **Sansa,** var. de **sana. Segal,** var. **sial, segle «seigle».** Rossèl **sens exact «d'un blond roux».**

Oc. **visca** «vive»; la var. **viva** est empruntée au fr. **Pòrre,** var. de **pòr.**

4 — Viva los ostals plens de fraires e de sòrres
Degordits, estirats e verds coma de pòrres,
Que dòrmon sus la palha e creisson dins los camps !
Viva los ostals plens ! e viva los paisans !...

5 — « Que fa'quí mai, Catin ? ço fa lo paure paire,
Sèm paures, sèm roinats, o se'n manca pas gaire,
E de dròlles totjorn !... A la bontat de Dieu !
I a quinze besengons que piéutan dins lor niéu

Ambe lo bèc dubèrt per prene la becada... (4).

6 — E besenga jamai s'es pas desesperada,
E cap de besengons s'es pas acantelit. »
E ben ! que ne disètz ? qué i a de pus polit
Qu'aquel rasonament ambe la Providença ? (5)

7 — Atanben Lo qu'amont benesís la semença
Lo fará pas mentir d'aver parlat aital :
Veirá pas los escuts plòure dins son ostal,
Mas li mancará pas de pan de torta bruna
Per noirir sos enfants, sa pus bèla fortuna,
E dirá de cadun, dusqu'al darrièr vengut :

–**4.** Vive les maisons pleines de frères et de soeurs, dégourdis, grands (étirés) et verts comme des poireaux, qui dorment sur la paille et grandissent dans les champs ! Vive les maisons pleines ! et vive les paysans !... –**5.** Que faire d'autre ici, «Cathy»? (cela) fait le pauvre père. Nous sommes pauvres, nous sommes ruinés, ou peu s'en faut (ou il ne s'en manque guère), et des enfants toujours ! ... A la bonté de Dieu! Il y a quinze petites mésanges qui piaulent dans leur nid avec leur (le) bec ouvert pour recevoir (prendre) la becquée... –**6.** Et mésange jamais ne s'est désespérée, et pas un seul petit de mésange n'a dépéri. «Eh bien ! qu'en dites-vous ? qu'y a-t-il de plus beau (joli) que ce raisonnement avec la Providence ? –**7.** Aussi Celui qui là-haut bénit la semence cela ne le fera pas mentir d'avoir parlé ainsi : il ne verra pas les écus pleuvoir dans sa maison, mais il ne lui manquera pas du pain de tourte brune pour nourrir ses enfants, sa plus belle fortune, et il dira de chacun, jusqu'au dernier venu : «Courage ! nous avons chez nous (ici) un nouveau revenu !»

(4) Ço, var. rgt. de **ço.**

Paire «père», var. francisée **pèra.** Même chose pour **maire,** var. francisée **mèra** «mère»; **fraire** «frère», var. francisée de sens spécialisé **frèra** «frère (religieux)». Même remarque pour **sòr.sòrre** «sœur», var. œfancisée sur «sœur (religieuse)». Il vaut mieux éviter ces gallicismes, principalement dans la langue écrite.

« Coratge ! çai avèm un novèl revengut ! »
(6)

Exercice en provençal. — **1** La guèrra, es una laida causa. - **2** Dins la preïstòria, se batián a còps de calhaus e de bastons. - **3** Mai leis òmes, que son fòrça intelligènts, se trachèron qu'aquò fasiá pas pron de mau e inventèron la podra ambé lo fusiu. - **4** Amb aquò, valiá la pena de se batre. - **5** Mai, se pensèron lèu que n'i aviá pas pron. - **6** Adonc, fabriquèron de canons. - **7** Puèi, coma se tuavan pas pron encara, fabriquèron de bombas ambé d'avions pèr leis mandar sus la tèsta dei vesins. - **8** Fin finala, trobèron de qué se contentar : foguèt la bomba atomica. - **9** Aquela si qu'es eficaça ! Te la mandas sus una vila que te vai pas, e i a plus ges, rèn qu'un polit pinhen qu'es l'escasènça d'una polida fotò. - **10** Guston, eu, es pas tan colhon. Lo dimenge, se beu una botelha dei bònas ambé Marineta, qu'es son biais a eu de far la bomba !

***

Besenga, var. de **mesenga**
Pieutar, var. de **piutar.**
Niéu, ar. de **nis, niu.**
Degordits, etc. : **-ts** est pron. **-tch** dans le Rouergue.
(5) S'acantelir, var. de **s'acantir** «s'exténuer, s'épuiser, dépérir, (par manque de travail ou de nourriture)».

NOTES (suite)

(6) Atanben, var. de **tanben.**
Fará, var. en nord-lang. et en nord-oc. de **farà.** Même remarque pour toutes les 3èmes pers. du futur, **veirá, mancará, dirá.**
Torta «tourte, gros pain de campagne».
«Chez» se dit **en cò de/a cò de/cò de; en çò de** (Gasc.).
Sopar «dîner». En Occitanie, on déjeune le matin (**dejunar** «prendre son petit déjeuner»); on dîne à midi (**dinnar** «déjeuner»); on soupe le soir (**sopar** «dîner»). Le système occitan est bien plus logique puisque *déjeuner* et *dîner* sont tous deux issus du latin **disjejunare** (tout comme **dejunar** et **dinnar**) qui signifie «sortir du jeûne», ce qui rend le mot français *dîner* sémantiquement curieux.

***

EXERCICE

1. La guerre, c'est une chose horrible. –**2.** Pendant (dans) la préhistoire, on se battait (ils se battaient) à coups de cailloux et de bâtons. –**3.** Mais les hommes, qui sont très intelligents, s'aperçurent que ça ne faisait pas assez de mal et inventèrent la poudre et le fusil. –**4.** De cette façon (avec ça), ça valait la peine de se battre. –**5.** Mais, ils pensèrent rapidement que ça ne suffisait pas (que ce n'était pas assez). –**6** Alors, ils fabriquèrent des canons. –**7.** Puis, comme ils ne se tuaient pas encore assez, ils fabriquèrent des bombes et des avions pour les envoyer sur la tête des voisins. –**8.** En définitive (fin finale), ils trouvèrent de quoi se contenter : ce fut la bombe atomique. –**9.** Celle-là, oui, (qu') elle est efficace ! Tu (te) l'envoies sur une ville qui ne te plaît pas (ne te va pas), et il n'y a vraiment plus rien, qu'un beau champignon qui fournit (est) l'occasion d'une belle photo. –**10.** «Guston», lui, n'est pas si bête. Le dimanche, il (se) boit une bonne bouteille (une bouteille des bonnes) avec Marinette, (que) c'est sa façon à lui de faire la bombe!

Var. Prov. –**9. i a plus ges,** lang. **i a pas res pus.**

Cinquanta cinquena leiçon (55)

Niça e la còsta

1 — Avant de dintrar dins Niça, aimariái de conóisser un pauc la siá istòria.

2 — Avant l'arribada dels Romans, èra una colonia grèca. Del sègle quatren enlà, foguèt un grand evescat. Mas, per son malur, los Sarrasins la pilhèron en uèch cents tretze

3 — Al sègle detzen, foguèt ajustada al comtat de Provença, puèi venguèt angevina e passèt a la Savòia en tretze cents quatre vints uèch. Los Turcs l'assetgèron, els tanben, e puèi los Franceses l'ocupèron mantun còp pendent los sègles dètz-e-seten e dètz-e-uechen (1).

4 — Per acabar, es pas qu'en dètz-e-uèch cents seissanta que devenguèt definitivament francesa.

5 — Mas alara, quand aprenon als pichons niceses, a l'escòla, l'istòria dels reis de França, es pas lor istòria !

PRONONCIATION. — nisso é la kosto.
2 koulouniyo. - 3 andjébino - saboyo.

NICE ET LA COTE.

1. Avant d'entrer dans Nice, j'aimerais connaître un peu son (la sienne) histoire. **–2** Avant l'arrivée des Romains, c'était une colonie grecque. Dès le IVème siècle, elle a été un grand évêché. Mais, pour son malheur, les Sarrasins l'ont pillé en 813. **–3.** Au Xème siècle, elle a été annexée (ajoutée) au compté de Provence, puis elle est devenue angevine et elle est «passée» à la Savoie en 1388. Elle a même été assiégée par les Turcs et ensuite occupée par les Français à plusieurs reprises pendant le XVIIème et le XVIIIème siècle. **–4.** Pour finir (achever), ce n'est qu'en 1860 qu'elle est devenue définitivement française. **–5.** Mais alors, quand on apprend (ils apprennent) aux petits Niçois, à l'école, l'histoire des rois de France, ce n'est pas leur histoire !

NOTES :

(1) Ajustar, syn. savant **anexar.**
L'occitan aime moins les tournures passives que le français : **Los Turcs l'assetgèron**... «Elle a été assiégée par les Turcs...».

LEIÇON 55

6 — E non ; mas oblidem pas qu'òm ensenhava als pichons Arabis e als enfantons d'Africa Negra que lors ancessors èran de Galeses blonds als uèlhs blaus. Trobavan çaquelà que dempuèi aquel temps, avián plan bronzat ! (2)

7 — Que volètz, la politica e las messorgas son plan sovent sòrres.

8 — Sèm aquí al· bòrd de la mar.

9 — La mar, quala mar ?

10 — La mar Miègterrana, o sabiás pas, Guston ? (3)

11 — L'aprenguèri a l'escoleta, mas coma la vesiái pas, èri estabosit per çò que me disiás.

12 — Enfin, Guston, la mar, es darrièr los ostalasses. Cal èstre gelós de çò qu'avèm de bèl e lo plan amagar ! Pareis que s'apèla la Baia dels Angèls. Cresi qu'aquels ostalarasses an embaurat los angelons que s'envolèron (4).

- 6 énsényabo as pitchouz arabis - éfantous - anséssous. - 12 oustalarassés.

–**6** Et non; mais n'oublions pas qu'on enseignait aux petits Arabes et aux jeunes enfants d'Afrique Noire que leurs ancêtres étaient des Gaulois blands aux yeux bleus. Ils trouvaient d'ailleurs que, depuis ce temps-là, ils avaient bien bronzé ! –**7**. Que voulez-vous, la politique et les mensonges sont bien souvent frères (sœurs). –**8.** Nous voilà au bord de la mer. –**9.** La mer, quelle mer ? 10. La mer Méditerranée, tu ne le savais pas, «Gustou» ? – **11.** Je l'ai appris à «*l'écolette*» (l'école primaire), mais comme je ne la voyais pas, i'étais stupéfié par tes paroles (par ce que tu me disais). –**12.** Enfin, «Gustou», la mer, elle est derrière ces (les) buildings. Il faut être jaloux de ce que nous avons de beau, et bien le cacher ! Il paraît que ça s'appelle la Baie des Anges. Je crois que ces buildings grands et laids ont effarouché les angelots qui se sont envolés.

NOTES (suite)

(2) L'occitan **blau,** fém. **blava,** a été remplacé par le gallicisme **blu,** fém. **blua,** var. **bluia.**
(3) On dit aussi **la mer Mediterranèa.**
(4) Gelós, var. **jalós.**

13 — Urosament, de tras en tras, la mar se vei encara.

14 — Esperem que nos bastiran pas sus la passejada dels Angleses, aquò seriá escanar çò que demòra encara de la beutat de Niça.

15 — Sabètz ben que podèm pas servir dos mèstres : Beutat e Sénher Picalhon !

- 13 urouzomén. - 15 sényé pikalyou.

Exercice en provençal niçard. — 1 Niça es en riba de mar, mas dau mai vai dau mens li es. - 2 Fai pas longtemps que es francesa, a pena mai de cent ans ! 3 L'istòria de França que conoissèm es quaucaren pròpri bèn, quora li a pas tròp de cauvas que non son veras. - 4 A Niça la Bela, podèm veire fòrça maisons (per de dire leis ostaus). - 5 Coma que son fièrs de li sias maisons, alara, n'an bastit dapertot e de grandaràs per escondre la mar o Paion, que es pròpri d'aiga que seriá pas bòna per beure e tanben un molon d'estassi. Per pilhar l'ària fresca, aurètz a anar a la montanha.

–**13.** Heureusement, de temps en temps, la mer se voit encore. –**14.** Espérons qu'ils ne (nous) construiront pas sur la promenade des Anglais, ce serait tuer (en étranglant) ce qu'il reste encore de la beauté de Nice. –**15.** Vous savez bien qu'on ne peut pas servir deux maîtres : Beauté et Monsieur Fric.

EXERCICE

1. Nice est au bord de la mer, mais de moins en moins: –**2.** Il n'y a pas (ça ne fait pas) longtemps qu'elle est française, à peine plus de cent ans. –**3.** L'histoire de France que nous connaissons est une jolie chose (quelque chose de proprement beau), quand il n'y a pas trop de choses qui ne sont pas vraies. –**4.** A Nice la Belle, on peut voir (nous pouvons) beaucoup de maisons (pour dire les maisons). –**5.** Comme (Qu') ils sont fiers de leurs maisons, alors, ils en ont bâti (de) partout et de très grandes pour cacher la mer ou Paillon, qui n'est (proprement) que de l'eau même (qui ne serait) pas bonne à boire et même un tas de balayures. Pour profiter de l'air frais, vous n'avez qu'à aller (vous aurez à aller) à la montagne.

Var. Prov. –**5. li sias**, lang. **lors.**

REVISIONS ET NOTES

1. L'heure: vous avez vu à la leçon 51 la façon de dire l'heure.
Voici un tableau complet:
Una ora dètz, mens dètz ou **manca dètz**, «une heure dix, moins dix» (2 façons).
Doás oras un quart, mens lo quart ou **manca un quart**
«deux heures un quart, moins le quart» (deux façons).
Tres oras e mièja «trois heures et demie».
Mièja ora, orada (durée) «une demi-heure».
Un parelh d'oras, doás oras: «deux heures» (durée).
Es ora de . . . «c'est l'heure, le moment, la saison de . . .».
Era ora de partir «c'était l'heure, le moment de partir».
Era ora de semenar «c'était l'heure, la saison de semer».
Es, son doás oras «il est deux heures» (2 façons).
La mièja a sonat, picat «la demie a sonné» (2 façons). **Es, son tres oras petantas** «c'est trois heures précises».

2. Exercice concernant les tournures idiomatiques:
L'òme que te parlèri es vengut a tres oras manca un quart. «L'homme dont (que) je t'ai parlé (parlai) est venu à trois heures moins (manque) un quart».
Remarquez l'emploi de **que** «dont» et la différence de valeur entre le passé simple (passé lointain) **parlèri** et le passé composé (action accomplie dans la journée) **es vengut**;
la traduction de «moins le quart» par **manca un quart.**
Es aquò que fa caud «c'est pour cela qu'il fait chaud». (c'est ça que . . . en français du «Midi»).
O te dirai se la vesi: «je te le dirai si je le vois».
Lo vesi qu'arriba «je le vois arriver». Ne confondez pas **o** «le, cela» (neutre) avec **lo** «le» (quelqu'un ou quelque chose de concret et de précis).
De plus, l'occitan emploie moins l'infinitif complément que le français: . . . **qu'arriba** « . . . arriver».

Cinquanta setena leiçon (57)

Al perruquièr

1 — Dempuèi que viatjam per l'Occitania, lo pel a pas oblidat de butar. Del temps que Marineta nos fa lo manjar, nos poiríam l'anar far copar, que començam de far vergonha. Semblarem d'ipís coma se ditz, se contunham (1).

2 — Venes, Guston ?

3 — Oc, qu'ai besonh de rasar tanben (2).

4 — Se sortisses, Guston, ne profitaràs per me crompar d'aiga de Colonha o de lavanda, de la que sentís bon.

5 — Es malurós, amb las femnas, pòdes pas metre lo nas defòra sens qu'ajan quicòm a te demandar. Enfin, ganham lo cèl...

6 — Perqué roscalhas de longa, Guston, que lo portaràs çaquelà mon botelhon.

7 — Rondini per çò que, se sortissiái en te fasent riseta, es pas un botelhon d'aiga de Colonha que me demandariás, mas una barrica.

PRONONCIATION. — 1 bérgounyo. - 7 boutélyou. -

CHEZ LE (au) COIFFEUR

1. Depuis que nous voyageons à travers (par) l'Occitanie, nos (les) cheveux n'ont pas oublié de pousser. Pendant (Du temps) que Marinette nous prépare le repas (fait le manger), nous pourrions aller nous les faire couper, (étant donné) que nous commençons à (de) faire honte. Nous ressemblerons à des hippies comme on dit (il se dit), si nous continuons. – **2.** Viens-tu, «Gustou»? – **3.** Oui, (étant donné) que j'ai également besoin d'être rasé. – **4.** Si tu sors, «Gustou», tu en profiteras pour m'acheter de l'eau de Cologne ou de lavande, de celle qui sent bon. – **5.** C'est malheureux, avec les femmes, tu ne peux pas mettre le nez dehors sans qu'elles aient quelque chose à te demander. Enfin, nous gagnons le ciel... – **6.** Pourquoi ronchonnes-tu sans cesse, Gustou, puisque tu la porteras malgré tout, ma petite bouteille. – **7.** Je grogne parce que, si je sortais en te faisant risette, ce n'est pas une petite bouteille d'eau de Cologne que tu me demanderais, mais une barrique.

NOTES

(1) Vergonha, var. **vergonja** «honte».
(2) Ai besonh de rasar signifie exactement «j'ai de la barbe qu'il faudrait raser» donc «j'ai besoin de *me* raser» ou «de *me faire* raser».

8 — A tu barrica : qu'ès tan gròs que me sembla que pòrtas un pichon ! (3)

9 — Vèni, Joanon, qu'amb la femna auriam pas jamai lo darrièr.

10 — Adieu, Paul, venèm per la barba e lo pel. Nos faràs una copa modèrna, per far jove.

11 — Assetatz-vos davant la glaça, vos anam plan penchenar.

12 — Alara, Guston, te tròbas polit coma aquò ? T'ai perfumat, que sentiguèsses a lavanda (4).

13 — Per ma fe, m'i fas pensar, Dieu m'abirme ; anavi oblidar lo botelhon de la Marineta ! (5)

14 — E ben ara, podèm tornar a l'ostal per dinnar, que mon ventronèl, que siái rasat o non, aquò li fa una « bèla camba ».

15 — E se deman volèm anar a-s-Albi, nos cal prene de fòrças (6).

10 djoubé. - **13** diou m'abirmé. - **14** béntrounèl.

– **8.** Barrique toi-même; tu es si gros qu'il me semble que tu attends un enfant (que tu portes un petit)! – **9.** Viens, «Jeanou»; (qu')avec ma (la) femme, nous n'aurions jamais le dernier (mot). – **10.** Bonjour, Paul, nous venons pour la barbe et les cheveux. Tu nous feras une coupe moderne, pour faire jeune. – **11.** Asseyez-vous devant la glace, nous allons vous faire une belle coiffure (bien vous peigner). – **12.** Alors, «Gustou», tu te trouves joli comme cela? Je t'ai parfumé, (pour) que tu sentes (sentisses) la (à) lavande. –**13.** Par exemple (Par ma foi), tu m'y fais penser, *«Dieu m'abirme»*, j'allais oublier la petite bouteille de Marinette. –**14.** Eh bien maintenant, nous pouvons rentrer (tourner) à la maison pour déjeuner (*«dîner»* en français du «Midi»), parce que mon gentil petit ventre, que je sois rasé ou non, cela lui fait une «belle jambe». –**15.** Et si demain nous voulons aller à Albi, il nous faut prendre des forces.

***

NOTES (suite)

(3) Notez les expressions: **a tu (barrica)**! «(barrique) toi-même!»; **portar un pichon** «porter un petit, être enceinte».
(4) Le subj. imparfait est obligatoire en Occitan, quand le verbe de la principale est au passé ou au conditionnel, même présent (concordance des temps): ici **sentiguèsses.** Ne l'oubliez pas.
(5) Dieu m'abirme juron rouergat très expressif, signifiant exactement «que Dieu me jette dans l'abîme». S'entend principalement à Saint-Affrique, dont les habitants sont surnommés pour cette raison, les **Abirmats.** Chaque village a ainsi en Occitanie son surnom collectif. Les Toulousains sont des **Ramondins** (sujets des Ramond) ; ceux de Camarès (Aveyron) **los Manja-fetge** «les Mange-foie» à cause de leur goût pour la bagarre» etc.
(6) A Albi, var. **a-s-Albi**, avec un -s- de prononciation.

Exercice en gascon. — 1 Quan òm va a l'armada, entau servici militar, òm se hè copar lo péu plan cort : qu'ac cau atau. - 2 Los que se'u vòlen gardar per pòc mei long, que balhan l'estrea au perruquièr. Lo paure òme, que risca la plaça e dus jorns de preson ! - 3 Lo matin, en se levar, los òmes qu'an besonh de rasar. - 4 Se no's vòlen pas rasar, que's pòden gardar la barba e atau semblan profètas o artistas. - 5 Entà rasà's, çò de prumèr que's cau passar crèma a rasar o sabon a barba. E dab lo rasor, los mauagits que's talhan. - 6 Après, òm se pòt perfumar dab ua locion d'après-rasatge qui bota lo huec per las gautas mes hè ben. - 7 Quan los òmes son plan rasats, qu'an dret au potet de la hemnòta.

Pron. - 6 hwék - hè. - 7 hénnoto.

***

1. Quand on va à l'armée pour le service militaire, on se fait couper les cheveux bien courts; il faut qu'il en soit ainsi. **–2.** Ceux qui veulent les garder (que se les veulent garder) un peu plus longs, (que) donnent la pièce (l'étrenne) au coiffeur. Le pauvre homme, (que) il risque sa place et deux jours de prison! **–3.** Le matin, quand les hommes se lèvent (en se lever), ils ont besoin de se (ou se faire) raser. **–4.** S'ils ne veulent pas se raser, ils (se) peuvent garder la barbe et ainsi ils ressemblent à (ils semblent) des prophètes ou des artistes. **–5.** Pour se raser, il faut d'abord (ça de premier) se passer de la crème à raser ou du savon à barde. Et avec leur rasoir, les madadroits se coupent. **–6.** Puis (Après), on peut se parfumer avec une lotion (d')après-rasage qui (te) met le feu aux (par les) joues mais fait du bien. **–7.** Quand les hommes sont bien rasés, ils ont droit au baiser de leur femme bien-aimée.

–1. Entau, lang. **pel.**
Péu, lang. **pel.**
Qu'ac cau atau, lang. **cal que siá aital/atal.**
–2. Vòlen, lang. **vòlon; vòlen** se dit aussi en lang. (Toul., Fux.).
Per pòc mei long, , lang. **un pauc mai long.**
L'estrea, lang. **estrena** (chute du **-n-** intervoc. en gascon).
Dus, lang. **dos.**
–4. Pòden, lang. **podon;** cf. ci-dessus **-2 vòlen.**
–5. Prumèr, lang. **primièr.**
Mauagit(s), lang. **maladrech(es).**
Talhan, lang. **copan** (de préférence).
–6. Huec, lang. **fuòc, fuèc (h-** gasc. = **f-** lang.).
Hè ben, lang. **fa/fai de ben.**
–7. Dret, lang. **drech/dreit** (gasc. **-et,** lang. **-ech/-eit).**
Potet, lang. **poton.**
Hemnòta, lang. **femnòta: (-òt(a),** suf. affectif).

***

LEIÇON 57

Cinquanta uechena leiçon (58)

Albi

1 — Avant d'arribar a-s-Albi, vos vòli demandar quicòm : coneissètz la vila ròsa ?

2 — Òc : es Tolosa, pas vertat ?

3 — Per segur, mas i a una autra vila ròsa en Occitania : es Albi.

4 — Albi, los Albigeses... Mas es una vila istorica ! Aquò m'interèssa bravament. Anem-z-i (1).

5 — Agacha aquel caminon estraversut sus Tarn. Es la passejada mai aimada dels Albigeses lo dimenge. Lo paradís dels pescaires e dels amoroses (2).

6 — Aicí Albi e la catedrala que se destaca dins lo cèl blau : es una fortalesa de bricas ròsas. I a pas que lo portal de dintrada, pus tardiu, que siá de pèira blanca.

7 — S'enauça coma un vaissèl al mièg de la vila. Mas sas dobeturas son raras e estrechas.

ALBI

1. Avant d'arriver à Albi, je veux vous demander quelque chose : connaissez-vous la ville rose ? –**2.** Oui : c'est Toulouse, n'est-ce pas vrai (pas vérité)? –**3.** Certes (Sûr), mais il y a une autre ville rose en Occitanie, c'est Albi. –**4.** Albi, les Albigeois... Mais c'et une ville historique ! Ça m'intéresse beaucoup. Allons-y. –**5.** Regarde ce petit chemin qui serpente le long des rives du Tarn. C'est la promenade préférée des Albigeois le dimanche, le paradis des pêcheurs et des amoureux. –**6.** Voici Albi et la cathédrale qui se détache dans le ciel bleu. C'est une forteresse de briques roses. Seul, le portail d'entrée, plus tardif, est de pierre blanche (Il n'y a... qui soit...). –**7.** Elle s'élève comme un vaisseau au milieu de la ville. Mais ses ouvertures sont rares et étroites.

***

NOTES

(1) **Bravament** «grandement, beaucoup»: retenez bien cet adverbe courant.
Anem-s-i, syn. **anem-ié, anem-li.**
(2) **Pescaire** «pêcheur (d'occasion)» est différent de **pescador** (pron. **péskad*ou***) «pêcheur professionnel»; à ne pas confondre avec **pecaire** «pécheur (devant Dieu)». **Pecaire**! «Pauvre (pécheur, ami, etc)!».

***

PRONONCIATION. — albi.
5 **éstrabéssut** sus tar - paradis - **péskayrés.** - 6 **pourtal** - **tardiou** .

8 — Òc ; s'es dich qu'èra estat bastida en desfís contra lo gotic del Nòrd qu'envasissiá alara lo Mièjorn vencut (3).

9 — Mas qual èra donc lo sieu estil del Mièg-jorn ?

10 — Es l'estil romanic, eretat, coma son nom o ditz, dels Romans. As pas vistas dins los vilatges qu'avèm traversats totas aquelas gleisòtas romanicas que son de jòias del nòstre païs ? (4)

11 — E qu'es aquel ostal de senhors a costat de la catedrala ?

12 — Es l'ancian palais dels arquevesques. Se'n faguèt un musèu. Las òbras del celèbre pintre occitan Tolosa-Lautrèc i son espau-sadas.

13 — Venètz ara badar dins los quartièrs vièlhs. Qu'es plan rafistolat aquel ostal ! Agacha aquelas plancas : s'endevenon plan amb la color cauda e ròsa de la brica.

14 — Aviás rason ; quand ne parlarai als amics, dirai a comptar d'uèi : « Veire l'Occitania, es veire la vida ròsa ». E ara dintrem. Pro-fitarem de la serada per parlar encara un pauc de l'Occitania (5).

–8. Oui ; on a pu dire (il s'est dit) qu'elle avait été construite (bâtie) en défi contre le gothique du Nord qui envahissait alors le Midi vaincu. – **9.** Mais quel était donc le style propre du Midi? – **10.** C'est le style roman, hérité, comme son nom le dit, des Romains. N'as-tu pas vu, dans les villages que nous avons traversés, toutes ces jolies petites églises romanes qui sont des bijoux de notre pays ? – **11.** Et (Qu'est-ce) cette belle demeure seigneuriale à côté de la cathédrale? – **12.** C'est l'ancien palais des archevêques. Il est transformé (il s'en est fait) en musée. On y expose les œuvres du célèbre peinte occitan Toulouse-Lautrec. – **13.** Venez maintenant flâner (regarder bouche-bée) dans les vieux quartiers. Que cette maison est bien restaurée! Regarde ces planches de bois: elles sont bien assorties à la couleur chaude et rose de la brique. – **14.** Tu avais raison; quand j'en parlerai à mes (aux) amis, je dirai désormais (à compter d'aujourd'hui): «Voir l'Occitanie, c'est voir la vie (en) rose». Et maintenant rentrons. Nous profiterons de la soirée pour parler encore un peu de l'Occitanie.

NOTES (suite)

(3) Vencre «vaincre», var. **véncer, vencir, venguir**; part. passé: **vencut/vencit.**
(4) Del nòstre païs, mot-à-mot «du notre pays». Cf. le français d'Occitanie, c'est *la notre maison.* «c'est notre maison, à nous».
(5) A comptar d'uèi, syn. **d'ora enlai/ailà, d'ora ençai, d'aquela ora en avant** «dorénavant».

LEIÇON 58

Exercice en gascon. — **1** Albi qu'ei en Lengadòc, dens la plana. - **2** Aquera vila que balhèc son nom a la Crosada contra l'Occitania, enqüèra que la guèrra se passèc mei que mei en quauque lòc mei. - **3** La catedrala de teula ròsa que sembla un batèu. - **4** Lo deguens qu'estoc pintrat per artistas italians. - **5** A l'Edat Mejana, gaireben totas las glèisas qu'èran pintradas. Que devè estar beròi ! - **6** Vos cau pas partir d'Albi sens aver vist l'ostau Enjalbèrt e las carrèras ancianas.

Pron. — **2** balyèk - énkwèro. - **4** déguéns.

Cinquanta novena leiçon (59)

La guèrra dels castèls

1 — Guilhèm, coma es pas encara tròp tard, aimariam que nos parlèsses ara dels autres Albigeses, los de *la Crosada*. Que faguèron los senhors dins los castèls ? (1)

2 — E ben, quand los crosats aguèron pres Besièrs e Carcassona, se n'anèron atacar los castèls, l'estiu de dotze cents dètz.

PRONONCIATION. — **1** sényous. - **2** sénanèrou(n). -

1. Albi est dans le Languedoc, dans la plaine. – **2.** Cette ville donna son nom à la Croisade contre l'Occitanie, bien que la guerre se soit passée principalement ailleurs. – **3.** Sa (La) cathédrale en brique rose (que) ressemble (semble) à un bateau. – **4.** L'intérieur (que) peint par des artistes italiens. – **5.** Au Moyen Age, presque toutes les églises (que) étaient peintes. (Que) Cela devait être beau! –**6.** Il ne vous faut pas quitter (partir d') Albi sans avoir vu la maison Enjalbert et les rúes anciennes.

Var. gasc.:

-2 . Enqüèra que, lang. **encara que**, syn. **pr'aquò que, emai que. En quauque lòc mei**, syn. lang. **enquicòm, endacòm mai.**
-4 . **La deguens**, lang. **lo dedins.**
-5 . **Devè**, lang. **deviá; estar**, syn. lang.: **èstre, èsser.**
-5 . **Carrèra(s)**, lang. **carrièra(s).**

LA GUERRE DES CHATEAUX

1. «Guilhem», comme il n'est pas encore trop tard, nous aimerions que tu nous parles (parlasses) maintenant des autres Albigeois, ceux de *la Croisade.* Qu'ont fait (firent) les seigneurs dans leurs (les) châteaux ? –**2.** Eh bien, quand les Croisés eurent pris Béziers et Carcassonne, ils sont allés (allèrent) attaquer les châteaux, (pendant) l'été de 1210.

***

NOTES

(1) Remarquez le subj. imparfait **parlèsses** après le conditionnel **aimariam** (concordance des temps).

3 — Mas comencèron per metre lo sèti davant Menèrva. Es un vilatge que consèrva encara la siá personalitat, quilhat sus son rocàs.

4 — Èra plan defendut per de muralhas solidas. Mas Simon de Montfòrt o sabiá. Alavetz, decidiguèt de bombardar amb de trabucs per roïnar la paura vilòta.

5 — Pauc a pauc, las teuladas bordelèron, los barris merletats foguèron escabassats.

6 — L'aiga venguèt a mancar, sofrissián de la calor e tanben de la malautiá.

7 — Fin finala, dobriguèron las pòrtas de la vila. Menèrva èra tombada. Los crosats dintrèron dins la glèisa que podètz miralhar encara, e la purifiquèron, que disián que los catares èran lo Diable. Aluquèron un grand fuocàs e los catares se traguèron dins lo lenhièr en gardant dins lo còr la fe en Dieu e l'amor de lor patria (2).

8 — Quand apreneguèron la redicion de Menèrva, de senhors prenguèron paur, coma Pèire-Rogièr de Ventajor que se sometèt sul còp, sens combatre, a Montfòrt que li rasèt lo castèl. Ne demòra uèi que de clapasses.

6 malaoutyo.

– **3.** Mais ils ont commencé (commencèrent) par mettre le siège devant Minerve. C'est un village qui conserve encore sa personnalité, perché sur son rocher. – **4.** Il était bien défendu par de solides murailles. Mais Simon de Montfort le savait. Alors, il a décidé (décida) de bombarder avec ses trébuchets (grandes catapultes) pour ruiner la pauvre petite ville. – **5.** Peu à peu, les toits se sont écroulés (s'écroulèrent), les remparts crénelés ont été (furent) arasés. – **6.** L'eau s'est mise (vint) à manquer, ils souffraient de la chaleur et aussi de (la) maladie. – **7.** Finalement (Fin finale), ils ont ouvert les portes de la ville. Minerve était tombée.. Les Croisés sont entrés dans l'église que vous pouvez admirer encore, et ils l'ont purifiée (purifièrent), (parce) qu'ils disaient que les cathares étaient le Diable. Ils ont allumé un grand feu horrible et les cathares se jetèrent dans le bûcher en gardant dans leur (le) cœur la foi en Dieu et l'amour de leur patrie. – **8.** Quand ils ont appris la reddition de Minerve, des seigneurs ont pris peur, comme Pierre-Roger de Ventajou qui s'est soumis sur l'heure, sans combattre, à Monfort qui lui rasa son château. Il n'en reste que des tas de pierres aujourd'hui.

(2) Fuocàs: comme le nom est précédé de l'adjectif *grand*, le suf. **-às** a donc une valeur essentiellement péjorative, que l'on ne peut traduire que par un adjectif comme par exemple «horrible».

LEIÇON 59

9 — D'autres castèls ensagèron de resistir coma Tèrmes e Puèg-Verd.

10 — Per prene Tèrmes, Simon de Montfòrt aviá una armada que comptava de Franceses, de Bèlges, d'Alemands.

11 — Tèrmes, los Occitans èran segurs que lo podrián pas prene, qu'es quilhat sus un rocàs mai naut que lo de Menèrva.

12 — Contunha, Guilhèm, contunha !

- **12** kountunyo.

****

Exercice en gascon. — 1 La visita deus castèths d'Occitania que comencèc bèth temps a. - 2 Au sègle tretzen, los crosats, qui èran de plan brave monde, que vengón véser los qu'i vivèn deguens. - 3 Coma los qui i demoravan non pensavan pas parièr com eths, los crosats que lancèn pèiras sus las murralhas tà las traucar. - 4 Los crosats qui èran monde plan organisats, en tot lançar pèiras suus Occitans, qu'aprestavan tanben lenhèrs entà cramar los catares qui n'avèn plan besonh. - 5 Se quauqu'un non pensa pas parièr com tu, çò de miélhor tà que cambie d'idèa, qu'ei enqüèra de'u hèr cramar sus un brave huec !

Pron. — **1** kastèts. - **2** béngoun. - **3** éts.

– **9.** D'autres châteaux ont essayé de résister comme Termes et Puy-Vert. – **10.** Pour prendre Termes, Simon de Montfort avait une armée qui comptait des Français, des Belges, des Allemands. – **11.** Termes, les Occitans étaient sûrs qu'ils ne pourraient pas le prendre, puisqu'il est perché sur un rocher plus haut que celui de Minerve. – **12.** Continue, «Guilhem», continue!

***

1. La visite des châteaux d'Occitanie commença il y a longtemps. – **2.** Au XIIIème siècle, les Croisés, qui étaient de bien braves gens, vinrent voir ceux qui vivaient dans ces châteaux (qui y vivaient dedans). – **3.** Comme ceux qui y habitaient n'avaient les mêmes idées qu'eux (ne pensaient pas pareil comme eux), les Croisés lancèrent des pierres sur les murailles pour les trouer. – **4.** Les Croisés, qui étaient des gens (monde) bien organisés, tout en lançant (lancer) des pierres sur les Occitans, préparaient aussi des bûchers pour faire rôtir (brûler) les cathares qui en avaient bien besoin. – **5.** Si quelqu'un ne pense pas (pareil) comme toi, la meilleure façon de le faire changer d'idée (ça de meilleur jusqu'à ce qu'il change d'idée), c'est encore de le faire brûler sur un bon feu!

Var. gasc.:

-1. **Castèth(s)**, lang. **castèl(s).**
Bèth temps a, lang. **bèl temps a**, syn. **i a plan longtemps**.
-2. **Vengón**, lang. **venguèron.**
Vivèn, lang. **vivián.**
Lancèn, syn. lang. **escampèron.**
Lenhèr(s), lang. **lenhièr(s).**
-5. **Miélhor**, lang. **melhor.**
Hèr, lang. **far.**

Seissantena leiçon (60)

Los castèls tomban

1 — Paures amics, me'n còsta de vos parlar dels malurs de la nòstra istòria ; es pr'aquò la nòstra istòria, la vertadièra.

2 — Coma o vos disiái, semblava que Tèrmes poiriá téner.

3 — Èra defendut per de soldats catalans, aragoneses e rosilhoneses, las resèrvas d'armas e de viures èran grandas.

4 — Coma a Menèrva, lo bombardament comencèt. Mas las pèiras plovián tanben sus los crosats, que dins lo castèl, avián de trabucs.

5 — Simon de Montfòrt comencèt per prene lo barri, mas lo castèl resistissiá totjorn (1).

6 — L'aiga mancava pas, per çò qu'un auratge terrible aviá emplenadas las cistèrnas.

7 — Malurosament, l'aiga s'èra poirida. Qualques bèstias avián degut i crebar dedins, çò que balhèt la foira a tota la garnison que se poguèt pas pus defendre (2).

LES CHATEAUX TOMBENT

1. Pauvres amis, cela me coûte (il m'en coûte) de vous parler des malheurs de notre propre histoire; c'est pourtant (la) notre histoire, la vraie. – **2.** Comme je vous le disais, il paraissait (semblait) que Termes pourrait tenir. – **3.** Il était défendu par des soldats catalans, aragonais et roussillonnais, ses (les) réserves en (d') armes et en (de) vivres étaient grandes. – **4.** Comme à Minerve, le bombardement a commencé. Mais les pierres pleuvaient aussi sur les Croisés, (étant donné) que dans le château, ils avaient des trébuchets. – **5.** Simon de Montfort a commencé par prendre le faubourg, mais le château résistait toujours. – **6.** L'eau ne manquait pas, parce qu'un orage terrible avait rempli les citernes. – **7.** Malheureusement, l'eau s'était corrompue (pourrie). Quelques bêtes avaient dû y crever dedans, ce qui a donné la diarrhée à toute la garnison qui n'a pas (plus) pu continuer à se défendre. -

***

NOTES

(1) **Resistir**, var. **resistar** influencée par le français.
(2) Ne pas confondre le substantif **foira** «diarrhée», syn. (expressif) **caganha**, aug. **caganhassa**, avec le verbe **fòire/fòser** «piocher».

***

PRONONCIATION. — toumbon.
4 trabuts. - 6 térriplé. - 7 malurouzomén - fouyro.

LEIÇON 60

8 — Decidiguèron de quitar lo castèl de nuèch. Lo vièlh comte Ramond de Tèrmes, fach presonièr, deviá morir tres ans après dins una torre de Carcassona (3).

9 — Lo castèl pres, la resisténcia de las Corbièras tombèt.

10 — Es alara que Montfòrt partiguèt per Puèg-Verd qu'es quilhat sus un suc, al près d'un lac (4).

11 — Aquel castèl èra plan conegut dels Trobadors, qu'i venián cantar.

12 — Tenguèt pas gaire. Après tres jorns de sèti, tombèt. La guèrra dels castèls èra gaireben acabada.

13 — Las muralhas que s'i veson ara, son de quina epòca ?

14 — Aquelas muralhas son del sègle catorzen. De la Crosada, ne demòra sustot lo sovenir dolorós.

15 — E Montsegur, que se'n parla de pertot ara ?

- **8.** Ils ont décidé de quitter le château de nuit. Le vieux comte Raimond de Termes, fait prisonnier, devait mourir trois ans plus tard (après) dans une tour de Carcassonne. – **9.** Le château pris, la résistance des Corbières tomba. – **10.** C'est alors que Montfort est parti pour Puy-Vert, qui est perché sur une hauteur, sur les bords (auprès) d'un lac. – **11.** Ce château était bien connu des Troubadours, puisqu'ils venaient y chanter. – **12.** Il n'a pas tenu longtemps. Après trois jours de siège, il tomba. La guerre des châteaux était presque finie. – **13.** Les murailles qu'on y voit de nos jours sont de quelle époque ? – **14.** Ces murailles sont du XIVème siècle. De la Croisade, il en reste surtout le souvenir douloureux. – **15.** Et Montségur, dont on parle (qu'il s'en parle) (de) partout maintenant ?

NOTES (suite)

(3) Torre var. **tor.**
Le nom de ville **Carcassona** est pré-indo-européen d'origine proche-orientale, néolithique, et signifie «rocher».
(4) Suc est un mot pré-indo-européen d'origine ouralo-altaïque, néolithique, var. de **tuc** dont le sens général est «mont».
Vous avez (note 3 et 4). deux exemples de mots préhistoriques de deux origines différentes, proche-orientale et ouralo-altaïque. Reportez-vous à l'étude des origines de l'occitan dans l'introduction, où ces problèmes étymologiques sont exposés.

LEIÇON 60

16 — Tombèt en dotze cents quaranta quatre, e los catares qu'i demoravan moriguèron dins lo lenhièr alucat pels crosats, Podètz veire encara lo *Camp dels Cremats,* ont balhèron la vida per lor fe. En dotze cents cinquanta cinc tombèt lo darrièr castèl, Queribús ; *la Crosada* èra clausa.

●

Exercice en gascon. — 1 Pendent dètz ans, Montsegur qu'estoc l'amna e lo centre de la resisténcia occitana. - 2 D'Espanha, los faidits que s'i venguèvan reculhir per'mor lo culte catare que s'i celebrava. Los chivalièrs qui conspiravan en secret, que pojavan a Montsegur tà i rencontrar amics. - 3 Lo qui n'ei pas pojat capsús la montanha on ei quilhat lo castèth de Montsegur non coneish pas enqüèra l'amna de l'Occitania : las eslamas deu lenhèr que arden enqüèra dens lo còr deus Occitans. - 4 Brave monde, quan ajatz ua jornada liura, que vos cau anar a Montsegur : non vos'n planheretz pas.

Pron. — **1** l'amno.- **2** bénguèwon pérmou - sélébrawo - poujawon oun éy - kounéch.

– **16.** Il est tombé en 1244 et les cathares qui y habitaient sont morts dans le bûcher allumé par les croisés. Vous pouvez voir encore le **Camp dels Cremats** (le Champ des Brûlés), où ils ont donné leur (la) vie pour leur foi. C'est en 1255 qu'est tombé le dernier château, Quéribus, *la Croisade* était achevée (close). – **17.** Enfin, il faut penser à l'avenir... et pour nous, l'avenir, c'est le voyage qui continue avec la visite de la Gascogne.

●

EXERCICE

1. Pendant dix ans, Montségur fut l'âme et le centre de la résistance occitane. – **2.** D'Espagne, les «*faïdits*» (proscrits occitans) venaient pour s'y recueillir, puisqu'on y célébrait le culte cathare (pour amour, à cause du (le) culte cathare qui s'y célébrait). Les chevaliers qui conspiraient en secret (,que) montaient à Montségur pour y rencontrer (leurs) amis. – **3.** Celui qui n'a pas gravi la montagne où est perché le château de Montségur ne connaît pas encore l'âme de l'Occitanie: les flammes du bûcher (que) brûlent encore dans le cœur des Occitans. –**4.** Braves gens, quand vous aurez une journée de libre, il vous faut aller à Montségur : vous ne le regretterez pas.

Var. gasc.

–**2. Venguèvan,** lang. **venian.**
–**3. Coneish,** lang. **coneis, conois.**
Eslamas, lang. **flambas.**
Arden, syn. lang. **crar**[illegible]
–**4. Quan ajatz,** subj.: – futur.

LEIÇON 60

Seissanta unena leiçon (61)

La Gasconha

1 — Pas pus lèu qu'avèm passat Tolosa, los paisatges de la Gasconha començan. Es sustot un païs de colinas, a las rotas en esquina d'ase coma o podètz veire (1).

2 — Sèm ara a Gimont, venètz veire lo vièlh mercat plan conservat.

3 — Avèm de chança, es juste jorn de mercat.

4 — Venètz ençai : gaitatz aquel fustatge, pausat sus de pilièrs en pèira. Es una sinfonia de linhas endevengudas, coma dison lo polit monde (2).

5 — Quin contraste amb lo bramadís dels mercants ! (3).

6 — Marineta, te voliás pas crompar un capèl de solelh ? Gaita aquel d'aquí, en palha. Non, pas aquí, darrièr lo coconièr (4).

7 — Lo vesi, mas la fòrma es pas pro modèrna. Veirai endacòm mai (5).

PRONONCIATION. — gaskounyo.
6 koukounyè. -

LA GASCOGNE

1. Dès qu'on a dépassé (passé) Toulouse, les paysages de la Gascogne commencent. C'est surtout un pays de collines, aux routes en dos d'âne, comme vous pouvez le voir. – **2.** Nous voici à (nous sommes maintenant à) Gimont, venez voir son (le) vieux marché bien conservé. – **3.** Nous avons de la chance, c'est précisément (juste) jour de marché. – **4.** Venez par ici; regardez cette charpente, posée sur des piliers en pierre. C'est une symphonie de lignes harmonieuses, comme disent les gens bien (le joli monde). – **5.** Quel contraste avec les cris des marchands! – **6.** Marinette, tu ne voulais pas (t')acheter un chapeau de soleil? Regarde celui-là, en paille. Non, pas là, derrière le marchand d'œufs. – **7.** Je le vois, mais la forme n'est pas assez moderne. Je verrai ailleurs.

NOTES

(1) Pas pus lèu, syn. **tanlèu** «aussitôt», qui est souvent suivi d'un participe passé comme en français; **tanlèu sortit de l'ostal . . . «sitôt sorti de la maison . . .». On peut l'employer suivi de que,** également comme en français: **tanlèu que venguèt . . . «dès qu'il vint, est venu . . .».**
Colina syn. **montet** «petit mont», **truquet** «tertre» etc., **tepe** «monticule, terte»; **sèrre** «plateau, colline» est un mot dont la racine est pré-indo-européenne, néolithique, d'origine ouralo-altaïque, comme sa variante **sèrra** «montagne allongée». Cf. dans l'introduction, le paragraphe réservé aux origines de l'occitan.
(2) Ençai, syn. **empr'aquí.**
Endevenir, var. **adevenir** «s'harmoniser, s'accorder, être assorti».
Endevengut ou **adevengut «harmonieux, bien assorti».**

(3) Bramadís, var. aug. **bramadissa** «cris continus, répétés».
Mercant, pron. parfois **marcant**, a été remplacé bien souvent par le français *marchand*, notamment en Prov.
(4) Coconièr est un mot très expressif, dérivé de l'occitan **cocon** «œuf» (pron. **koukou**). Le féminin **coconièra** désigne soit la «marchande d'œufs» soit la «femme du marchand d'œufs».
(5) Fòrma; var. **forma** «moule à fromage, etc.».

Le mot **forma,** entre autres sens, désigne un «moule à fromage» mais aussi parfois le «fromage (lui-même)».

8 — Sabes, te fariá tan plan coma la pascada qu'as sul cap (6).

9 — I coneisses pas res ; es de la darrièra mòda mon capelon (7).

10 — La darrièra mòda ! Me fa sovenir del que portava la tanta Joaneta en mila nòu cents vint-e-cinc !

11 — Fantons, vos trigossaretz dins l'autò. Se partissèm pas, nos poirem pas arrestar a Auch (8).

12 — Auch es una vila plan anciana, que s'apelava *Elimberrum* en ibère, es a dire « vila nòva ». Deu lo sieu nom d'ara al pòble que i demorava alara, los *Auscii.*

13 — Aquí la catedrala, venètz veire la bancariá, es renommada per tota la França.

14 — E ben, èran coquinasses dins lo temps, gaita-me l'escrinceladura d'aquel setador : es un òme que se penja e que remira son detràs en se risent (9).

15 — Sabètz, Auch, se ditz qu'es lo païs de d'Arnhan. Pareis que montava los escalièrs d'aquesta catedrala a chaval. Es plan polit

– **8.** Tu sais, il te ferait aussi bien que la «pascade» que tu as sur la tête. – **9.** Tu n'y connais rien; il est à (de) la dernière mode mon chapeau mignon. – **10.** La dernière mode! Il me rappelle (me fait souvenir de) celui que portait (la) tante Jeannette en 1925! – **11.** Les enfants, vous vous chipoterez dans la voiture. Si nous ne partons pas, nous ne pourrons pas nous arrêter à Auch. – **12.** Auch est une très ancienne ville, qui s'appelait *Elimberrum* en ibère, c'est-à-dire «ville neuve». Elle doit son nom actuel (de maintenant) au peuple qui y habitait alors, les *Auscii.* – **13.** Voilà la cathédrale, venez voir ses (les) stalles, elles sont renommées dans (par) toute la France. – **14.** Eh bien, ils étaient drôlement coquins autrefois, regarde (-moi) la sculpture de ce siège: c'est un homme qui se penche et qui contemple son derrière en (se) riant. – **15.** Vous savez, Auch, on dit (il se dit) que c'est la patrie (le pays) de d'Artagnan. Il paraît qu'il montait les marches de cette cathédrale à cheval. C'est bien joli tout ça, mais pour moi ce (qu'il y a de) mieux en Gascogne, c'est le foie d'oie. Grillé à la poêle ou en conserve, c'est fameux!

NOTES (suite)

(6) Pascada cf. leçon 52, note 1.
(7) Capelon: ici, **-on** a une valeur non pas dim. mais affective. Le mot signifie exactement (mon) «chapeau que j'aime» et s'oppose à la critique de «Gustou».
(8) Partèm, var. **partissèm.** Ce verbe peut se conjuger avec le suffixe **-iss-**: présent, **parti** ou **partissi** «je pars»; imparfait **partiái** ou **partissiái** «je partais». Passé simple **partiguèri** ou même **partisquèri** «je partis, je suis parti». L'infinitif est **partir** ou **partre.**
Fantons, pluriel de **fanton,** var. de **enfantons**, dérivé de **enfant** «enfant» + **-on** (suf. dim. et affectif).
(9) Pour désigner la sculpture ou la gravure sur bois, notamment celle que font les bergers avec leur couteau sur des outils, des meubles etc., on emploie le mot **escrinceladura** de **escrincelar** «graver, sculpter sur bois». On peut aussi employer le mot **escultura**, qui est un peu savant.
Setador, syn. **sèti.**
Se risent: le **se** signifie que l'homme rit pour lui-même et qu'il profite pleinement de son amusement. Tournure intraduisible en français par un seul mot. Pensez au français du «Midi»; *cette pomme, je me la mange* qui signifie «je la mange tout seul et en la savourant».

tot aquò, mas per ieu, çò melhor en Gasconha, es lo fetge d'auca. Padenat o en consèrva, es famós ! (10)

16 — Mon paure Guston, quina cultura ! Aimar melhor lo fetge gras qu'una catedrala !

17 — Per segur que l'aimi la cultura. Ne fau cada jorn a l'òrt ! (1)

Exercice en gascon. — **1** La Gasconha qu'ei un beròi païs. - **2** Que s'i minja de bon hitge d'auca. - **3** Lo Guston que s'estima mei minjar hitge d'auca que non pas trufas boridas. - **4** Non podetz pas visitar la Gasconha sens vos arrestar a Auch ende visitar la beròia catedrala. - **5** La Gasconha qu'ei lo païs deu rugbí ; un dimenge, s'avetz leser, anatz véser ua partida. - **6** Se lo sorelh vos atuca, avetz pas qu'a vos crompar un capèth de palha. - **7** E benlèu quauque trufandèr que vos dirà, manièra de ríser : « L'as pagat lo capèth ? »

UN ÒME QUE SE PENJA E QUE REMIRA SON DETRÀS EN SE RISENT ...

16. Mon pauvre «Gustou», quelle culture! Préférer le foie gras à une cathédrale! – **17.** Bien sûr que je l'aime, la culture. J'en fais chaque jour dans mon (au) jardin!

NOTES (suite)

(10) Lo païs: le mot **patria** est aussi employé.
Un **escalièr** désigne «une marche (d'escalier)». Pour désigner un «escalier» on dit **los escalièrs**, plutôt que l'**escalièr** au singulier, qui s'entend toutefois.
La forme nord-occitane **chaval (c- = ch-)** a remplacé celle du sud-occitan **caval**. Toutefois, pour la jument, on dit **cavala** ou **èga**. Le niçard a conservé le **c-: cavau.**
Padenar «passer à la poêle» de **padena** «poêle». En Provence, où la poêle se dit la **sartan**, on dira donc **sartanar.**
(11) Le mot **òrt** a une var. fém. **òrta** qui signifie «grand jardin (entouré d'une haie)».

EXERCICE

1. La Gascogne est un beau pays. –**2.** On y mange (qu'il s'y mange) du bon foie d'oie –**3.** (Le) «Gustou» (que) préfère manger du foie d'oie que des pommes de terre bouillies. –**4.** Vous ne pouvez pas visiter la Gascogne sans vous arrêter à Auch pour visiter la belle cathédrale. –**5.** La Gascogne est le pays du rugby; un dimanche, si vous avez le temps (avez loisir), allez voir une partie. –**6.** Si le soleil vous «assomme», vous n'avez qu'à acheter un chapeau de paille. –**7.** Et peut-être que quelque plaisantin vous dira, pour s'amuser (manière de rire) : «Tu l'as payé le chapeau? ».

Var. gasc. :

–**1. Hitge,** lang. **fetge : (h-**gasc. =**f.** lang.).
–**6. Atuca,** var. lang. **assuca.**
–**7. Trufandèr,** lang. **trufandièr,** var. **trufet**, de **trufar** «se moquer».

Seissanta dosena leiçon (62)

Bordèu

1 — Es sièis oras manca vint, anam arribar. Vesètz al fons, es Bordèu, que s'apelava a l'epòca preistorica *Burdigala,* es a dire « *fortalesa* » o « *rocàs* » (1).

2 — Benlèu sabètz pas que foguèt anglesa, pendent tres cents ans e que coneguèt alara una granda prosperitat ? Exportava en Anglatèrra de vins, que « *lo vin de Bordèu es lo plus bèu* ! » (2)

3 — Coma la vila aviá perdut sas libertats en venent francesa, los borgeses se revoltèron contra lo poder central en quinze cents quaranta uèch e en setze cents cinquanta.

4 — Puèi, Bordèu coneguèt una novèla prosperitat, dieumercé lo comèrci amb las ilas e l'Africa (3).

5 — Mas es pas a Bordèu que lo govèrnament se refugiguèt en mila nòu cents quaranta?

PRONONCIATION. — bourdèou.
1 fourtalézo. - 2 anglézo - anglotèrro dé bis - bi - bèou. -
3 bourdjézés. - 4 dioumérsé. - 5 goubérnomén. -

BORDEAUX

1. C'est 6 heures moins (manque) 20, nous allons arriver. Voyez au fond, c'est Bordeaux, qui s'appelait à l'époque préhistorique *Burdigala*, c'est-à-dire «forteresse» ou «rocher». –**2.** Peut-être savez-vous qu'elle a été (fut) anglaise, pendant trois cents ans et qu'elle a connu (connut) alors une grande prospérité ? Elle exportait en Angleterre des vins, puisque «le vin de Bordeaux, c'est le plus beau !». –**3.** Comme la ville avait perdu ses libertés en devenant française, les bourgeois se révoltèrent contre le pouvoir central en 1548 et en 1650. –**4.** Par la suite (puis), Bordeaux a connu une nouvelle prospérité, grâce au commerce avec les îles et l'Afrique. –**5.** Mais n'est-ce pas à Bordeaux que le gouvernement s'est réfugié en 1940 ? –**6.** Bordeaux a un grand passé, c'est certain (vérité)!

NOTES :

(1) **Burdigala** mot préhistorique : **kala/gala** «pierre, rocher, forteresse».
(2) **Bèu**, var. de **bèl.**
(3) **Dieumercé** est une très belle expression occitane (Dieu merci); on pourrait dire aussi **gràcia a.**

6 — Bordèu a un grand passat, aquò's vertat !

7 — Òc, es una de las vilas occitanas pus celèbras. Agachatz a man drecha son amfiteatre roman del sègle tres.

8 — Mas Bordèu a mai que de monuments d'epòca romana. Possedís plan de glèisas de l'Edat Mejana, coma Santa-Crotz, la catedrala Sant-Andrieu o la glèisa Sant-Miquèl ; ne sèm pas luènh qu'arribam al pòrt (4).

9 — Remarcatz lo sieu cloquièr a despart : es l'estil del païs. Es domatge qu'ajan fach passar la rota entre la glèisa e lo campanal.

10 — Juste un còp d'uèlh sul pòrt, que comerceja amb l'America e l'Africa. S'i expòrta de vins, s'i impòrta de petròli, de carbon ; e adieu Bordèu, grand pòrt de l'Aquitània.

6 akos bértat. - **10** un ko(d) d'(u)èl - akitanyo.

–**7.** Oui, c'est une des villes de l'Occitanie les plus célèbres. Regardez à (main) droite son amphithéâtre romain du IIIème siècle. –**8.** Mais Bordeaux n'a pas que (a plus que) des monuments d'époque romaine. Elle possède de nombreuses églises du Moyen Age, comme Sainte-Croix, la cathédrale Saint-André ou l'église Saint-Michel, (dont) nous ne sommes pas loin puisque (que) nous arrivons au port. –**9.** Vous remarquez son clocher séparé (à part) : c'est le style du pays. Il est dommage qu'on ait (qu'ils aient) fait passer la route entre l'église et son (le) clocher. –**10.** Juste un coup d'œil sur le port, qui commerce avec l'Amérique et l'Afrique. On y exporte (il s'y exporte) des vins, on importe (il s'y importe) du pétrole, du charbon; et au revoir Bordeaux, grand port de l'Aquitaine

(4) Possedir «posséder», var **possessir.**

Exercice en gascon. — **1** Bordèu qu'ei la capitala de l'Aquitània ; qu'estoc longtemps anglesa. - **2** Qu'ei ua vila plan utila. - **3** Cada còp que lo govèrnament vei que l'enemic ei pròche, hug a Bordèu. - **4** La mar n'ei pas lonh e que vau mei estar sus un vaishèth que non pas en preson. - **5** En mei d'aquò, se calè que s'embarquèssen, que's poirén préner quauquas bonas botelhas de vin de Bordèu. - **6** En se las béver, qu'aurén l'impression de sauvar lo patrimòni de la França. - **7** Un còp cada botelha acabada, que's desbremberén pas de díser : « Ua de mei que l'enemic aurà pas ! »

Pron. — 3 hutch - **4** louny - bachèt.

1. Bordeaux est la capitale de l'Aquitaine; elle fut longtemps anglaise. **–2.** C'est une ville très utile. **–3.** Chaque fois que le gouvernement voit que l'ennemi est près (proche), il fuit à Bordeaux. **–4.** L'océan (la mer) n'est pas loin et il vaut mieux être sur un vaisseau qu'en (que non pas en) prison. **–5.** De plus (En plus de cela), s'ils devaient embarquer (s'il fallait qu'ils embarquassent) ils pourraient prendre quelques bonnes bouteilles de vin de Bordeaux. **–6.** En (se) les buvant (boire), ils auraient l'impression de sauver le patrimoine de la France. **–7.** (Une fois) Chaque bouteille finie, ils n'oublieraient pas de dire : «Une de plus que l'ennemi n'aura pas!».

Var. gasc. :

–1. **Hug,** lang. **fugís.**
–4. **Vau,** lang. **val, prov. vau.**
Vaishèth, lang. **vaissèl.**
–5. **Calè**, lang. **caliá.**
Poirén, lang. **poirián.**
Aurén, lang. **aurián.**
–7. **Desbremberén,** lang. **desbrembarián**, syn. **(d)oblidarián.**
Ua de mei, lang. **una de mai.**

Seissanta tresena leiçon (63)

REVISIONS et NOTES

1. Vous avez vu à nouveau l'emploi du subjonctif imparfait à la leçon 57, note 4. N'oubliez donc pas que l'occitan respecte la concordance des temps: **aimariái que venguèsses** «j'aimerais que tu viennes (vinsses)» **voldriá que parlèsse** «il voudrait qu'il parle (parlât); **caldriá que demorèssen en Occitania** «il faudrait qu'ils demeurent (demeurassent) en Occitanie».

2. N'oubliez pas qu'il est primordial de s'entraîner à conjuguer les verbes. L'imparfait (leçon 9, note 11) présente deux formations: groupe 1 **(-ar) -av-**; deux autres groupes **-ia-**. **Cantavi perqué o voliá** «je chantais parce qu'il le voulait». **Veniái cap a el, per çò que parlava de ieu** «je venais vers lui, parce qu'il parlait de moi». **Disiam que Guston èra brave** «nous disions que «Gustou» était gentil». **Prenián l'aiga que trobavan dins lo potz** «Ils prenaient l'eau qu'ils trouvaient dans le puits».

3. Le passé simple se forme avec les suffixes –**èr**– (premier groupe, finale **-ar**), **-quèr-** –**squèr-** (autres groupes), comme cela est expliqué leçon 14. Ne l'oubliez pas:
Parlèri a Guston que finiquèt / finisquèt lo trabalh. «J'ai parlé (je parlai) à Gustou qui a fini (finit) son (le) travail. **Cantères coma un trobador** «tu as chanté (chantas) comme un troubadour».
Lo sortiguèron per çò que cantèt coma una gamata; «ils l'ont «sorti» («sortirent») parce qu'il a chanté (chanta) comme une «gamate» (auge de maçon)».

***

Seissanta quatrena leiçon (64)

Al restaurant

1 — Profitatz plan d'aquela virada, es la darrièra. Puèi, las vacanças son acabadas. Uèi que plòu, podèm pas manjar defòra ; nos cal trobar una aubèrja (1).

2 — Aquela d'aquí sembla plan : dintrem.

3 — Bonjorn, sénhers e dònas ; volètz una bona taula ? (1)

4 — Òc, una taula per cinc personas.

5 — Se vos volètz assetar aicí !

6 — Va plan : portatz-nos la carta.

7 — De qu'avètz de bon a manjar ? Tè ! De cambajon per començar, e de païs, pas de París, que nos volèm regalar.

8 — Ieu, tant aimariái de tomatas a l'òli d'oliva e qualques rafes tanben, se son tendres (2).

9 — E tu, Guston, despacha-te de causir, rabalaire ! Qué vòls manjar ? (3)

AU RESTAURANT

1. Profitez bien de ce petit voyage (virée), c'est le dernier. Ensuite, les vacances sont finies (achevées). Aujourd'hui, comme (qu') il pleut, nous ne pouvons pas manger dehors, il nous faut trouver une auberge. –**2.** Celle-là semble bien : entrons. –**3.** Bonjour messieurs et dames; voulez-vous une bonne table ? –**4.** Oui, une table pour cinq personnes. –**5.** Si vous voulez vous asseoir ici ! –**6.** C'est bien(ça va bien). Portez-nous la carte. –**7.** Qu'avez-vous de bon à manger ? Tiens, du jambon pour commencer, et de pays, pas de Paris, (parce) que nous voulons nous régaler. –**8.** Moi, j'aimerais autant des tomates à l'huile d'olive et quelques radis aussi s'ils sont tendres. –**9.** Et toi, «Gustou», dépêche-toi de choisir, traînard ! Que veux-tu manger ?

***

NOTES :

(1) **Plòure,** var. **plaure, plèure, plèver :**
Plòu «il pleut», var. **plau, plèu.**
Ploviá «il pleuvait»; **ploguèt** «il plut, il a plu»; **(que) plòga** «(qu') il pleuve»; **plòurà** «il pleuvrá»; **plòuriá** «il pleuvrait»; **(a) plogut** «(il a) plu».
(2) Rafe, var. **rabe;** à ne pas confondre avec **raba** «rave».

(3) Rebalaire est parfois pron. **rabalaire** (Rg.); **rebalar** «traîner».

***

PRONONCIATION. — al réstaouran.
1 plòou. - **7** kambadjou. -

10 — Prendrai de salsissòt de campanha, per far pas coma tot lo monde.

11 — E puèi, que vos portarai ?

12 — De trochas, per totes (4).

13 — Non, pas per ieu ; d'escagaròls amb de burre e de jauverd, aquò òc : me'n portaretz una brava dotzenada (5).

15 — Avèm d'anhèl, plan plaçat e pas gras : lo vos conselhi.

16 — Alavetz, pas d'anhèl, mas de vedèl ; los conoissi : dins un restaurant, quand te conselhan quicòm, es que lor demòra sus l'esquina e que o vòlon far partir.

17 — E ben, manjatz ; e tu, Marineta, beves pas tant de vin que te bandaràs e puèi nos cantaràs la granda !

18 — Ara, va melhor : sèm confles ; avèm lo ventronèl qu'es plan bombut !

19 — Balhatz-me la « dolorosa » ; e nos estarrussetz pas, que sèm pas de monde qu'an de qué.

–**10.** Je prendrai du saucisson de campagne, pour ne pas faire comme tout le monde. –**11.** Et ensuite (puis), que vous porterai-je ? –**12.** Des truites, pour tous. –**13.** Non, pas pour moi; des escargots, avec du beurre et du persil, ça oui : vous m'en porterez une bonne (grande) douzaine. –**14.** Puis, de la viande (un rôti), du bœuf ou du veau. –**15.** Nous avons de l'agneau, bien placé et pas gras. Je vous le conseille. –**16.** Alors pas d'agneau, du veau, je les connais : dans un restaurant, quand ils te conseillent quelque chose, c'est (parce) que (ça) leur reste sur le dos (l'échine) et qu'ils veulent le faire partir. –**17.** Eh bien mangez; et toi, Marinette, ne bois pas tant de vin que tu te saouleras et ensuite tu chanteras «la grande». –**18.** Maintenant, ça va mieux : nous sommes bien repus («*coufles*» en fr. du «Midi»); nous avons notre gentil petit ventre qui est bien rond (bombé). –**19.** Donnez-moi la «douloureuse»; et ne nous «assomez» pas, (que) nous ne sommes que de pauvres gens(qui n'ont pas de quoi).

NOTES (suite)

(4) Trocha, var. **troita; trocha** signifie aussi «omelette», **trochada** «grosse omelette avec sucre et mie de pain».
(5) Escagaròl, var. **escagaròt, escaragòt, escaragòl, escargòl, escagaraule.**

20 – Aquí la nòta ; vos fa uèch mila francs, tot comprés.

21 – De qué ? E ben macarèl, avètz pas oblidat de comptar dins lo païs ! (6)

22 – Perqué romègas, Guston ? Es pas car ! Cresiás benlèu qu'auriam pogut manjar e pagar d'una crana capelada ?

20 frans.

***

Exercice en auvergnat. — 1 Per ben manjar, i a mas un païs : Occitània. - 2 Cada encontrada a sas especialitats renomadas. - 3 En Provença avetz l'alhòli, la borrida, la bolh-abaissa. - 4 Dins lo Lengadòc podetz tastar de tripons, de pastís de rocafòrt, un bon cassolet. - 5 En Gasconha, regalatz-vos amb de fetge gras arosat d'armanhac. - 6 Dins lo nòrd d'Occitània, manjatz de bons fromatges. - 7 Per tastar tots los plats, chaudriá una vida.

Prononciation. — 1 pèr bien mandza yo maz un payi : oussitanya. - 2 kada encountrada o saz espéchialitat renoumada. - 3 in proubensa abez l'ayioli la bourrida la bouyabayssa. - 4 dyin lou lingado poudez tasta dé tripou dé pasti dé roukafor un boun kassoulé. - 5 in gaskounya regalaz boz amb dé fidjé gra arouza d'armanyak. - 6 dyin lou nor d'oussitanya mandza dé boun froumatché. - 7 pér tasta toutch louz pla tsaoudryo una vyida.

–**20.** Voici la note, huit mille francs, tout compris. –**21.** De quoi ! Et bien «*macarel*» vous n'avez pas oublié de compter dans ce (le) pays. –**22.** Pourquoi «rouspètes-tu», «Gustou» ? Ce n'est pas cher ! Tu croyais peut-être que nous aurions pu manger et payer d'un grand coup de chapeau ?

***

NOTES (suite)

(6) Macarèl, var. **macarèu** «maquereau, proxénète», mot très fréquent comme juron, «concurrencé» par **Dieu-me-damne** «que Dieu me damne». Jurons très vivants, également en fr. du «Midi».

***

1. Pour bien manger, il n'y a qu'un pays, l'Occitanie. –**2.** Chaque région a des spécialités renommées. –**3.** En Provence, vous avez l'*ailloli*, la *bourride,* la *bouillabaisse.* –**4.** Dans le languedoc, vous pouvez goûter des *tripous,* des feuilletés au roquefort, un bon *cassoulet.* –**5.** En Gascogne, régalez-vous avec du foie gras arrosé d'armagnac. –**6.** Dans le nord de l'Occitanie, mangez de bons fromages. –**7.** Pour goûter tous les plats, il faudrait une vie.

Var. auv. :

–**1. I a vas un(païs),** lang. **i a pas qu'un païs.**
–7.**Chaudriá,** lang. **caldriá:** (**cha** - nord-oc. = **ca-** sud-oc); **-aud-** nord-oc. = **-ald-** sud-oc).

Dans la pron., remarquez le - **a** final pron. -a (et non -**o** comme dans presque tout le Lang.).

Seissanta cinquena leiçon (65)

Cap a Sant-Flor

1 — Compti rendre visita a un amic que demòra a Sant-Flor. Mas podèm ben nos arrestar al Puei.. Aquò nos retardarà pas gaire (1).

2 — Gaitatz-me aqueles pics volcanics e mai que mai l'orador Sant-Miquèl sus aquel espinchador tan ponchut que sembla una agulha (2).

3 — Agachatz-lo ; entretant, vau crompar una bèla dentèla per la miá cosina que i a de temps que ne pantaissa ; vos retrobarai a la catedrala (3).

4 — Sèm aicí ! Alara, l'as trobada, Guston, ta dentèla ?

5 — Òc ; la poirà metre sus la taula del salon ; quina finesa ! Es vertat que dins aquel païs, son los reis de la dentèla !

PRONONCIATION. — **kapa san flour.**

EN ROUTE POUR (cap à) SAINT-FLOUR

1. Je compte rendre visite à un ami qui habite à Saint-Flour: Mais nous pouvons bien nous arrêter au Puy (en Velay). Cela ne nous retardera pas beaucoup. **–2.** Regardez (-moi) ces pics volcaniques et surtout l'oratoire Saint-Michel sur cette hauteur si pointue qui ressemble à (semble) une aiguille. **–3.** Contemplez-le; pendant ce temps (entre tant), je vais acheter une belle dentelle pour ma cousine qui en rêve depuis longtemps (qu'il y a du temps qu'elle en rêve), je vous retrouverai à la cathédrale. **–4.** Nous voici ! Alors, tu l'as dénichée, «Gustou», cette (la) dentelle ? **–5.** Oui, elle pourra la mettre sur la table de son (du) salon; quelle finesse ! Vraiment (c'est vérité que), dans ce pays, ils sont les rois de la dentelle !

NOTES :

(1) Puei, var. nord-occitane de **puèg** «puy». Localement, **le Puy** se dit **Lo Puei (lou pœy).**
(2) Espinchador, dér. de **espinchar** «observer» donc «lieu d'où l'on observe, hauteur».
Ponchut, var. **ponchuc.**
(3) Retrobar «retrouver» au sens de «rejoindre»; «retrouver» au sens de «trouver à nouveau» se dirait **tornar trobar.**

6 — Caldriá pas oblidar la catedrala ; vesètz aquelas pèiras de color diferenta, plaçadas quora una quora l'autra, e las copòlas ? Aquò vos mòstra l'influéncia de l'Orient (4).

7 — Avètz plan vistalhat ? Alara, cap a Sant-Flor.

8 — I sèm. Agachatz en passant la catedrala en basalte del sègle catorzen e l'ostal nòble renaissença sul costat, qu'i es installat un musèu plan bèl d'art populari occitan. Quand tornaretz, un autre estiu, aurem mai de temps, lo poirem visitar. I veiretz los autisses de l'esclopièr e del menusièr, de topins de tota mena per conservar d'òli, d'aiga o de vin, de grasalas que s'i metiá la frucha, de costumes regionals que se portavan autres còps e que se tornan sortir per las fèstas. I trobaretz tanben d'esple-ches plan polits.

9 — L'ostal de l'amic Charlon es juste darrièr aquel musèu. Tè ! Lo vesi que braceja per nos dire de venir (5)

8 éskloupyè - ménuzyè - toupis. -

—**6.** Il ne faudrait pas oublier la cathédrale; vous voyez cette alternance de pierres de couleur différente (placées alternativement), et ces (les) coupoles ? Cela vous montre l'influence de l'Orient. —**7.** Vous avez bien vu ? Alors, en route pour Saint-Flour. —**8.** Nous y sommes. Regardez en passant la cathédrale en basalte du XIVème siècle et l'hôtel renaissance sur le côté, où (qu'y) est installé un très beau musée d'art populaire occitan. Quand vous reviendrez, un autre été, nous aurons plus de temps, nous pourrons le visiter. Vous y verrez les outils du sabotier et du menuisier, des pots de toutes sortes pour conserver de l'huile, de l'eau ou du vin, des vasques en grès où l'on (que s'y) mettait des fruits, des costumes régionaux que l'on portait (se portaient) autrefois et que l'on ressort (se ressortent) pour les fêtes. Vous y trouverez aussi des instruments très jolis. —**9.** La maison de mon (l') ami «Charlou» est juste derrière ce musée. Tiens, je le vois gesticuler (qui gesticule) pour nous dire de venir.

NOTES (suite)

(4) Quora una quora l'autra, syn. **una l'autra non.**
(5) Charlon, var. nord-occitane de **Carlon,** dér. de **Carle** + **-on** suf.affectif;**ca** =nord-oc. **cha-.**

10 — Adieu, Guston ; adieu, Joanon. Alavetz, avètz fach bon viatge ? Venètz, me'n vau vos presentar a de joves amics que passan las vacanças dins una bòria. Es la novèla mòda, lo retorn a la natura, a la vida sana de la campanha.

11 — E per festar vòstra venguda, ai demandat a Claudon lo cabretaire d'arrengar una velhada. Poirà pas venir anuèch mas deman de vèspre serà amb nosautres. Veiretz qu'en Auvèrnha, se sap encara amusar.

11 cabrétayré.

Exercice en auvergnat. — 1 Al Puei, podetz veire una catedrala que l'estil reverta las gleisas d'Orient. 2 L'influéncia de l'Orient se vei a las copòlas e las peiras de talha que son de doas colors. - 3 La catedrala de Sant-Flor es mai simpla mas praquò tan brava coma aquela del Puei. - 4 Se voletz veire quicòm de gente entratz al musèu d'art populari. - 5 Per veire una crana festa vos chau anar en Auvernha.

Prononciation. — 1 arh poey poudez viré una katedrala ké l'estil rébérta las gleyza d'ouriyen. - 2 l'influincyo de l'ouriyen sé bi a laz koupola é a laz peyra de tayia ké sou dé douaz koulour. - 3 la katédrala dé son flour és may simpla mas prako ta braba kouma akéla derh poey. - 4 sé boulez viré tyikon dé djinté intra arh musèou d'ar popularyi - 5 pér biré una krana festa boz tsaou ana in aoubernyia.

–**10.** Bonjour, «Gustou»; bonjour, «Jeanou». Alors, avez-vous fait bon voyage ? Venez, je (m'en) vais vous présenter à de jeunes amis qui passent leur (les) vacances dans une ferme. C'est la nouvelle mode, le retour à la nature, à la vie saine de la campagne. –**11.** Et pour fêter votre venue, j'ai demandé à «Claudon» le «*cabrétayre*» d'organiser une veillée. Il ne pourra pas venir ce soir mais demain soir il sera parmi (avec) nous. Vous verrez qu'en Auvergne, on sait encore s'amuser.

1. Au Puy en Velay, vous pouvez voir une cathédrale dont le style rappelle les églises d'Orient. –**2.** L'influence de l'Orient se voit aux coupoles et aux pierres de taille qui sont de deux couleurs. –**3.** La cathédrale de Saint-Flour est plus simple mais aussi belle que celle du Puy. –**4.** Si vous voulez visiter quelque chose de joli, entrez dans le musée d'art populaire. –**5.** Pour voir une belle fête, il vous faut aller en Auvergne.

Var. auv. :

–1. **Puei,** lang. **puèg.**
Reverta, syn. lang. **rapèla, remembra.**
–4. **Gente,** syn. lang. **polit**.
–5. **Chau,** lang. **cal** : (**-u** final auv. = **-l** lang.).

Dans la pron. figurée, **-rh-** note le **-l-** qui se pron. un peu comme la jota de l'espagnol.

LEIÇON 65

Seissanta seisena leiçon (66)

La borrèia a la velhada

1 — Los amics, calem nos ! Claudon lo cabretaire ven d'arribar amb sa cabreta. Nos va jogar qualques borrèias que vos faran oblidar lo ròk e lo jèrk ; cresètz-me !

2 — Anatz, los Auvernhasses, totes en plaça per la dança e que la borrèia comence. A tu, Claudon ! (1)

3 — Quand èri tot pichon, ma maire me bragava, dempuèi que soi grandon, me bragui soleton. Aquela pola blanca, pichona, pichonèla, aquela pola blanca que passa per l'ostal ; que passa per l'ostal, pichona, pichonèla, que passa per l'ostal, va careçar lo gal !

4 — Alara los amics, qué ne pensatz d'aquel enavant ?

5 — Aquò me fa trefolir ; Terré òu ! Quin ritme ! Agachatz Guston, que fa la crosada amb un veire sus cada man e un autre sul cap (2) (4).

PRONONCIATION. — bourrèyo - bélyado.
2 aoubérnyassés. - 3 pitchou. - 4 énaban.

LA BOURREE A LA VEILLEE

1. Mes (les) amis, un peu de silence (taisons-nous) ! «Claudou» le «*cabrétayre*» vient d'arriver avec sa «*cabrette*». Il va nous jouer quelques bourrées qui vous feront oublier le rock et le jerk, croyez-moi ! **–2.** Allez, les Auvergnats, tous en place pour la danse et que la bourrée commence. A toi, «Claudou» ! **–3.** Quand j'étais tout petit, ma mère me culottait; depuis que je suis grandet, je me culotte tous seulet. Cette poule blanche, «*pitchoune, pitchounelle*», cette poule blanche qui traverse (passe par) la maison ; qui traverse la maison, «*pitchoune pitchounelle*» qui traverse la maison, va caresser le coq ! **–4.** Alors mes (les) amis, que (qu'en) pensez-vous de cette ambiance ? **–5.** Cela me fait trépigner d'impatience; Oh la la ! Quel rythme ! Regardez «Gustou», qui fait la «*crousade*» (croisée) avec un verre sur chaque main et un autre sur la tête.

* *dessin de cette leçon en page 321*

NOTES :

(1) **Auvernhàs**, var. **auvernhat.**
(2) **Terré** ou **terré òu**, exclamation très expressive et très «sonore».
(3) **Bolegar** «bouger, remuer, agiter». Tous les Occitans connaissent le fameux **bolega** ! (pron. boulégo) «remue!», que l'on crie (même en parlant «français») à celui qui tient le sac des pions à «la quine» (*le quine* en français de Paris), afin que la chance tourne. A Montpellier, on crie aussi **monta-lo**! «monte-le (le pion gagnant)» !
(4) **La crosada** : bourrée à trois figures; elle se danse à quatre personnes qui *se crosan* «se croisent» régulièrement.
La tornejaira : bourrée à cinq figures, où les danseurs et danseuses **tornejan** «tournoient».
La montanharda : bourrée à deux figures, où les couples forment un cortège.
Les bourrées sont jouées par des «*cabretayres*». La «cabrette», d'origine celtique, est une sorte de cornemuse. Les bons danseurs font claquer leurs sabots sur le sol à intervalles réguliers.
Les bourrées sont des danses très rythmées, passionnantes et particulièrement entraînantes, principalement quand elles sont dansées par des amateurs passionnés.Certains danseurs exceptionnels parviennent à danser avec un verre plein sur chaque main et une bouteille sur la tête. Cet exploit est très rare.

6 — Mas vesi que presatz tanben nòstra musica, que bolegatz sus vòstra cadièra. Anem, venètz dançar amb nosautres la tornejaira (3) (4).

7 — Sètz pas lasses ? E ben ! jòga la montanharda, Claudon ; e sautatz un pauc ; e los esclòps, fasètz-los-me clapar. Que sètz moligasses ; anem, levatz-lo aquel pè, missaras ! (4)

8 — A, l'Auvèrnha ! Qu'aimariái la conóisser melhor !

9 — Tornatz l'an que ven, o regretaretz pas !

***

Exercice en auvergnat. — **1** Aquel qu'aima pas de dançar coneis pas lo plaser de viure. - **2** En Auvernha an la borrèia, en Provença an la farandòla. - **3** S'i bolega pas tant coma per la borrèia, aquò's quicòm d'autre. - **4** Aquò's lo galobet que fa la musica amb lo tamborin. - **5** Aquels que jògan se sònan lo galobetaire e lo tamborinaire. - **6** Lo galobet se ten de la man gaucha tant que se jòga del tamborin de la man dreita. - **7** A la fin d'una vesprada los provençaus chantan sovent la Copa Santa de Frederic Mistral. Aquò's una mena de chant nacional.

–**6.** Mais je vous que vous appréciez aussi notre musique, puisque vous vous agitez sur votre chaise. Allons, venez danser avec nous la «*tournejaïre*». –**7.** Vous n'êtes pas fatigués? Eh bien ! joue la «*montagnarde*», «Claudou»; et sautez un peu; et les sabots, faites-les (moi) claquer. Comme (Que) vous êtes mous; allons levez-le ce pied, marmottes ! –**8.** Ah, l'Auvergne ! Que j'aimerais la connaître mieux ! –**9.** Revenez l'an prochain ((re)tournez l'an qui vient) vous ne le regretterez pas !

EXERCICE

Celui qui n'aime pas danser ne connaît pas le plaisir de vivre. –**2.** En Auvergne, ils ont la bourrée, en Provence, ils ont la farandole. –**3.** On n'y bouge pas autant que pour la bourrée, c'est différent (quelque chose d'autre). –**4.** C'est le «*galoubet*» qui fait la musique, avec la tambourin. –**5.** Ceux qui jouent s'appellent le «*galoubétaïre*» et le «*tambourinaïre*». –**6.** On tient le «galoubet» (se tient) de la main gauche, pendant qu'on joue du tambourin (se joue) de la main droite. –**7.** A la fin d'une soirée, les Provençaux chantent souvent **la Coupo Santo** (Coupe Sainte) de Frederic Mistral. C'est un peu comme un chant national (pour eux).

Var. auv. :

–**1. Aquel qu'(aima)**, lang. **lo qu'(aima).**
–**4. Fa,** var. auv. **fait.**
–**6. Dreit(a),** var. de **drech(a) présente en lang. occid.**
–**7. Provençau(s)**, lang. **provençal(s).**
Chantan, lang. **cantan; chant**, lang. **cant.**

Prononciation. — **1** akirh k'ayma pa dé dansa kouni pa lou plazi dé viouré. - **2** in **aoubernyia** aoun la **boureyia** iŋ proubensa aoun la farandola. - **3** si bouléga pas ton kouma pér **la bourèyia** akoz tyikom d'aoutré. - **4** akoz lou galoubé ké fo la mujika amb lou tambourinayré. - **5** akich ké **dzogou** sé sonou lou galoubétayré é lou tambourinayré. - **6** lou galoubé sé ti dé la mo gaoutcha ton ké sé dzoga dérh tambouri dé la mo drita. - **7** a la fyi d'una besprada louz proubensaou tsantou soubin la **koupa** sonta dé frédérik mistral akoz una mena dé tson nachional.

Seissanta setena leiçon (67)

L'Auvèrnha

1 — Quina vesprada ièr al ser, a cò de Charlon ! Auriái plan volgut demorar encara qualques jorns. De dançàs coma aquò, n'avèm agut vistas dins lo temps, mas ara, los joves an pas pus de sanqueta ; fan pas que de trolhadisses ! (1)

2 — Que vòls, la rota nos sona. Ai convengut d'anar a Clarmont d'Auvèrnha uèi, la capitala dels Arvèrnes.

3 — Es pas aquí que nasquèt Telhard de Chardin ?

4 — Non, pas exactament. Lo nòstre pus grand òme de sciéncia e filosòfe d'aqueste sègle, nasquèt a costat de Clarmont, a Sarcenat ; l'Auvèrnha es una tèrra de grands òmes. Oblidetz pas que vegèt nàisser Pascal tanben (2).

5 — Mas qué diable sentís a caochoc ? Aquò's curiós !

PRONONCIATION. — aoubèrnyo.
4 étsattomén - syénsyo. -

L'AUVERGNE

1. Quelle soirée hier soir, chez «Charlou»! J'aurais bien voulu rester encore quelques jours. Des danses comme celles-là (comme cela), on en «a eu vu» autrefois (dans le temps), mais maintenant, les jeunes n'ont plus d'énergie («de «*sanquette*» en fr. du «Midi»); ils ne font que du sur-place ! –**2.** Que veux-tu, la route nous appelle. J'ai décidé (convenu) d'aller à Clermont-Ferrand aujourd'hui, la capitale des Arvernes. –**3.** Ce n'est pas là où est né Teilhard de Chardin ? –**4.** Non, pas exactement. (Le) Notre plus grand homme de science et philosophe de ce siècle, est né à côté de Clermont, à Sarcenat; l'Auvergne est une terre de grands hommes. N'oubliez pas qu'elle vit naître aussi Pascal. –**5.** Mais qu'est-ce qui sent le (à) caoutchouc que diable ? C'est curieux !

NOTES :

(1) Trolhar «fouler (aux pieds) le raisin» d'où «faire du sur-place (notamment en dansant». Le dér. très expressif **trolhadís** employé aussi en français du «Midi» indique l'«action de marcher ou de danser sur place». Le fouloir ou le pressoir se dit **lo truèlh** var. **lo truòlh.**
Notez le passé sur-composé **n'avèm agut vistas,** qui indique une action lointaine et imprécise.
(2) Nasquèt, var. **naissèt.**
Vegèt, var. **veguèt, vesquèt.**

6 — Mas non, Guston ; sabes pas que Clarmont es lo païs de Michelin ?

7 — Es tanben dins aquela vila qu'Urban Dos presiquèt la primièra crosada (3).

8 — Pren a man drecha, poirem veire la catedrala gotica.

9 — Gaitatz-me las bèlas carrièras, qu'an conservat d'ostals ancians.

10 — Aquí la catedrala : boleguetz pas pus, que prenga una fotò (4).

11 — Es fach, vos podètz anar passejar per las carrièras vièlhas. Mas oblidetz pas de tornar a miègjorn pel dinnar. Anuèch, lo viatge contunha.

12 — Lo repais es acabat, Guston a begut lo riquiquí, Marineta lo cafeton, alara en rota per Limòtges (5).

13 — Vesètz aquel païsatge de colinas, coma es brave. Amb aquò, es pas la confida de las grandas plajas. Espèri que los toristas saupran pas de longtemps encara que l'Occitania es un païs meravilhós que i fa bon viure. (5)

–**6.** Mais non, «Gustou»; tu ne sais pas que Clermont-Ferrand est le pays de Michelin ? –**7.** C'est également dans cette ville qu'Urbain II prêcha la première croisade. –**8.** Prends à (main) droite, nous pourrons voir la cathédrale gothique. –**9.** Regardez (-moi) ces (les) belles rues, qui ont conservé des maisons anciennes. –**10.** Voilà (là) la cathédrale : ne bougez plus, que je prenne une photo. –**11.** C'est fait, vous pouvez aller vous promener dans (par) les vieilles rues. Mais n'oubliez pas de rentrer (retourner) à midi pour le déjeuner dîner). Ce soir, le voyage continue. – **12.** Le repas est fini (achevé), «Gustou» a bu son (le) «riquiqui» (pousse-café), Marinette son (le) bon petit café, alors en route pour Limoges. –**13.** Vous voyez ces paysages de collines, comme c'est reposant. De plus (Avec cela), ce n'est pas la cohue (l'étouffée) des grandes plages. J'espère que les touristes ignoreront (ne sauront pas) (de) longtemps encore que l'Occitanie est un pays merveilleux où il fait (qu'il y fait) bon vivre.

NOTES (suite)

(3) Presicar, var savante **predicar.**
(4) Prenga, var. **prengui.**
(5) Notez la présence du suf. affectif **-on** : pour faciliter la pron., on a inséré un **-t-** d'où **cafeton.**
Brave, syn. **tranquilon,** qui est un mot très employé, correspond à peu près au français familier «peinard». Il est employé aussi en Français du «Midi».

(6) Esmaut, var. **esmalt.**
Rejónher, var. **rejúnher, rejónger, rejunhir.**

14 — Cala-te, Guilhèm, que los vas far venir !

15 — Vej'aquí Limòtges, la vila de la porcelana. Pareis que las usinas emplegan dètz mila obrièrs res que per aquela industria.

16 — De segur, sabètz que lo comtat de Limòtges foguèt restacat a la Franca en mila sièis cents sèt. Es a dire que la catedrala que vesètz ara, que foguèt bastida als sègles dotzen e quatorzen, es d'epòca occitana.

17 — Aquí lo musèu. I veiretz d'esmauts plan polits dempuèi lo sègle dotzen.(6)

18 — E ara, me'n vau cercar una aubèrja qu'aja encara de cambras. Vos i rejonherai totara (6).

· **17** ésmaous. - **18** rédjounyéray.

Exercice en auvergnat. — **1** Per passar una bona velhada se chau assetar davant un bon fuòc. - **2** Atencion a las belhisas que vos trauquen pas las brajas. - **3** Per faire fuòc chau prendre de papeir, de bòsc menut e d'estelas que copam amb una ascha. - **4** A cada còp d'ascha, se tustam fòrt, fasem de clapas. - **5** Aquò's l'ora de cachar de notz e de despelonar las chastanhas. - **6** Se visitam Occitània aquò's lo moment que parlam de çò qu'avem vist lo temps de la jornada.

14. Tais-toi, «Guilhem», (que) tu vas les faire venir! –15. Voilà Limoges, la ville de la porcelaine. Il paraît que les usines emploient 10.000 ouvriers rien que pour cette industrie. – 16. Vous savez certainement que le comté de Limoges n'a été rattaché à la France qu'en 1607. C'est-à-dire que la cathédrale que vous voyez en ce moment, qui a été bâtie aux XIIIème et XIVème siècles, est d'époque occitane. –17. Là (c'est) le musée. Vous y verrez de très jolis émaux depuis le XIIème siècle. –18. Et maintenant, je (m'en) vais chercher un hôtel (auberge) qui ait encore des chambres (de libres). Je vous y rejoindrai tout à l'heure.

EXERCICE

1. Pour passer une bonne soirée, il faut s'asseoir devant un bon feu. –2. (Faites) attention aux étincelles, (afin) qu'elles ne vous trouent pas les pantalons. –3. Pour faire (le) feu, il faut prendre du papier, du petit bois et des bûches que l'on coupe (nous coupons) avec une hache. –4. Chaque coup de hache, si l'on frappe fort, on fait des «*clapes*» (morceaux de bois refendus à la hache). –5. C'est le moment (l'heure) de casser des noix et de déboguer des châtaignes. –6. Si l'on visite l'Occitanie, c'est le moment où l'on parle (que nous parlons) de ce que nous avons vu dans la journée.

Var. auv. :

–2. **Belhisa(s)**, syn. lang. **beluga(s).**
Brajas, lang. **bragas** : (**-ja-** nord-oc. = **-ga-** sud-oc).
–3. **Papeir,** lang. **papièr.**
Bòsc menut, syn. auv. **brosta,** syn. lang. **lenha.**
Ascha, syn. lang. **pigassa.**
–4. **Clapa(s),** syn. lang. **ascla(s); una clapa** «une pierre» (lang.).
–5. **Cachar** «presser, casser en pressant ou en frappant», syn. lang. **copar.**
Despelonar, var. **despelosar** (lang.).
Chastanha(s), lang. **castanha(s).**

Prononciation. — 1 pér passa una bouna biyada sé tsaou asséta dabon un boun fuoe. - 2 atinchyoun a laz béyiza ké bouztraoukén pa laz bradza. - 3 pér fayré fuoe tsaou prendré dé papey dé bo ménu é d'estèla ké koupom amb una astsa. - 4 a kada ko d'astsa sé tuston for fazin dé klapa. - 5 akoz l'oura dé katsa dé nouz é dé déspélouna laz tsatonyia.. - 6 sé bijiton oussitanyia akoz lou moumin ké parlon dé so k'avin byi lou tin dé la dzournada.

Seissanta uechena leiçon (68)

Guston e lo volcan

1 — Uèi, anam profitar de la passejada per nos trufar un pauc de Guston.

2 — Marineta nos diguèt qu'èra pauruc, anam ben veire (1).

3 — Venes, Guston ; anam passar la jornada dins las montanhas d'Auvèrnha.

4 — Cargui la vèsta e arribi (2).

5 — (En camin): «As entendut parlar dels volcans, Guston ? » (3).

6 — Non ; qu'es aquò ?

7 — Te sovenes pas d'aquela montanha granda, tota roja, qu'escupissiá de fuòc ? O vegèrem l'autre ser a la television ! (4)

8 — Òc-ben, la montanha qu'escampava de pèiras e de tèrra abrandanda ; çò disián que te cremariá una vila coma pas res ; mai que ne cutères los uèlhs, Marineta (5).

PRONONCIATION. — boulkan.
7 éskupissyo. -

«GUSTOU» ET LE VOLCAN

1. Aujourd'hui, nous allons profiter de la promenade pour nous moquer un peu de «Gustou». –**2.** Marinette nous a dit qu'il était peureux, nous allons bien voir. –**3.** Tu viens, «Gustou»; nous allons passer la journée dans les montagnes d'Auvergne. –**4.** Je mets ma (la) veste et j'arrive. –**5.** Chemin faisant (en chemin) : «As-tu entendu parler des volcans, «Gustou» ? –**6.** Non; qu'est-ce que c'est ? –**7.** Tu ne te souviens pas de cette grande montagne, toute rouge, qui crachait du feu ? Nous l'avons vu l'autre soir à la télévision ! –* Ah oui, la montagne qui jetait des pierres et de la terre brûlante; ils disaient (cela) qu'elle (te) brûlerait une ville comme (un) rien ; tu en as même (même que tu en as) fermé les yeux Marinette !.

NOTES :

(1) **Pauruc,** se pron. parfois **paourut.**
(2) **Cargar la vèsta** «mettre la **ou** sa veste»; **tombar la vèsta** «quitter la **ou** sa veste».
(3) **Entendre** «entendre», syn. **ausir** : d'où **entendut** ou **ausit,** ««entendu».
(4) Remarquez la place de l'adjectif féminin **granda,** qui est postposé. En occitan, l'adjectif est souvent placé après le nom, ne l'oubliez pas, même quand, en français, il est placé avant le nom. Toutefois, **una granda montanha** est possible en occitan.
(5) **Abrandant** «brûlant» syn. **calent.**
Çò disián que : mot à mot «cela ils disaient que..», tour très occitan.

9 — Te rapèlas, Guston, qu'i aviá un traucàs que vomissiá de fuòc e de lava ; aquò se sona un cratèri. Quand lo volcan s'es endormit, aquel cratèri s'emmantèla d'èrba, mas se pòt desrevelhar d'un còp e te sautar sus la codena coma un canhàs enrabiat (6).

10 — Bondieu ! Mas es afrós ! (7)

11 — E ben ! gaita a ton entorn, Guston, sèm dins un cratèri.

12 — (Guston): « Veja, Marineta ! Aquò fuma al fons ; sentisses pas que la tèrra estrementís ? »

13 — (Marineta): « Al secors, lo volcan se revelha ! » (8)

14 — (Joanon): « A l'autò, e lèu lèu ! »

15 — (Guston se risent) : « Coquinasses, coma aquò, me voliatz espaurugar e es ieu que vos ai plan enganats ! » (9)

***

–**9.** Tu te rappelles, «Gustou», qu'il y avait un grand trou qui vomissait du feu et de la lave; cela s'appelle un cratère. Quand le volcan s'est endormi, ce cratère se recouvre d'herbe, mais il peut se réveiller tout d'un coup et te sauter dessus (sur la couenne) comme un vilain chien enragé. –**10.** Seigneur! (Bon Dieu) Mais c'est affreux ! –**11.** Eh bien ! regarde autour de toi, «Gustou», nous sommes dans un cratère. –**12.** «Gustou» : «Regarde (vois) Marinette, ça fume au fond; tu ne sens pas que la terre tremble? » –**13.** Marinette : «Au secours, le volcan se réveille !» –**14.** «Jeanou» : «A la voiture, et vite!». –**15.** «Gustou» (se) riant : «Grands coquins, comme ça, vous vouliez me faire peur et c'est moi qui vous ai bien eus !».

(6) Traucàs, augm. de **trauc** avec le suf. augm. **-às.**
S'emmantelar, var **(s')emmantolar** «se couvrir, s'envelopper d'un manteau ou comme avec un manteau».
Canhàs, canh- «**chien**» + **-às** (suf. péjoratif) d'où «chien laid, méchant etc.».
La ràbia, var. **rauja** «la rage».
(7) Bondieu, expression très fréquente non seulement en occitan mais aussi en français du «Midi».
(8) Al secors, syn. **viafòra (byofòro)** (Gasc. Haut-Lang.).
(9) Se risent «riant pour lui-même en savourant sa joie».
Espaurugar, syn. **embaurar (=paur** «peur»), syn. **espaurosir.**

LEIÇON 68

Exercice en auvergnat. — 1 Guston es un coquinàs, fa creire a Joantòt e Marineta que sap pas çò qu'es un volcan per se trufar d'els. - 2 Pensan qu'es pauruc, mas aquò's pas vertat. - 3 Els, vòlon faire los coratjós mas que an paur d'un volcanon ben bravonel. - 4 En auvernha i a un tropel de craters que la lava i duerm en dessota. - 5 Lo vespre los Auvernhats lor chantan de chançonetas per que contunhan de durmir de temps.

Prononciation. — **1** Gustou éz un koutyina, fo criré a dzontou é marinéta ké sa pa so kéz un boulkon pér sé trufa dich. - **2** pensou kis paouru maz akoz pa berta. - **3** zich bolou fayré louz kouradjouz maské ooun paou pour dun boulkanou byen brabounerh. - **4** In aoubernya yo un trouperh dé kratér ké la laba i doer in dessouta. - **5** Lou bespré louz aoubernya lour tsantou dé tsansounéta pér ké countunyou dé durmyi dé tin.

Seissanta novena leiçon (69)

Los blaus d'Auvèrnha (1)

1 — Vodriái pas quitar lo Lemosin e l'Auvèrnha sens m'emportar una especialitat del país.

2 — Te poiriás bensai crompar qualques bons fromatges : de cantal e de blau d'Auvèrnha.

1. «Gustou» est un grand coquin, il fait croire à «Jeanou» et à Marinette qu'il ne sait pas ce qu'est un volcan pour se moquer d'eux. –**2.** Ils pensent qu'il est peureux, mais ce n'est pas vrai (vérité). –**3.** Eux, ils veulent jouer aux (faire les) courageux, mais ils ont peur d'un brave petit volcan peu méchant. –**4.** En Auvergne, il y a de nombreux (un troupeau de) cratères au-dessous desquels dort la lave (que la lave y dort dessous). –**5.** Le soir, les Auvergnats leur chantent des chansonnettes pour qu'ils continuent à dormir longtemps.

Var. auv. :
–**1. Jeantòt, lang. Joanon.**
–**3. Ben bravonel,** lang **plan** (ou **ben) bravonèl.**
–**4. Duerm,** lang. **dormís/durmís.**
En dessota, lang. dejǒs.
Chançonetas, var. auv. **sansonhas.**
Per que contunhan de durmir de temps, syn auv. **per que duermen enquera de temps**; lang. **per que dormigan (dorman ou duèrman)** encara longtemps.

●●●●●●●●●●●●●●●●●

LES BLEUS D'AUVERGNE (histoire vraie)

1. Je ne voudrais pas quitter le Limousin et l'Auvergne sans (m')emporter avec moi une spécialité du pays. –**2.** Tu pourrais peut-être (t')acheter quelques bons fromages : du cantal et du bleu d'Auvergne.

***

PRONONCIATION. — d'aoubèrnyo.
4 latchyès - **L'ayré.** -

LEIÇON 69

3 — Dintrem dins aquela especiariá : « Madama l'especièra, de qu'avètz a nos prepausar ? »

4 — Bravament de causas, e mai que mai de produches lachièrs del terrador (1).

5 — Lo bèl pan de burre ! Qu'es salivós ! (2)

6 — Avètz vistas, en passant, las vacas dins las pradas ?

7 — Òc, paissián tranquillament, l'aire bravàs (3).

8 — L'èrba del nòstre païs es tendra e grassa. Balha de bon lach cremós e un burre saborós.

9 — Per çò qu'es dels fromatges, vesètz la pasta onchosa. Aquò te fa salivar.

10 — Diga-me, Guston ; l'aimas, tu, lo blau d'Auvèrnha ? Ne voldriás pas un talhon? D'aquel, que tuteja lo Bon Dieu !

11 — Me respondes pas ? (En se revirant) Mas ont ès passat, te vesi pas pus ?

12 — (S'ausís una pichòta votz montar) Oi, malurós ! qu'ai mal a l'esquina !

–**3.** Entrons dans cette épicerie : «Madame l'épicière, qu'avez-vous à nous proposer ? » –**4.** Bien des choses, et surtout des produits laitiers de notre (du) terroir. –**5.** La belle motte (pain) de beurre ! Qu'elle est appétissante ! –**6.** Avez-vous vu, en passant, les vaches dans nos (les) prairies ? –**7.** Oui, elles paissaient tranquillement, l'air débonnaire. –**8.** L'herbe de (du) notre pays est tendre et grasse. Elle donne du bon lait crémeux et un beurre savoureux. –**9.** Quant à nos fromages (Pour ce qui est des fromages), voyez leur (la) pâte onctueuse. Ils donnent l'eau à la bouche (cela te fait saliver). –**10.** Dis-moi, «Gustou», tu l'aimes, toi, le bleu d'Auvergne ? N'en voudrais-tu pas une (bonne) portion ? De celui-là, qui dit tu (tutoie) au Bon Dieu. –**11.** Tu ne me réponds pas? (En se retournant). Mais où es-tu passé, je ne te vois plus ? –**12.** (On entend une faible (petite) voix monter) Aïe, malheureux ! que j'ai mal au dos !

NOTES :

(1) L'occitan **blau** «bleu» a souvent été remplacé par le gallicisme **blu :** ne l'oubliez pas.
Produch; «produire» se dit **produire,** var. **produsir.**
(2) Salivós «appétissant (qui fait saliver)»; **gostós** «savoureux»; **ragostós** «savoureux, appétissant».
(3) L'aire, var. **L'èr.**

13 — Mas d'ont cridas ?

14 — Soi al fons d'un traucàs negre, medamne ! (4)

15 — (L'especièra desperduda) Mon Dieu ! es tombat al fons de la cava per la trapanèla abadalhada ; ajudatz-lo a montar ! (5)

16 — (Guston, que parla a pro pena) soi tot endolentit ; ai de blaus de pertot ! Cresi que me'n sovendrai dels blaus d'Auvèrnha ! (6)

Exercice en auvergnat. — 1 La borrèia : « Per ben la dançar visca la limosina, per ben la dançar visca los Auvernhats ». - 2 Per ben la dançar chau portar un costume de festa, una brava blauda. - 3 Los esclòps devon remplaçar los soliers e los òmes tustan fòrt lo sòu per marcar la dança. - 4 Las femnas ensajan de mostrar de gràcia en faire las figuras. - 5 Quand an ben dançat, los òmes manjan un croston de pan e de blur. - 6 Un blur vau mai l'agure dins l'estomac que sobre la cueissa.

Prononciation. — 1 la bouréya pér byen la dansa byiska la limoujina pér byen la dansa byiska loz aoubernya. - 2 pér byen la dansa tsaou pourta un koustumé dé festa una brava blaouda. - 3 lous esklo débou rimplassa louz souyé é louz omé tustou for lou sòou pér marka la dansa. 4 las finna assadzou de moustra dé grassyo in fayré las fyigura. - 5 kon z-aou byen dansa loz omé manjou un kroustou dé po é dé bloer. - 6 un bloer baou may laguré dyin l'estouma ké soubré la koeyssa.

–**13.** Mais d'où cries-tu ? –**14.** Je suis au fond d'un affreux trou noir, «*médamné*» *!* –**15.** (L'épicière affolée) Mon Dieu ! il est tombé dans (par) la trappe grande ouverte au fond de la cave; aidez-le à monter ! – **16.** («Gustou», qui parle à grand peine) «Je suis tout endolori; j'ai des bleus (de) partout ! Je crois que je m'en souviendrai des bleus d'Auvergne !

***

NOTES (suite)

(4) Traucàs, dér. de **trauc** + **-às** (suf. ici péjoratif).
(5) S'abadalhar «(s')ouvrir entièrement», dér. de badalhar «bailler», lui-même dér. de **badar** «regarder bouche bée ; faire le badaud».
(6) Endolentit, var. **endolesit, endolit,** dér. de **dolent «souffrant»; soi un pauc dolent** je suis un peu souffrant»; **lo cap me dòl** «j'ai mal à la tête», de **doler, var. dòler** «avoir mal, souffrir».

1. La bourrée : « Pour bien la danser vive la limousine, pour bien la danser, vive les Auvergnats»–**2.** Pour bien la danser, il faut porter un costume de fête, une belle «*blode*» (blouse traditionnelle). –**3.** Les sabots doivent remplacer les souliers et les hommes frappent fort le sol pour rythmer (marquer) la danse. –**4.** Les femmes essaient de montrer leur (de) grâce en faisant (faire) des figures. –**5.** Quand ils ont bien dansé, les hommes mangent un casse-croûte : du pain et du bleu. –**6.** Un bleu d'Auvergne, il vaut mieux l'avoir dans l'estomac que sur la cuisse !

Var. auv. :

–**2. Blauda,** lang. **blòda.**
–**3. Marcar la dança** ou **marcar lo pas.**
–**4. En faire :** le part. présent comme en gascon et aussi en lang., peut être formé de **en** + infinitif.
–**6. Agure,** lang. **aver.**

LEIÇON 69

Setanta leiçon (70)

REVISIONS et NOTES

Vous avez fini votre voyage en Occitanie. Vous avez pu visiter le Rouergue, le Languedoc, la Provence, la Gascogne et les régions septentrionales comme le Limousin et l'Auvergne.
Vous avez pu entrevoir la grande richesse de l'occitan, remarquer son unité et sa diversité. Il vous reste beaucoup à découvrir, ne serait-ce que du point de vue linguistique.
Mais avant de pouvoir améliorer et approfondir vos connaissances, il vous faut bien assimiler celles qui vous ont été présentées. Voici un très bref résumé des particularités principales de l'occitan.

1. Le verbe: c'est la partie de l'occitan la plus délicate. **a)** Absence de pronom sujet: **Aimi** «j'aime». – **b)** Emploi régulier du passé simple (ou prétérit), alors qu'en français, ce temps est plus rare: **anèri a Tolosa** «je suis allé, j'allai à Toulouse».

2. Le pronom: **a)** pas de pronom sujet. – **b)** Place parfois différente de celle du pronom en français: **lo te balharai** «je te le donnerai».

3. Le nom: son sens peut être complété ou nuancé par des suffixes afin qu'il puisse exprimer la laideur (-às), la répugnance (**-aràs**), l'affection (**-on**, **-òt**) etc.; ces suffixes (et d'autres) peuvent se combiner pour nuancer encore la pensée: **lapinàs** «lapin laid (ou désagréable)», **lapinaràs** «lapin très laid, repoussant»; **lapinon** «jeune lapin mignon», **lapinonet** ou **lapineton** «très jeune lapin mignon»; **lapinonàs** «jeune lapin mignon, grand pour son âge et un peu lourdaud» etc.

4. L'adjectif: comme le nom, son sens peut être complété ou nuancé par un ou plusieurs suffixes: **grandon** «assez grand et mignon»; **grandonèl** «jeune (enfant) grand pour son âge; **grandàs** «grand et laid; trop grand».

5. Le comparatif: **a)** d'égalité: **tant . . .coma** ou que : **es tan brave coma (que) tu** «il est aussi gentil (brave) que toi»; **b)** de supériorité, trois variantes **mai, pus, plus . . . que; es mai (pus ou plus) polit que tu** «il est plus joli que toi». Le superlatif relatif, placé après le nom, se passe de l'article; **la mai (pus ou plus) bèla filha**, mais, **la filha pus** (ou **mai** ou **plus**) **bèla** «la plus belle fille».

6. Négation: **a)** simple et non double comme en français officiel: **vòli pas** «je ne veux pas». – **b)** Se place parfois après un infinitif. **Li ai dich de lo prene pas** «je lui ai dit de ne pas le prendre».

7. Conjonctions de subordinations et pronoms relatifs: emploi fréquent du **que** «à tout faire». **L'òme que te parli** «l'homme dont je te parle»; **l'ostal que i vau** «la maison où

je vais»; **lo trauc que i soi passat** «le trou par lequel je suis passé» etc.

La dernière série de leçons va vous présenter quelques textes littéraires d'hier et d'aujourd'hui, dans les différents dialectes et sur les sujets les plus variés, vous montrant la richesse et la permanence de la langue d'oc.

LEIÇON 70

Setanta unena leiçon (71)

Los amics, sèm tornats de nòstre viatge per l'Occitania. Avant de nos quitar, avèm pensat que seriatz uroses d'ausir los nòstres poètas qu'an espandit la cultura occitana dins tota l'Euròpa. Escotatz qualques tèxtes dels nòstres Trobadors. Dins aquelas cançons, trobaretz tota lor filosofia que se poiriá resumir en qualques mots que trobam dins lors verses ; *paratge, drechura, onor, fiseltat, larguesa, mesura, prètz, melhurament, Amor, jòi.* Lo que vos presentam es Bernat de Ventadorn, qu'es considerat coma l'un dels poëtas d'*amor* mai grands que lo monde aja conegut. Se l'occitan podiá tornar prene la plaça qu'ocupava autres còps, segur que sas cançons d'amor serián sus totes los spòts.

Quand vei la lauseta...

1.– Quand vei la lauseta mover
De jòi sas alas contra'l rai,
que s'oblid' e's laissa chaser
Per la dòuçor qu'al còr li vai,
Ailàs, quala enveja me'n ven
De cui qu'ieu veja jausiond !
Meravilhas ai, car desse
Lo còr de desirer no'm fond.

Mes (les) amis, nous sommes revenus de notre voyage à travers (par) l'Occitanie. Avant de vous quitter, nous avons pensé que vous seriez heureux d'entendre (les nôtres) nos poètes qui ont répandu la culture occitane dans toute l'Europe. Ecoutez quelques textes de nos Troubadours (bien à nous). Dans ces chansons, vous trouverez toute leur philosophie qui pourrait se résumer en quelques mots, présents (que nous trouvons) dans leur vers : **paratge** «égalité totale entre tous», **drechura** «droiture (de cœur et d'esprit)», **onor** «honneur», **fiseltat** «fidélité», **larguesa** «générosité» (largesse), **mesura** «mesure, sagesse repoussant les excès», **prètz** «prix, valeur, mérite», **melhurament** «amélioration, recherche d'une plus grande valeur et d'un plus grand mérite personnel», **Amor** «Amour»; **jòi** «joie, félicité suprême obtenue par l'observance de tous ces principes». Celui que nous vous présentons est Bernard de Ventadour, qui est considéré comme l'un des plus grands poètes d'amour que le monde ait connu. Si l'occitan pouvait reprendre la place qu'il occupait autrefois nul doute (sûr) que ses chansons d'amour seraient sur toutes les lèvres. -

***

NOTES :

Il s'agit d'une poésie extraordinaire, considérée comme l'un des chefs-d'œuvre de la poésie universelle. Comme c'est souvent le cas chez les Troubadours, elle présente deux significations superposées.
Ici, le poète (1er sens) s'adresse à une *dame* qui le repousse, mais aussi (2ème sens) parle de son désir de vaincre son isolement, de communier avec le monde entier et d'atteindre ainsi l'*Amour absolu* dans une félicité totale *(jòi)*.

Quand je vois l'alouette...

1. Quand je vois l'alouette agiter de «jòi» ses ailes dans le rayon de soleil, qu'elle «s'oublie» (s'étourdit), et se laisse tomber par (sous l'effet de) la douceur qui lui va au cœur,
Hélas, quelle envie m'en vient de ceux que je vois heureux !
Je m'émerveille de ce qu'aussitôt le cœur de désir ne me fonde.

2 – Ailàs ! tant cujava saber
D'amor, e tant petit en sai !
Car ieu d'amar no'm pòsc téner
Celeu dont ja pro non aurai ;
Tòut m'a mon còr, e tòut m'a me
E mi mezeis, e tot lo mond,
E quand se'm tòlc, no'm laisset ren
Mas desirer e còr volond.

3 – Anc non agui de mi poder
Ni no fui meus de l'or' en çai
Que'm laisset en sos òlhs véṣer,
En un miralh que mòut mi plai.
Miralhs, pòs me mirei en te,
M'an mòrt li sospir de preond
Qu'aissí'm perdei com perdet se
Lo bels Narcissus en la font.

4 – Pòs ab mi dòns no'm pòt valer
Precs ni mercés, ni'l dreits qu'ieu ai
Ni a leis no ven a plaser
Qu'ieu l'am, jamai no o li dirai
Aissí 'm part d'amor e'm recrè :
Mòrt m'a e per mòrt li respond
E vau me'n, pòs ilh no'm reten,
Chaitius en eissilh no sai ont.

2. Hélas, je croyais tant savoir d'amour, et j'en sais si peu ! Car je ne peux me retenir d'aimer celle dont je n'aurai jamais avantage (litt. : assez). Elle m'a dérobé mon cœur, elle s'est dérobée à moi, (elle m'a dérobé) moi-même, et le monde entier, et quand elle m'eut ainsi dérobé, elle ne me laissa rien, sinon désir et cœur avide.

3. Jamais plus je n'eus pouvoir sur moi, ni ne m'appartins (ne fus mien) dès lors qu'elle me laissa regarder en ses yeux, en un miroir qui tant me plaît. Miroir, depuis que je me mirai en toi, les soupirs profonds me tuent (litt.: «m'ont», me tiennent mort), si bien que je me perdis ainsi que se perdit le beau Narcisse en la fontaine.

4. Puisque auprès de ma dame (litt : mon maître : masculin employé pour exprimer le lien de vassalité qu'est l'amour) ne me peut servir (litt. : valoir) prière, merci, ni le droit que j'ai, et qu'il ne lui agrée point (litt. : «vient à plaisir») que je l'aime, jamais plus je ne lui dirai. Ainsi je me sépare d'amour, et me décourage : elle m'a tué, et je lui réponds par la mort, et je m'en vais, puisqu'elle ne me retient pas, misérable en exil, je ne sais où.

NOTES (suite)

Première strophe : (1er sens) il désire aimer une dame très belle, symbolisée par la gracieuse alouette. Mais cette alouette plane *au-dessus* de la terre où il vit (2ème sens). Cette dame qui le repousse (parce qu'elle est au–dessus et non avec lui) n'est déjà plus une simple femme (1er sens) mais une réalité inaccessible (comme l'alouette qui vole au-dessus de lui *alors que seule son imagination* peut s'élever) (2ème sens). Cette réalité est le désir de l'Amour absolu, que son imagination lui fait entrevoir, espérer et rechercher. En esprit, il est *émerveillé;* son désir est immense, au point qu'il lui semble que son cœur fond en lui.

Deuxième strophe : il nous montre qu'en se livrant aux amours terrestres, il croyait connaître l'amour. Mais il constate son erreur : celle qu'il désire c'est *«celle qu'il n'aura jamais vraiment»* mais que son esprit imagine et recherche. Par cet *Amour absolu* il pourrait communier avec le monde entier, il le sait, il ne peut s'empêcher d'y penser, mais hélas, il ne peut pas réaliser son désir d'unité (sortir de son isolement insupportable) (union avec le Tout) et sa soif d'absolu .

5 – Tristans, ges mon auretz de me,
Qu'ieu me'n vau chaitius, no sai ont :
De chantar me gic e'm recrè,
E de jòi e d'amor m'escond.

Troisième strophe : son esprit lui a fait entrevoir cet *absolu d'Amour et d'unité,* il s'y est complu mais ce n'était qu'une virtualité (et non une réalité) symbolisée par le *miroir* dont l'image est à la fois virtuelle et éphémère. Cette plénitude a cessé, elle n'était qu'une image ; cette félicité (le «jòi») passagère entrevue, il n'est plus que «*soupirs profonds*» au point qu'il est comme mort. Dès qu'il l'a aperçue, il s'est jeté tout entier dans cette *image d'Amour parfait, comme Narcisse, amoureux de sa belle image, dans la fontaine, ce qui a tué son âme.*

Quatrième strophe : il a essayé d'atteindre cet *Amour absolu* (qu'il appelle *son seigneur*); par ses prières il a essayé de lui inspirer de la pitié, il lui a parlé du *droit* de tout être vertueux de le connaître vraiment, rien n'y fit. Alors, voulant garder sa fierté, il décide de ne pas lui avouer plus longtemps son *amour* (afin peut-être de l'attendrir); il s'en va, enchaîné par son *désir d'absolu à la recherche de la solution, de la clé dont il ne connaît* pas la demeure. Mais parallèlement à ce sens symbolique (*recherche de l'absolu*) il s'agit aussi d'une dame qui n'a pas voulu de son amour.

5. Tristan, plus rien n'aurez de moi, car je m'en vais, misérable, je ne sais où: chanter, j'y renonce et m'en décourage, et loin de «jòi» et d'amour me retire (me cache).

Cinquième strophe : n'ayant pu atteindre cet absolu qui dépasse les possibilités d'un homme sur terre, il renonce, triste, à cet *Amour absolu* et au *Jòi* (joie suprême) qu'il voulait connaître.
L'équivoque sur le sens est réaffirmé : (1er sens) *Tristan* représente une *femme* qui l'a repoussé; (2ème sens) Son échec, devant l'*Amour et l'unité absolu* qui n'ont pas voulu de lui, l'a rendu *triste.*
Il était au courant au Moyen Age, de donner à une dame un nom masculin (ici Tristan); ce prénom permet également un jeu de mots avec l'adj. *triste «triste».*
Remarquez également le peu de changement qui a affecté l'occitan depuis le XIIème siècle; exception faite de quelques tours un peu vieillis, on dirait de l'occitan du XXème siècle.

Enfin, bien que ce soit du limousin, un Languedocien, un Gascon, un Provençal ou un Auvergnat peut lire et comprendre ce texte, parce que les Troubadours, comme il est dit dans l'introduction, avaient établi une graphie commune, une **koiné,** indispensable pour l'intercompréhension, qui est la graphie dans laquelle est écrite ce livre; si on avait préféré choisir la graphie dite «mistralienne» (en réalité de Roumanille) il aurait été actuellement très difficile de comprendre ces poèmes de Troubadours .
Quelle catastrophe irréparable ce serait, si nous étions coupés par la graphie de nos ancêtres si prestigieux !

LEIÇON 71

Tant m'abelís...
« Tant m'abelís vòstre cortés demand
Qu'ieu non me puesc ni volh a vos cobrir.

Ieu sui Arnaud, que plora e vau cantant ;
Consirós vei la passada folor
E vei jaussent lo jòi qu'espere, denant.

Ara vos prec, per aquela valor
Que vos guida al som de l'escalina :
Sovenhatz vos a temps de ma dolor !

Tant m'agrée ...

«Tant m'agrée votre courtoise question, que je ne puis, ni ne veux me cacher à vos yeux (à vous).
(Moi) Je suis Arnaut, qui pleure et vais chantant;
Je vois, avec chagrin (chagriné) ma folie passée et je me réjouis en voyant, (vois joyeux), devant moi, le «jòi» que j'attends. Or (maintenant) je vous prie, par cette force (valeur) qui vous conduit au sommet de l'escalier : souvenez-vous à temps (lorsqu'il sera temps) de ma douleur !

Dante : La Divine Comédie

Le Purgatoire, chant XXVI (fin)

NOTES :

(1) Dante, bien qu'il ne fut pas occitan, avait choisi d'écrire sa **Divine Comédie** en langue d'oc, parce qu'elle était alors la langue la plus prestigieuse d'Europe. Il est dommage pour nous qu'il ait cédé aux pressions de ses compatriotes qui lui demandaient d'écrire son œuvre dans leur propre langue : il aurait été un des plus grands poètes de langue d'oc. Toutefois, il tint à écrire la fin du **Purgatoire** dans la langue des Troubadours qu'il considérait comme ses maîtres, afin de rappeler que la langue d'oc était pour lui la plus belle des langues.

(2) Il écrivit ce passage en nord-occitan, suivant l'exemple de la majorité des Troubadours qui étaient effectivement Limousins et non pas Provençaux, comme cela est parfois soutenu. Le terme le plus fréquemment employé aux XIIème et XIIIème siècles par les Troubadours pour désigner leur langue est «**lemosin**» et non pas «**provençal**», qu'ils fussent du Limousin ou d'ailleurs.
Remarquez les formes nord-occitanes comme : **sui,** lang. **soi; vei,** lang. **vesi.**

(3) Vous pouvez remarquer, au vers 5, le terme JÒI, symbole de la philosophie des Troubadours, qui était fort bien connue de Dante.

Setanta dosena leiçon (72)

Tant ai mon còr...

1 — Coneissètz pas una autra cançon de Bernat de Ventadorn ?

2 — Si, escotatz aquela, que parla tanben d'*Amor*.

Tant ai mon còr plen de jòia..(1)

3 — Tant ai mon còr plen de jòia
Tot me desnatura ;
Flors blanca, vermelh' e blòia
M' sembla la freidura,
Qu'ab lo vent e ab la plòia
Me creis l'aventura,
Per que mos prètz monta e pòia
E mos *chants melhura.*
Tant ai al còr d'amor
De *jòi* e de *dòuçor*
Qu'iverns me sembla flor
E la neus verdura.

1. Ne connaissez-vous pas une autre chanson de Bernard de Ventadour ? –**2.** Si, écoutez celle-là, qui parle aussi d'Amour.

J'ai mon cœur si plein de joie ...

(3) J'ai mon cœur si plein de joie que tout me paraît changer de nature (litt. : tout se «dénature» pour moi) ; la froidure me semble fleur blanche, vermeille et claire, car avec le vent et la pluie croît pour moi le bonheur; c'est pourquoi mon mérite monte et s'élève, et mon chant s'améliore. J'ai au cœur tant d'amour, de «*jòi*» et de *douceur* que l'hiver me semble fleur et la neige verdure.

NOTES :

(1) Les Troubadours différenciaient «la **jòia**» du «**jòi**» qui est «la joie, la félicité suprême» obtenue par l'application des vertus telles que **Paratge «égalité», «Amor»** etc, comme nous l'avons vu leçon 71.

(2) Dans cette poésie sont présents un grand nombre de mots-clefs de la philosophie des troubadours : **prètz** «mérite», **melhurar** «améliorer», **amor** «amour», **jòi** «joie suprême»... **fin'amor** «pur amour», **mesura** «mesure», **onor** «honneur», **ricor** «richesse».

(3) Il préfère son amour à la grande beauté de la ville de Pise.

4 — Anar pòsc ses vestidura
Nuds en ma chamisa
que *fin'amors* m'assegura
De la freida bisa ;
E es fòls qui's *desmesura*
E no's ten de guisa :
Per qu'ieu ai pres de me cura,
Pòs que ai enquisa
La plus bela d'*amor*
Dont esper tant d'*onor*
Qu'en lòc de sa *ricor*
No vòlh aver Pisa (2) (3).

— (Item) es autra tèrra quadrangla de dretas mesuras e a del cap aut e del bas 12, e dels costats 15 ; quanta es la sieua raiç ? Aquesta es la règula : multiplicatz la faça auta o la bassa per un dels latz, çò es 12 vegadas 15 fan 180. E tant es la sieua raiç, çò es la mesura de totas las façàs de la tèrra.

(4) Je peux aller sans vêture, nu en ma chemise, car l'*amour parfait* (fin amour) me protège de la froide bise. Et fou est celui qui s'emporte et ne se tient pas en juste mesure : c'est pourquoi j'ai pris soin de me surveiller (litt : de moi) depuis que j'ai recherché d'*amour* la plus belle, de qui j'espère tant d'*honneur* qu'au lieu de sa *beauté* (richesse) je ne veux posséder Pise.

NOTES (suite)

Ces deux poèmes de «Bernat de Ventadorn» vous montrent clairement que l'Amour des Troubadours est aux antipodes de celui, par ailleurs bien gentil, chanté par certains guitaristes modernes qui émeuvent les jeunes filles sentimentales. Il s'agit d'une véritable Philosophie à la recherche de la *Perfection* et de *l'Absolu,* diamétralement opposée à une certaine idée bestiale de l'amour-pornographie, qui s'étale, avec souvent la bénédiction officielle, dans les rues de notre XXème siècle, rappelant singulièrement la décadence romaine, si proche de l'arrivée des «barbares».

DEUXIEME TEXTE

Soit une terre à quatre angles droits dont les bases, la supérieure et l'inférieure, mesurent 12 et les côtés 15. Quelle est sa racine (carrée) ? Voici la règle : multipliez l'une ou l'autre des bases par l'un des côtés, soit 12 fois 15 : 180. Sa racine équivaut à la mesure (moyenne) des côtés de la terre.

NOTES :

(1) Ce passage est extrait du **Compendion de l'Abaco** de Francés Pellós, traité de mathématiques écrit en occitan à la fin du XVème siècle. Ce traité fut réédité en 1967 par la Revue des Langues Romanes; le texte en fut établi par Robert Lafont, d'après l'édition de 1492. Cet extrait a pour but de montrer que l'occitan est aussi une langue scientifique, et non pas seulement une «*langue de la campagne*», comme on a pu le prétendre.
Il ne faudrait pas oublier que, depuis le XIème siècle, on a écrit en occitan des ouvrages de médecine, de linguistique, de philosophie, etc.

(2) La langue est celle de Nice. Remarquez simplement le mot **règula,** proparoxiton d'emprunt au latin, pétrifié à Nice, où l'on en a d'autres, même dans la langue populaire; lang. **règla.**

Setanta tresena leiçon (73)

La Crosada

Amb lagremas es en *jòi* recebut
Car lo *Jòi* que repaira es granat e florit (1).
E se ditz l'un a l'autre : « Ara avèm Jèsus-Christ
E lo lugan e l'estela que per nos relusís
Que veicí nòstre sénher, que cresiam perit ;
Per aquò *Prètz* e *Paratge* qu'èran ensevelits
Son vivents, restaurats e sanats e garits,
Que lo comte es intrat a Tolosa per la relevar
E per Franceses destruire e per *Prètz* enansar (2);
Per trastotas las tèrras an tornat trobar lo parlar
E escridan : « Tolosa ! Que Dieu la dirige e la [garde
E li balhe *Valor*, la secorre la garde e la protege !
E li done poder e fòrça de reparar sas pèrtas
E de *Paratge* deliurar e' de *Jòi* enlusentir » (3).

NOTES :

Il s'agit d'une des plus belles pages, de la **Chanson de la Croisade** (écrite au XIIIème siècle), qui présente Raymond VI (aidé par la Provence et l'Aragon), rentrant victorieux à Toulouse après que le peuple s'est soulevé contre les croisés de Simon de Montfort. A ce moment, la Croisade paraît finie, et les vertus occitanes (**Prètz, Paratge, Valor, Jòi** etc.) peuvent à nouveau resplendir.
(1)**Granat** «qui porte du grain» (oc. **gran** «grain»).

LA CROISADE

Avec des larmes il est reçu en «**Jòi**» – Car le «**Jòi**» qui reparaît est grainé et fleuri – Et chacun dit à l'autre (Et se dit l'un à l'autre) : «Maintenant nous avons Jésus-Christ (avec nous) – Et l'étoile du matin et l'astre (l'étoile) qui pour nous resplendit, – Car (que) voici notre seigneur, que nous croyions anéanti (péri); – Et ainsi (Par cela) «**Prètz**» (Valeur, Mérite) et «**Paratge**» (Egalité *totale entre tous*) qui étaient ensevelis – Sont vivants, restaurés, assainis et guéris, – Puisque le comte est entré à Toulouse pour la relever – Et pour les Français détruire et pour «**Prètz**» élever; – Partout (Dans toutes les terres) les hommes (ils) ont retrouvé la parole – Et s'écrient : « Toulouse ! Que Dieu la dirige et la garde – Et lui donne **Valor** (Valeur), la secoure la garde et la protège ! – Et lui donne (le) pouvoir et (la) force de réparer ses pertes, – (Et) de délivrer «**Paratge**» et de faire resplendir «**Jòi**».

(2) **Enansar** «mettre en avant, relever, élever» de **enans/enant** (adj. et nom) «en avant; succès, progrès»; terme de sens approchant, **enaussar/enautar** «élever, rehausser».
(3) Notez la traduction de **re-**: **an tornat trobar** «ils ont retrouvé», que vous avez déjà vu à plusieurs reprises.
Vous avez une série de subj. présents, indiquant le souhait, comme en français : **dirige** (de **dirijar**); **garde** (de **gardar**); **balhe** (de **balhar**); **protege**.

— Aquí un estrach del ritual catare, escrich al sègle tresen, que presenta los principis d'aquesta religion : son crestians, que creson en Jèsus-Christ e en l'Evangèli ; considèran lo monde reialme del Mal, coma l'òbra del Diable ; recèrcan la puretat espiritala (catare es un mot d'origina que vòl dire « pur ») :
...Mas aissí coma la santa paraula de Dieu nos ensenha e los sants apòstols e los nòstres fraires espiritals nos o anoncian, que nosautres degitem tota desirança de la carn e tota lagesa, e fasam la volontat de Dieu, lo perfach ben complit, mas nos, servitors negligents non fasèm solament la volontat de Dieu enaissí coma se convendriá, mas soventament acomplissèm los desirs de la carn e las curas del sègle, si qu'als nòstres esperits nosèm... entre los crestians sèm pecadors... O tu, sant e bon Senhor, totas aquelas causas qu'a nosaustres endevènon, al nòstre sens e a la nòstra pensada, a tu las manifestam, Sanh Senhor, e tota la moltesa dels pecats pausam en la misericòrdia de Dieu e en la santa orason e en lo sant Evangèli, car nombroses son los nòstres pecats... O Senhor, juja e condamna los vices de la carn ; non ajas mercés de la carn, nada de corrupcion, mas aja mercés del esperit, pausat en preson, e administra a nos jorns e oras e venias e dejuns e orasons e presicacions, enaissí coma es costuma de bons crestians, que nos non siám jujats, ni condamnats al Jorn del Judici coma los felons...

***

Voici un extrait du rituel cathare, écrit au XIIIème siècle, qui présente les principes de cette religion : ils sont chrétiens puisqu'ils croient en Jésus-Christ et en l'Evangile; ils considèrent le monde, royaume du Mal, comme l'œuvre du Diable; ils recherchent la pureté spirituelle (*cathare* est un mot d'origine grecque qui veut dire «pur») :

Mais tandis que la sainte parole de Dieu nous enseigne, ainsi que les saints apôtres et que nos frères spirituels nous l'annoncent, que nous nous rejetions tout désir de la chair et toute souillure, et fassions la volonté de Dieu, (c'est-à-dire) ce qui est la perfection (le parfait) bien accompli, (mais) nous, serviteurs négligents, non seulement nous ne faisons pas la volonté de Dieu ainsi qu'il conviendrait, mais souvent nous accomplissons les désirs de la chair et les tâches du siècle (de la terre et non celles de Dieu), si bien qu'à nos esprits nous nuisons... entre les chrétiens nous sommes pécheurs... O toi, saint et bon Seigneur, toutes ces choses qui arrivent à nous, à (au) notre esprit et à notre pensée, à toi nous les confessons (manifestons), Saint Seigneur, et toute la multitude des péchés nous la plaçons (posons) en la miséricorde de Dieu et en la sainte oraison et dans le saint Evangile, car nombreux sont nos (les nôtres) péchés... O Seigneur, juge et condamne les vices de la chair; n'aie pas pitié de la chair, née de (la) corruption, mais aie pitié de l'esprit, qui est (posé) en prison, et accorde-nous (administre à nous) jours et heures et génuflexions et jeûnes et oraisons et prédications, (ainsi) comme c'est (la) coutume des (de) bons chrétiens, afin que nous ne soyons pas jugés, ni condamnés au Jour du Jugement comme les félons ...

***

LEIÇON 73

Setanta quatrena leiçon (74)

Catòia

Òc soi Catòia. Catòia l'Enfarinat.

Jamai soi pas estat coma los autres. Jamai. Perqué soi Catòia. E tanben perqué soi Enfarinat.

A Sant-Genièis, degun sap pas que soi Catòia. Degun sap pas que soi Enfarinat. Mas ieu o sabi.

Ieu Amans, Baptista, Blasi Codomièr.

Codomièr soi a Sant-Genièis. Encara mai Amans. E m'agrada d'èsser Amans. Sant Amans primièr evesque de Rodés...

Al meu païs la miá maire m'apelava Manson. Me coneissiái pas d'autre nom : Manson.

Mas quand anèri a l'escòla. La miá maire m'auriá volgut metre a l'escòla per Pascas. Lo mèstre me volguèt pas. Calguèt esperar lo mes d'octòbre : un temps de devalada, un jorn de vent d'autan e de castanhas.

Oui, je suis «**Catòia**», «**Catòia l'Enfarinat**». Jamais je n'ai été comme les autres. Jamais. Parce que je suis «**Catòia**». Et aussi, parce que je suis «**Enfarinat**».
A Saint-Geniès, personne ne sait que je suis «**Catòia**». Personne ne sait que je suis «**Enfarinat**». Mais, moi, je le sais . Moi, Amans, Baptiste, Blaise Coudoumier.
A Saint-Geniès, je suis Coudoumier. Encore plus Amans. Et cela me plaît d'être Amans. Saint Amans, premier évêque de Rodez...
Dans mon (Au mien) pays, ma mère m'appelait «**Mansou**». Je ne me connaissais pas d'autre nom : «**Mansou**».
Mais quand je suis allé à l'école. Ma mère aurait voulu me mettre à l'école pour Pâques. L'instituteur ne m'a pas voulu. Il a fallu attendre le mois d'Octobre : un temps d'automne, un jour de vent d'autan et de châtaignes.

LEIÇON 74

A Sant-Genièis coneisson pas lo vent d'autan. Al meu païs lo Segalar...

La miá maire me carguèt la blodeta negra tota nòva. Me donèt la saqueta amb tres chaudèls banuts dedins. Me prenguèt per la man.

Dins la cort de l'escòla, tanlèu nos veire arribar, los autres enfants quitèron de s'amusar. E nos agachavan. Ieu sarravi las mans de la miá mamà.

Anèrem trobar lo mèstre al seu burèu per escriure lo meu nom sus sabi quines registres.

Lo meu nom... A ! lo meu nom.

La miá maire me daissèt dins la cort sens gausar me potonejar. Los autres nos agachavan. Me teniái contra la paret, la saqueta dels chaudèls jol braç. La miá maire se n'èra anada.

« Catòia... Catòia lo pichon... Catòia... ».

Qual cridèt lo primièr ? Totes los enfants èran aquí que m'enrodavan e me guinhavan del det :

« Catòia... ».

A Saint-Geniès, ils ne connaissent pas le vent d'autan. Dans mon pays le Ségalar...
Ma mère m'a mis (chargé) ma petite blouse noire toute neuve.
Elle m'a donné mon petit sac avec trois échaudés cornus dedans.
Elle m'a pris par la main.
Dans la cour de l'école, dès qu'ils nous ont vu arriver, (sitôt nous voir arriver), les autres enfants ont cessé de s'amuser. Et ils nous regardaient. Moi, je serrais les mains de ma maman.
Nous sommes allés trouver l'instituteur dans son bureau pour inscrire mon nom sur je ne sais quels registres.
Mon nom... Ah ! mon nom !
Ma mère m'a laissé dans la cour, sans oser m'embrasser.
Les autres nous regardaient. Je me tenais contre le mur, mon petit sac d'échaudés sous le bras. Ma mère s'en était allé.
«**Catòia...** le petit **Catòia... Catòia**».
Qui a crié le premier ? Tous les enfants étaient là, (qui) ils m'entouraient et me montraient du doigt :
«**Catòia...**»

***

NOTES :

Jean Boudou publia en 1966 ce livre, **Catòia,** aux éditions LO LIBRE OCCITAN, qui connut un grand succès. Jean Boudou vient de nous quitter. L'Occitanie perd l'un de ses meilleurs romanciers du XXème siècle.

Les **Enfarinats** (Enfarinés) sont des catholiques qui, après avoir refusé pendant toute la Révolution, la Constitution Civile du Clergé, n'acceptèrent pas de se soumettre au Concordat signé par le Pape et Napoléon I.
Ils se couvraient la tête de farine dont la blancheur symbolisait pour eux la pureté de leur doctrine. Ils considéraient qu'ils étaient les vrais catholiques et estimaient que le reste de l'Eglise, était la proie du Démon.
Dans ce livre de Jean Boudou, le mot **Catòia** est la déformation du mot **catolic** (katoulik) dans la bouche d'un **Enfarinat** buègue, ancêtre d'Amans, le héros. Toute la famille porte depuis lors ce surnom.

LEIÇON 74

Compreniái pas encara qual èra Catòia. Del meu det pichon los guinhèri tanben.

E cridèri coma eles :

« Catòia... ».

Piquèron de las mans totes. Sautèron coma de falords. Se sarrèron encara mai de ieu.
« Catòia. Catòia... Lo Catoion... ».

Alara comprenguèri ieu. Èri ieu Catòia. Mas perqué èri ieu Catòia ? Me virèri contra la paret e plorèri.

Lo mèstre venguèt ben per me consolar. Mas cossí me portariá solaç, el ? Èri Catòia...

Quand sortiguèrem a onze oras, la miá maire m'esperava al canton de la cort. Anèri a ela los uèlhs confles, sens poder parlar, aufegat de glops...

Me potonegèt emai los autres nos agachèsson que passavan en se trufant.

— T'agradas pas a l'escòla ? Me demandèt ela. Mas de que as, paure Manson ?

— Catòia... bretonegèri ieu. Catòia...

Je ne comprenais pas encore qui était «**Catòia**». Avec (De) mon petit doigt, je les ai montrés aussi et j'ai crié, comme eux : «**Catòia...**».
Ils ont tous frappé dans leurs mains. Ils ont fait des bonds comme des fous. Ils s'approchèrent encore plus de moi :
«**Catòia, Catòia... Le Catouiou...**».
Alors j'ai compris, moi : c'était moi (j'étais moi) «**Catòia**». Mais pourquoi moi, étais-je Catòia ? Je me suis tourné vers (contre) le mur et j'ai pleuré. L'instituteur est bien venu pour me consoler. Que pouvait-il faire pour moi (pour me porter assistance, soulagement), lui ? J'étais «**Catòia**»...
Quand nous sommes sortis à onze heures, ma mère m'attendait au coin de la cour. Je suis allé vers (à) elle, les yeux gonflés, sans pouvoir parler, étouffé de sanglots et de larmes...
Elle m'a embrassé, bien que les autres nous regardent (regardassent) (tandis) qu'ils passaient en se moquant.
– Tu ne te plais pas à l'école ? M'a-t-elle demandé, (elle). Mais qu'as-tu pauvre «**Mansou**»?
– «**Catòia**»... ai-je bredouillé (moi). «**Catòia**»...

Cet ouvrage raconte la triste fin des derniers «*Enfarinés*», après la disparition du dernier prêtre réfractaire, «leur» dernier prêtre. Cette œuvre nostalgique symbolise la dépersonnalisation de l'Occitanie et l'aliénation des Occitans, souvent étrangers sur leur propre terre, comme Catoia dans son village.

De plus, beaucoup d'Occitans, en lisant cette première page du livre de Jean Boudou, se souviennent de leur première journée de classe, où seuls, comme abandonnés, on se moquait d'eux quand ils prononçaient un mot de «patois». Eux aussi ont connu le drame de Jean Boudou, à qui il était interdit de parler la langue des Troubadours sur les bancs de «l'école».

Alara ela de me prene a bèl braçat e de me portar a l'ostal coma un nenon.

E sonèt lo meu paire, tanlèu arribar, e lo pepin vièlh. Cridava, la miá maire, e me sarrava amb encara pus de vam.

— Partirai d'aicí, bramava. Partirai sola, se cal. Dins un païs que degun nos conesca pas...

Lo meu paire se calava. Lo pepin vièlh quitèt lo capèl. Aqueles pels blancs tan longs sus las espallas. Doçament lo pepin parlèt :

« Soven-te, femna, e tu tanben Amans, per tant que patiscatz, Nòstre Sénher a mai patit... »

Lo pepin se senhèt. Nosautres amb el. Puèi tornèt pausar son capèl sus sos pels d'Enfarinat...

Alors elle m'a pris (elle de me prendre) dans ses bras tout contre elle et elle m'a porté (de me morter) à la maison comme un bébé.
Et elle a appelé mon père, dès son arrivée (sitôt arriver) et mon vieux grand-père. Elle criait, ma mère, et elle me serrait avec plus de force encore :
«Je partirai d'ici, criait-elle. Je partirai seule, s'il le faut. Dans un pays où (que) personne ne nous connaisse...»
Mon père se taisait. Mon vieux grand-père a quitté son (le) chapeau. Ces cheveux blancs si longs sur ses (les) épaules. A voix basse, (doucement), mon grand-père a parlé :
«Souviens-toi, femme, et toi aussi, Amans, pour autant que tu souffres, Notre Seigneur a souffert davantage...».
(Le) Grand-père s'est signé. Nous autres avec lui. Puis il a reposé son chapeau sur ses cheveux d'«**Enfarinat**».

LEIÇON 74

— Letra d'Enric Quatre.

1 — A nòstres cars e ben amats los jurats de nòstra val d'Ossau, — lo Rei Senhor sobiran.

2 — Cars e ben amats, vos avèm ci-devant mandat de nos far aver e trasméter sièis marres e dos canhs mastins que avèm ordonat méter en nòstra bòrda de Durança, a que ne vos ètz encara sociats d'obedir.

3 — A-d-aquesta causa, avèm ben volgut far la presenta recarga per vos díser que vos non falietz, incontinent après que l'auretz recebuda, de nos trasméter losdits marres e canhs, e los deliurar au filh deu vaquèr qui garda nòstre bestiar, qui los condusirà a nòstra-dita bòrda de Durança. E atant pregam lo Creator, cars e ben amats, vos tenga en sa guarda.

A Nerac lo VIII en jorn de april 1.585.

Enric

LETTRE D'HENRI IV

1. A nos chers et bien-aimés (les) jurés de notre vallée d'Ossau, – le Roi Seigneur souverain. –2. Chers et bien-aimés, nous vous avons ci-devant demandé de nous faire avoir et transmettre six béliers et deux chiens mâtins que nous avons ordonné de mettre dans notre métairie de Durance; à cela, vous ne vous êtes pas encore soucié d'obéir. –3. Pour cette affaire (chose), nous avons bien voulu faire la présente recharge pour vous dire que vous ne manquiez pas, immédiatement après l'avoir reçue (que vous l'aurez reçue), de nous transmettre les dits béliers et chiens et de les livrer (délivrer) au fils du vacher qui garde notre bétail, qui les conduira à notre dite métairie de Durance. Et nous prions le Créateur, chers et bien-aimés, de telle sorte qu'il vous tienne en sa garde.
A Nérac, le 8 avril 1.585. Henry.

NOTES :

Henri IV, le roi de France occitan, ne parlait qu'en béarnais avec ses amis et ses sujets. Le français était pour lui une langue étrangère, qu'il n'utilisait qu'avec des interlocuteurs ne connaissant pas l'occitan.

Var. béarnaises. –**2. (tras)méter,** lang. **(tras)méter,** lang. var. de **sètz,** présente aussi en lang. –**3. díser,** lang. **dire; bestiar,** lang. **bestial.**

Setanta cinquena leiçon (75)

La Venús d'Avinhon

1 — Sis uelhs d'enfant, fons e verdaus,
Si grands uelhs purs vos dison : d'aut !
Un pauc risèntas, un pauc moquetas,
Tèndri, se duerbon si boquetas ;
Si dènts, pus blancas que lo lach,
Brilhan... Chut ! qu'arriba : vètz-la !
Tot just s'a quinze ans, la chatona.

2 — Passes plus, que me fas morir,
O laissa-me te devorir
De potonas !

3 — Arratge, son peu negrinèu
S'estropa a trenèla', en anèus ;
Un velós cremesin l'estaca ;
Foitat dau vènt, de roge taca
Sa cara bruna e son còu nus :
Diriatz qu'es lo sang de Venús,
Aqueu riban de la chatona.

4 — Passes plus, que me fas morir,
O laissa-me te devorir
De potonas !

La Vénus d'Avignon

1. Ses yeux d'enfant, profonds et verts, ses grands yeux purs vous disent : Va ! Un peu souriantes, un peu boudeuses, tendres, ses lèvres s'entrouvrent ; ses dents, plus blanches que le lait, brillent... Chut ! (qu')elle arrive : voyez-la ! Elle a quinze ans à peine, la jeune fille. –**2.** Ne passe plus, car tu me fais mourir, ou laisse-moi te dévorer de baisers. –**3.** Vagabonde, sa chevelure noire, se retrousse en torsades, en boucles; un velours cramoisi l'attache; fouetté par le vent, il tache de rouge son visage brun et son cou nu : on dirait le sang de Vénus, ce ruban de la jeune fille. –**4.** Ne passe plus, car tu me fais mourir, ou laisse-moi te dévorer de baisers.

NOTES :

Théodore Aubanel est, après Mistral, le plus grand poète de la Provence. Bien qu'il fût «bon catholique», la sensualité présente dans ses poèmes le fit considérer comme un «renégat, un impie, un obscène». Il hésita longtemps avant de publier ses œuvres qui choquaient certains, considérablement. Pourtant, il était dans la ligne des Troubadours qui présentaient dans leurs œuvres un Amour total, sensuel et mystique. Selon ses propres paroles, cette Vénus d'Avignon est un «hymne à la beauté vivante, à ces types parfaits qui vous apparaissent quelquefois dans une foule et passent, comme un rêve, vous laissant tout ébloui. Il y a, dans Avignon, une admirable jeune fille du peuple, blanche comme lis, d'une beauté merveilleuse et d'une grâce infinie. On la dit très sage. Je ne sais pas même son nom; mais ce que je sais, c'est que chaque fois – trop rarement – que je la rencontre, c'est pour moi un charme suprême. De là, le titre de **Vénus d'Avignon** donné à cette pièce qui pourrait tout aussi bien s'appeler autrement». (Th. Aubanel, Lettre à Marie Jenna, le 17 janvier 1869).

La première édition de ce poème fut publiée en graphie dite «mistralienne». Les héritiers de Th. Aubanel, ayant accepté que ses œuvres soient transcrites en graphie occitane classique, permirent ainsi à tous les Occitans non Provençaux, jusqu'alors forts gênés par la graphie, de comprendre et d'apprécier ce très grand poète, qui méritait bien que son œuvre dépassât le Rhône.

5 — O ! quau me levarà la set
De la chata ?... A ges de corset :
Sa rauba, fièra e sèns plecs, mòlla
Son joine sen que non tremòla
Quand marcha, mai s'arredonís
Tan ferme, que subran fernís
Vòstre còr davant la chatona.

6 — Passes plus, que me fas morir,
O laissa-me te devorir
De potonas !

7 — Camina, e la creiriatz volant :
Sota la gràcia e lo balanç
Dau fresc cotilhon, se devina
Anca ardida e cambas divinas,
Tot son còs ufanós enfin ;
Mai se vèi que si petons fins
E si cavilhas de chatona.

8 — Passes plus, que me fas morir,
O laissa-me te devorir
De potonas !

9 — A mon còu, si bèu braç tan doç,
Li crosèsse un jorn toti dos !
Sa man pòrta pas 'ncar la baga :
Pòu venir, lo nòvi, que paga
Amé castèus, diamants, tresòrs,
L'embandís ! Vòu ligar son sòrt
Am'un fiu d'amor, la chatona...

–**5.** Oh ! qui m'ôtera la soif de la jeune fille ? ... Elle n'a point de corset : sa robe, fière et sans plis, moule son jeune sein qui ne tremble pas quand elle marche, mais s'arrondit si ferme, que soudain frémit votre cœur devant la jeune fille. –**6.** Ne passe plus, car tu me fais mourir, ou laisse-moi te dévorer de baisers. –**7.** Elle marche, et vous croiriez qu'elle vole : sous la grâce et le balancement de la fraîche jupe, on devine hanche hardie et jambes divines, tout son corps triomphant, enfin; mais on ne voit que ses fins petits pieds et ses chevilles de jeune fille. –**8.** Ne passe plus, car tu me fais mourir, ou laisse-moi te dévorer de baisers. –**9.** A mon cou, ses beaux bras si doux, puisse-t-elle un jour les croiser tous les deux ! Sa main ne porte pas encore la bague : il peut venir, le fiancé qui paye avec châteaux, diamants, trésors, elle le chasse ! Elle veut lier son sort avec un fil d'amour, la jeune fille !

NOTES (suite)

Voici un exemple de cette graphie dite «mistralienne», que vous pourrez comparer à la graphie occitane classique :
... A moun còu, si bèu bras tant dous,
Li crousèsse un jour touti dous !
Sa man porto panca la bago
Póu veni, lou nòvi, que pago
Emé castèu, diamant, tresor,
L'embandis ! Vòu liga soun sort
Em'un fiéu d'amour, la chatouno...
Pour un Gascon, un Auvergnat ou un Limousin, dont la prononciation est souvent fort différente de celle que l'on entend sur les bords du Rhône, ce texte écrit ainsi est très difficilement compréhensible : si un Français de Lille ou de Strasbourg écrivait comme il prononce, pensez-vous qu'un Bordelais ou un Avignonnais pourrait comprendre un texte écrit par l'un d'eux ? Pour un Languedocien, dont le parler est assez proche du provençal d'Aubanel, ce passage est, dans l'ensemble, compréhensible.
Toutefois, si l'on ne possède pas une traduction de ce texte écrit ainsi, il est parfois impossible de savoir si l'on est en présence d'un singulier ou d'un pluriel, (puisqu'ils ne sont pas différenciés par la graphie), ce qui est tout de même gênant; le vers suivant illustre parfaitement cette anomalie : «**Emé castèu, diamant, tresor**» (vers 5).

10 — Passes plus, que me fas morir,
O laissa-me te devorir
De potonas !

11 — Vòle pas, vòle plus t'amar !
M'es en òdi de trelimar
Pèr tu tan bèla e tan marrida.
Te crèigues pas tant, Esperida,
Brèu de carn ròsa e de peus bruns,
Que podriá, mon ponh, metre en frum
Come una moissala ! Chatona,

12 — Passes plus, que me fas morir,
O laissa-me te devorir
De potonas !

13 — La nuech fau d'estrangi pantais :
M'escapes antanlèu que t'ai ;
Te corre après, jamai t'ajonhe.
Vese de luenh badar ton jonhe
Come una flor que s'espandís :
Sèmpre quand tòque au paradís,
Un diable te rauba, ò chatona !

14 — Passes plus, que me fas morir,
O laissa-me te devorir
De potonas !

—**10.** Ne passe plus, car tu me fais mourir, ou laisse-moi te dévorer de baisers ! —**11.** Je ne veux pas, je ne veux plus t'aimer ! Il m'ennuie de te convoiter, toi si belle et si mauvaise. Ne t'enorgueillis pas tant, Espérite, brin de chair rose et de cheveux bruns, que mon poing pourrait broyer comme un moucheron ! Jeune fille. —**12.** Ne passe plus, car tu me fais mourir, ou laisse-moi te dévorer de baisers. —**13.** La nuit, je fais d'étranges rêves : tu m'échappes dès que je t'ai : je te poursuis sans jamais t'atteindre. Je vois de loin s'ouvrir ton corsage comme une fleur qui s'épanouit : toujours, quand je touche au paradis, un démon te dérobe, ô jeune fille ! —**14.** Ne passe plus, car tu me fais mourir, ou laisse-moi te dévorer de baisers !

NOTES (suite)

Quant au mot écrit **panca** (vers 3) il est totalement incompréhensible.
Dans d'autres textes, on éprouve parfois bien des difficultés à distinguer un participe passé d'un infinitif ou d'un verbe conjugué, puisque rien ne marque les différences.
A vouloir trop simplifier une graphie, on risque de gêner considérablement non seulement l'intercompréhension mais aussi la simple compréhension.

15 — D'abòrd qu'en tèrra non se pòu
Estre amorós sènsa aver paur,
Anem-nos-en dins lis estèlas ;
Auràs lo tralutz pèr dentèla,
Auràs li nívols pèr ridèus,
E jogarai come un cadèu
A ti pichòts pès, ma chatona !

16 — Passes plus, que me fas morir,
O laissa-me te devorir
De potonas !

— Lo planh de l'Uganaud vièlh.

1 — Avètz rason, amics ; l'Occitania es *Beutat, Amor* e *Poesia,* mas es tanben una tèrra de malur. Escotatz lo poëta provençal, Carles Camprós nos parlar, dins un de sos poëmas de la Resisténcia, d'un paure uganaud que sos enemics li cremèron l'ostal (1).

2 — Aquí en provençal Lo planh de l'Uganaud vièlh :
Mai per de que m'an cremat l'ostau ?
Mai per de que m'an tuat la bèstia ?
Ai seguit ta volontat celèstia
Dieu de Dieu ! e m'an cremat l'ostau ! (1)

3 — Que son venguts faire, Dieu de Dieu,
Dins nòstri vaus ambé si mans de guèrra ?
De qu'aviam besonh di causas fèras
Per viure benastrucs, Dieu de Dieu ? (2)

–**15.** Puisque sur la terre on ne peut être amoureux sans avoir peur, allons-nous en dans les étoiles; tu auras la lumière pour dentelles, tu auras les nuées pour rideaux, et je jouerai comme un jeune chien à tes petits pieds, ma jeune fille. –**16.** Ne passe plus, car tu me fais mourir, ou laisse-moi te dévorer de baisers.

La complainte du vieil huguenot

1. Vous avez raison, (mes) amis; l'Occitanie est *Beauté, Amour* et *Poésie,* mais elle est aussi une terre de malheur. Ecoutez le poète provençal Charles Camproux nous parler, dans un de ses poèmes de la Résistance, d'un pauvre huguenot à qui ses ennemis ont brûlé la maison (que ses ennemis... lui ont...).

2. Voici la complainte du vieil huguenot (provençal) :
Mais pourquoi m'ont-ils brûlé ma (la) maison ?
Mais pourquoi m'ont-ils tué ma bête ?
J'ai suivi ta volonté céleste
Dieu de Dieu ! et ils m'ont brûlé ma maison !

3. Que sont-ils venus faire, Dieu de Dieu, dans nos vallées avec leurs mains de guerre ?
Qu'avions-nous besoin de choses cruelles,
Pour vivre heureux, Dieu de Dieu ?

4 — Ai pas jamai ren fach en degun
Per toti rajan toti li sòrgas
Ai jamai cresegut li messòrgas
Jamai ren cercat polha en degun (3).

5 — Is aubetas vesiái lo solèu
Que, Nòstre Dieu, cantava ta glòria,
Quand èra vèspre darrièr la bòria,
Totjorn sonavas nòstre solèu (4).

6 — I aviá que ton bofe sus li monts
E sot li castanhièrs l'aiga clara
Que nos davalava de la Barra,
Lo liure bofe tieu sus li monts (5).

7 — L'aiga cantava per li valats
La santa libertat de la Bíblia
E lo mesprètz di causas risiblas,
Qu'avau s'emportavan li valats (6).

8 — Mai per de que m'an cremat l'ostau ?
Mai per de que m'an tuat la bèstia ?
Ai seguit ta volontat celèsta :
Li bregands m'an cremat l'ostau !

(Poëmas de la Resisténcia, Oc, 1.949)

9 — Vesètz que n'i a encara, de poëtas en Occitania !

4. Je n'ai jamais rien fait à personne
Pour tous jaillissent toutes les sources,
Je n'ai jamais cru les mensonges, – Jamais cherché querelle à personne.

5. A l'aube de chaque jour – (Aux petites aubes) je voyais le soleil –Qui, Seigneur (Notre Dieu), chantait Ta gloire, –Quand c'était (le) soir derrière ma (la) ferme, –Toujours Tu rappelais (vers Toi) notre soleil.

6. Il n'y avait que Ton souffle sur les monts – Et sous les châtaigniers l'eau claire – Qui descendait vers nous et pour nous **(nos)** de la Barre, – Ton libre souffle sur les monts.

7. L'eau chantait dans (par) les vallons – La sainte liberté de la Bible – Et le mépris des choses risibles, – Qu'à la plaine emportaient (avec eux) les vallons.

8. Mais pourquoi m'ont-ils brûlé ma maison ?
Mais pourquoi m'ont-ils tué ma bête ?
J'ai suivi ta volonté céleste : – Les brigands m'ont brûlé ma maison !

(Poèmes de la Résistance, Oc, 1949)

9. Vous voyez qu'il y en a encore, des poètes en Occitanie !

Setanta seisena leiçon (76)

Telhard de Chardin

1 — Coma l'avèm vist, l'Occitania es una tèrra de grands òmes. Escotam Pèire Pessemesse nos parlar de Pèire Telhard de Chardin :

2 — « ...Telhard de Chardin es occitan de naissença e d'aquel ponch de vista sa pròsa, de còps, ne pòrta testimònia, Dieu mercé, es un dels estilistes mai prodigioses que coneigui. Dejós sa pluma venon la biologia e la recerca paleontologista un diamant escrincelat, un movement perpetual de pensada e de passion. De tout segur, son ascendéncia occitana i es per quicòm. Puretat e romantisme apassionat per la fe, vaquí coma se pòt definir aquela marca del sabent, l'estile...

3 — Sa filosofia se caracterisa per una confiança immensa en l'òme e una fe imbrandable en son devenir terrèstre, la nocion d'una evolucion tot entièra dirigida cap a l'òme e enfin, l'introduccion de la dialectica al mièg d'una construccion sensa decas...

1. Comme nous l'avons vu, l'Occitanie est une terre de grands hommes. Ecoutons Pierre Pessemesse nous parler de Pierre Teilhard de Chardin : –**2.** «... **Teilhard de Chardin** est occitan de naissance et de ce point de vue sa prose, parfois, en porte témoignage. Dieu merci, c'est un des stylistes les plus prodigieux que je connaisse. Sous sa plume, la biologie et la recherche paléontologique deviennent un diamant aux mille feux (bien taillé), un mouvement perpétuel de pensée et de passion. Sans aucun doute, son ascendance occitane y est pour quelque chose. Pureté et romantisme passionné pour (et par) la foi, voilà comme peut se définir cette marque du savant, le style... –**3.** Sa philosophie se caractérise par une confiance immense en l'homme et une foi inébranlable en son devenir terrestre, la notion d'une évolution dirigée tout entière vers l'homme et enfin, l'introduction de la dialectique au centre (milieu) d'une construction sans fautes ...

4 — De còps, tala de sas demonstracions s'atroba coïncidir amb una idèa marxista desenvolupada per Hegel o un autre. Mas lo fons de sa pensada resta crestian coma cada etapa de son caminament espiritual e scientific. Aital, tenta, al fin de son òbra, una sintèsi enciclopedica del monde, una « Weltanschaung » nòva d'inspiracion catolica, la tresena despuèi la de Sant Tomàs d'Aquin e la de Pascal. Amb un gaubi qu'es de remarcar, s'ensaja de conciliar sciéncia e religion...

Lo curat de Cucunhan

1 — «... Era un long caminòl tot caladat de brasa roja. Trantalhant coma s'èri bandat, a cada pas trabucavi ; èri tot en aiga, cada pel de mon còs fasiá sa gota e pantugavi de la set... Mas, per ma fe, gràcia a las sandalas que lo brave sant Pèire m'aviá prestadas, me cremèri pas los pès.

2 — A pro pena de trabucar, balint-balant, vegèri a man esquèrra una pòrta, non, un portal, un portalàs, alandat coma la boca d'un grand forn. O ! paures enfants ! quin espectacle ! Aquí, vos demandan pas lo nom ; aquí, cap de registre. Per fornadas, a plena pòrta, se dintra aquí, mos cares fraires, coma dintratz a l'aubèrja lo dimenge.

–4. Parfois, il arrive qu'une de ses démonstrations coïncide avec une idée marxiste développée par Hegel ou un autre. Mais le fond de sa pensée reste Chrétien, comme chaque étape de son cheminement spirituel et scientifique. Ainsi, il tente, au fil de son œuvre, une synthèse encyclopédique du monde, une «Weltanschaung» (conception du monde) nouvelle d'inspiration catholique, la troisième depuis celle de Saint-Thomas d'Aquin et celle de Pascal. Avec une facture remarquable (qui est de remarquer), il essaie de concilier sicence et religion...» (Pierre Pessemesse, extrait d'un article intitulé Teilhard de Chardin, Vida Nova, 1960). Ce texte vous montre que l'occitan n'est pas seulement la langue de la terre, mais aussi celle de la philosophie.

LE CURÉ DE CUCUGNAN

1. «... C'était un long sentier tout pavé de braise rouge. Titubant comme si j'étais soûl, je trébuchais à chaque pas; j'étais tout en nage (en eau), je transpirais par tous mes pores (chaque poil de mon corps faisait sa goutte)... Mais, ma foi, grâce aux sandales que le bon Saint Pierre m'avait prêtées, je ne me brûlai pas les pieds. **–2.** A force de trébucher, cahin-caha, je vis sur ma gauche (à main gauche) une porte, non, un portail, un immense portail, ouvert comme la porte (la bouche) d'un grand four. Hélas ! mes pauvres enfants ! quel spectacle ! là, on ne vous demande pas votre nom; là, aucun registre. Par fournées, à pleine porte, on entre là, mes chers frères, comme vous entrez à l'auberge le dimanche.

3 — Tressusavi e çà-que-la èri raulit, tridolavi. Lo pel se me quilhava sul cap. Sentissiái a rabinat, a carn rostida, quicòm coma la flaira que s'espandís per las carrièras de Cucunhan quand Alòi, lo faure, crèma per la ferrar la bata d'un vièlh ase. Perdiái l'alen dins aquel aire abrasat e pudent ; ausissiái una orresca clamada, unis gemècs, unis renècs, unis brams !

4 — « E ben, tu ! Dintras o dintras pas ? me faguèt un diable banut en me ponchant amb sa foissina.
« — Ieu ? Dintri pas. Soi un amic de Dieu.
« — Un amic de Dieu ?... Mas, bogre de tinhós ! qué venes querre aicí ?

5 — «— Veni... A ! me'n parletz pas, que las cambas me pòdon pas téner... Veni... Veni de luènh... simplament per vos demandar... si, si, per còp d'astre... auriatz pas aicí... qualqu'un de Cucunhan...
« — A ! fòc del Cèl ! fas la bèstia, tu, coma se sabiás pas que tot Cucunhan es aicí. Te, corbatàs, fai-te ença e gaita : veiràs cossí te los adobam aicí, tos famoses Cucunhanencs,..

***

–3. Je transpirais abondamment et cependant j'étais transi, je grelottais. Mes cheveux se dressaient sur ma tête. Je sentais le brûlé, la chair rôtie, quelque chose comme l'odeur qui se répand dans les rues de Cucugnan quand Eloi, le forgeron, brûle pour le ferrer le sabot d'un vieil âne. Je perdais le souffle dans cet air embrasé et puant; j'entendais une horrible clameur, des gémissements, des jurons, des cris ! –**4.** Eh bien, toi ! Entres-tu ou n'entres-tu pas ? me cria (me fit) un diable cornu en me piquant avec sa fourche. – Moi ? je n'entre pas. Je suis un ami de Dieu. – Un ami de Dieu ?...Mais, espèce de teigneux ! que viens-tu chercher ici ? –**5.** – Je viens... Ah ! ne m'en parlez pas, car mes jambes flageolent (ne peuvent plus me porter)... Je viens... Je viens de loin... simplement pour vous demander... si, par hasard... il n'y aurait pas ici (vous n'auriez pas ici)... quelqu'un de Cucugnan... – Ah ! sacrebleu (feu du ciel) ! tu fais l'idiot (la bête), toi, comme si tu ne savais pas que tout Cucugnan est ici. Tiens, sale corbeau, approche et regarde : tu verras comment nous les arrangeons ici, tes fameux Cucugnanais...

●
● ●

LEIÇON 76

6 — « E vegèri, al mièg d'un remolin de flambas qu'espantava :
Aquel branda-biassa de Polh-Galina que se pintava tan sovent e tan sovent socatissiá las piuses a la siá paura Claron.
Vegèri la Catarineta, aquela gorrina de filha amb son nas en l'aire... la que s'ajaçava soleta a la granja.. Vos'n sovenètz, dròlles ? Mas, anem, n'ai tròp dit.
Vegèri Pascal Det-de-pega, lo que fasiá l'òli amb las olivas de Monsen Julian.
Vegèri Babeta l'espigaira, la que per aver pus lèu ligat la garba tirara dels tavèls a bèls punhats.
Vegèri Mèstre Grapasi, lo qu'oliava tan plan la ròda de sa carriòla.

7 — E la Dalfina, que vendiá tan car l'aiga de son potz.
E lo Tortilhard que, quand me trobava portant Nòstre-Sénher passava son camin amb la boneta sul cap e la pipa al bèc... fièr coma Artaban... coma s'aviá rencontrat un gos.
E lo Colau amb sa Zeta, e Jacme, e Pèire, e Tòni... ». Esmogut, blanc de paur, l'auditòri gemèga, vesent dins l'infèrn tot alandat l'un son paire, l'autre sa maire, aqueste sa menina, aquel sa sòrre ...».

–**6.** Et je vis, au milieu d'un épouvantable tourbillon de flammes : ce gueux de Coq-Géline qui se soûlait si souvent et qui si souvent battait (secouait les puces à) sa pauvre Clairon. Je vis la Catherinette, cette garce de fille avec son air prétentieux (son nez en l'air)... celle qui couchait toute seule dans sa grange... Vous en souvenez-vous, les gars ? Mais, allons, j'en ai trop dit. Je vis Pascal Doigt-de-Poix, celui qui faisait son huile avec les olives de Monsieur Julien. Je vis Babette, la glaneuse, celle qui pour avoir plus tôt lié sa gerbe, se servait aux dizeaux (tas) à pleines mains (poignées). Je vis maître Grepasi, celui qui graissait (huilait) si bien la roue de sa brouette. –**7.** Et Delphine, qui vendait si cher l'eau de son puits. Et le Tortillard qui, lorsqu'il me rencontrait portant la communion (le Bon Dieu : Notre Seigneur) passait son chemin, son bonnet sur la tête et sa pipe au bec... fier comme Artaban... comme s'il avait rencontré un chien. Et «Coulau» avec sa Zette, et Jacques, et Pierre, et Antonin...» Emu, blanc de peur, l'auditoire gémit en voyant dans l'enfer grand ouvert qui son père, qui sa mère, celui-ci sa grand-mère, celui-là sa sœur ...».

VOS CAL TORNAR PRENE "L'OCCITAN SENS PENA" AMB VÒSTRES ENFANTS

LEIÇON 76

Lo caçaire de sarris

1 — ..., lo caçaire devarèc dins la vath. Un an viscoc pas que d'aqueth fromatge miraculós que trobava pas jamèi entamenat, cada còp que volèva minjar. N'avèva perdut lo gost de la carn ; e benlèu lo de caçar... Los sarris èran uroses ! Tornavan àuger hisança en l'òme, au punt que devaravan dinca dins la vath. ...Un ser que lo caçaire èra a la fenèstra, un sarri vengoc pròche de sa casa. Se pensèc : « Lo poirí tuar d'ací estant. N'èi pas jamèi avut nat a portada coma 'quò ».

2 — Lo caçaire angoc quèrre son arbaleta, penjada dempús un an a una punta deu chambranle. Ajustèc, dambe son adreça qu'avèva pas perduda, la bèstia que passava sens se maufisar de ren, e la tüèc... Se n'aprestèc un polit talhon ende sopar. En tot lo minjar, lo gostava, coma nòsta prumèra mair, la fruta defenduda.

3 — Lo caçaire angoc a la limanda, mès en sin que la dierbèva, un gròs gatàs negre, qu'avèva los uèlhs e las mans d'un òme, ne sortiscoc coma un lambret, en s'emportar lo fromatge a mòsses. Sautèc per la fenèstra demorada dubèrta e disparescoc e lo fromatge dambe eth.

LE CHASSEUR D'ISARDS

1. ... le chasseur descendit dans la vallée. Pendant un an, il ne vécut que de ce fromage miraculeux qu'il ne trouvait jamais entamé chaque fois qu'il voulait manger. Il en avait perdu le goût de la viande; et peut-être celui de chasser... Les isards étaient heureux ! Ils reprenaient (revenaient avoir) confiance en l'homme, au point de descendre jusque dans la vallée... Un soir que le chasseur était à la fenêtre, un isard vint près de sa maison. Il se dit (pensa) : «Je pourrais le tuer d'ici même. Je n'en ai jamais eu qui soit (de si) à portée comme cela».

....

2. Le chasseur alla chercher son arbalète, suspendue depuis un an à une pointe du chambranle. Il ajusta, avec son adresse qu'il n'avait pas perdue, la bête qui passait sans se méfier de rien, et la tua... Il s'en prépara un beau morceau pour souper. Tout en mangeant, il le dégustait, comme notre première mère, le fruit défendu.

....

3. Le chasseur alla à l'armoire, mais en même temps qu'il l'ouvrait, un énorme chat noir, qui avait les yeux et les mains d'un homme, en sortit comme un éclair, en emportant le fromage dans sa gueule. Il sauta (par) la fenêtre restée ouverte et disparut et le fromage avec lui.

NOTES :

(1) Ce texte d'André Dupuy est extrait d'une émission radiophonique.
Vous apprécierez le naturel de la langue.
Var. gasconnes : 1 **devarèc**, lang. **davalèt; vath,** lang. **val. viscoc,** lang. **visquèt; aqueth,** lang. **aquel; jamèi,** lang. **jamai; volèva,** lang. **voliá; minjar,** var. de **manjar,** présente aussi en lang.; **avèva,** lang. **aviá; tornavan àuger, hisança,** lang. **tornavan aver fisança; devaravan,** lang **davalavan; dinca dins la vath,** lang. **dusca dins la val; vengoc,** lang. **venguèt; pensèc,** var.de **pensèt** présente aussi en lang. occid.; **n'èi pas jamèi avut,** lang. **n'ai pas jamai agut/ abut.** –**2. angoc,** lang. **anèt/anguèt; dempús,** lang. **dempuèi; maufisar,** lang. **mesfisar; prumèra mair,** lang. **primièra maire; fruta,** var. de **frucha,** présente aussi en lang. –**3. dierbèva,** lang. **dobrissiá/ durbissiá; sortiscoc, lang. sortiguèt; disparescoc,** lang. **dispareguèt/disparesquèt; eth,** lang. **el.**

Setanta setena leiçon (77)

Visca l'Occitania e visca l'Occitan !

1 — Ara, es acabat vòstre viatge per l'Occitania. *L'occitan sens pena* vos a permés de conéisser o de conéisser melhor aquela bèla lenga al passat prestigiós.

2 — Civilisèt l'Euròpa a l'Edat Mejana, que li balhèt un ideal de *Libertat, de Paratge e d'Amor.*

3 — Mas la guèrra e d'eveniments maluroses l'estarussèron. D'òmes geloses de son prestige, que mesclavan unitat e uniformitat de la França, ensagèron de la tuar.

4 — Mas pauc a pauc, dieumercé Frédéric Mistral e lo Felibrige, dieumercé totes los Occitans de Bordèu o de Marselha, de Limòtges o de Tolosa, que tornan prene conciéncia de lor personalitat vertadièra, la lenga nòstra trelusís tornamai.

5 — Avètz donc aprés a aprigondir vòstra lenga, mas vòstre trabalh es pas acabat : vos cal tornar prene *l'Occitan sens Pena* amb vòstres enfants : son l'avenir de nòstra lenga. Vesètz coma es aisat : vèni aicí Guilhon.

VIVE L'OCCITANIE ET VIVE L'OCCITAN

1. Voilà donc achevé (maintenant, est achevé) votre voyage à travers l'Occitanie. *L'occitan sans peine* vous a permis de connaître ou mieux connaître (meilleur) cette belle langue au passé prestigieux. –**2.** Elle a civilisé l'Europe au Moyen Age, en lui donnant (qu'elle lui a donné) un idéal de *Liberté, d'Egalité et d'Amour.* –**3.** Mais la guerre, et des événements malheureux lui ont porté un grand coup. Des hommes jaloux de son prestige, confondant (qui confondaient) unité et uniformité de la France, ont essayé de la tuer. –**4.** Heureusement, peu à peu, grâce à Frédéric Mistral et au Félibrige, grâce à tous les Occitans de Bordeaux ou de Marseille, de Limoges ou de Toulouse qui reprennent conscience de leur personnalité véritable, notre langue resplendit à nouveau. –**5.** Vous avez donc appris à approfondir votre langue, mais votre travail n'est pas fini (achevé) : il vous faut reprendre l'*Occitan sans Peine* avec vos enfants, ils sont l'avenir de votre langue. Voyez comme c'est facile (aisé) : viens ici «Guillou».

6 — Diga-me, Guilhon, l'Occitan, qu'es aquò ?

7 — L'occitan, es la lenga del Miègjorn de la França, la lenga de l'Occitania.

8 — Perqué la parlas ?

9 — Perqué es ma lenga ; de mai, es bèla e plan celèbra.

10 — Ara diga-nos un poëma, Guilhon :

11 — L'ostal que soi nascut n'es pas riche ni paure.
Nòu i avèm espelit e nòu i podiam claure.
E i avèm pas patit mai que dins un castèl
Los potons l'aiga fresca e lo pan del cantèl.

Exercice en languedocien.

1 — Vos parlarai d'un bèl país
O mon país, Occitania
Vos parlarai d'un vièlh país
Paure país, qu'a tant patit.

2 — E ara son davant Besièrs
Que van cramar, cramar la glèisa,
E ara son davant Menèrba
Paura Menèrba vas sofrir,

3 — E ara son a Montsegur O Monsegur, vas morir.

4 — Vos ai parlat d'un grand país
O mon país, Occitania,
Vos ai parlat del meu país
País de Jòï, país d'Amor.

–**6.** Dis-moi «Guillou», l'Occitan, qu'est-ce que c'est ? –**7.** L'occitan, c'est la langue du «Midi» de la France, la langue de l'Occitanie. –**8.** Pourquoi la parles-tu ? –**9.** Parce que c'est ma langue; de plus, elle est belle et très célèbre. –**10.** Maintenant, dis-nous un poème «Guillou». –**11.** La maison où je suis né n'est ni riche ni pauvre. – Neuf, nous y avons éclos et neuf nous y pouvions contenir. – Et nous n'y avons pas souffert, plus que dans un château. –Du manque de baisers, d'eau fraîche et de pain de la miche.

1. Je vous parlerai d'un beau pays. –O mon pays, Occitanie. –je vous parlerai d'un vieux pays. –Pauvre Pays, qui a tant souffert. –**2.** Les voici devant Béziers (Et maintenant ils sont devant Béziers) (qu')ils vont brûler, brûler l'église – Les voici devant Minerve –Pauvre Minerve tu vas souffrir. –**3.** Les voici à Montségur, –O Monségur tu vas mourir. –**4.** Je vous ai parlé d'un grand pays. –O mon pays, Occitanie, –Je bous ai parlé de mon pays, –Pays de «Jòi», pays d'Amour.

LEIÇON 77

index grammatical

INDEX : PRONONCIATION (les numéros renvoient aux leçons)

a (final) 1 début
-bl- 6 n7
-cs 8 n1
dels : 1 phr. 5,6
doás : 5 n5
e : 2 début
f/h : 11 n6 (gaścon)
fa/fo : 2 phr. 5,8 «il fait»
fòrça : 5 n5
-g- : 4 n1 (rgt., etc.)
-ge : 10 n4
-gl- : 3 phr.4 (**kl**)
-iá
-iè-/-ièi- : 5 n4
-iái : 3 phr.3 (verbes)
-ion : 2 phr. 6
las : 2 phr. 8 (**lay**)
-lh- : 2 phr.2
-lh- : 11 n3 (**y**)
los : 2 phr. 7 (**louy**)
-m : 1 phr. 5,6
-n : 1 début, 7 n1
-nh- : 5 n1
o,ò : 1 et 2 début des notes
-o-/-ò- : 8 n3, 9 n6 (verbes)
-o-/-ò- : 7 n1
-on : 1 début
-on- : 9 n6, 43 n1
-orn- : 1 début
-r (final) . 2 début
-s- (final) : 1 phr. 6, 2 phr. 8
serà/-á : 2 phr. 4
-t : 8 n3 ; -tg- : 8 n7
tanben : 6 n5
Tarn : 13 n1
-tj- : 8 n7 fin
-ts (-tch) : 5 n4
-tz : 2 phr. 5,8
-uè-.-uò- : 33 n5
v (b/v) : 7 n1
ve- : 30 n5 (**bé-/bu-**)

INDEX : TEMPS DES VERBES

Désinences
1 phr. 5,6 (4ème pers.)
2 phr. 5,8 (5ème pers.)
3 phr. 1,5 (6ème pers.)
impératif : 11 n6 (1er groupe); 13 n7 (3ème groupe); 42(2, fin) 2ème groupe)
infinitif : 56(2) (emploi)
indicatif
présent : 7 n7
imparfait : 3 phr. 1,5; 9 n11; 63(2)
passé simple : 3 phr.4 (emploi); 14(3)
passé comp. : 3 phr. 4, 8 n1
passé surcomp. : 67 n1
futur : 8 n2
conditionnel : 25 n1 (présent); 50 n2 (passé)
subjonctif
présent : 12 n2 (1er groupe); 27 n4, 42 n1 (3ème groupe); 49(1) (tableau)
imparfait : 30 n3, 57 n4, 63 (1)
participe
présent : 41(3) (exercices gascons)
passé (accord) : 37 n1; (emploi) 55 n1

INDEX GRAMMATICAL

-a (aug, coll.) : 10 n6, 32 n3, 61 n11
accentuation : 10 n1
adjectif : 12 n5
adverbe/adj. : 50 n6
article (défini) : 1 phr. 5,6; 4 n4
(indéfini) : 6 n5, 54 n6
-cion, fr. -tion : 6 n2
comparatif (égal., inf.) : 9 n11, 34 n1
comparatif (sup.) : 10 n3

créations de mots : 20 n8
de/des (fr.) : 3 phr. 1,5
deux (trad.) : 5 n5
dont : 2 phr. 6, 11 n5
(fr.) en, (oc.) ne : 13 n6, 22 n1
féminin : 1 phr. 5,6 (adj.) ; 50 n6 (adv.)
heure (l') : 51 n1, 56
interrogation : 4 n1, 6 n1
me (tour oc.) : 4 n4
négation : 2 phr. 3
noms de rivières : 4 n4
on (trad.) : 2 phr. 7, 5 n3
ordinal : 3 phr. 4, 4 n1, 5 n1, 31 n13, 55 n1.
partitif : 3 phr. 1,5
perqué : 1 phr. 3,4
pluriel : 8 n1, 9 n3
possessif : 17 n2, 23 n5
pronom personnel comp. : 8 n2 (place); 12 n5; 22 n2 (li); 69 n1
pronom sujet : 1 phr. : 1,2
superlatif : 10 n6, 24 n1, 62 n4

SUFFIXES

valeurs générales : 8 n7
-ador/-edor : 37 n2
-aràs : 33 n2, 55 n4
-às : 9 n2 fin, 12 n6, 30 n4, 31 n12, 33 n2, 38 n7, 43 n3
-asson : 34 n4, 39 n5, 42(2), 43 n6, 49 (2)
-at : 23 n9, 49 (2)
-ejar : 22 n3, 50 n6
-eton : 12 n5
-iss-(verbes) : 61 n8
-on : 8 n7, 12 n7, 20 n6, 23 n11, 37 n2, 39 n4, 42 (2), 49(2), 61 n7, 67 n5
-onàs : 34 n4, 39 n4, 48 n2, 49 (2)
-ós : 10 n1 fin
-òt : 8 n7, 39 n4, 42(2)
-ús : 10 n1 fin

INDEX DES TERMES (ayant des variantes) MOTS DE CIVILISATION OU ETUDIES SPECIALEMENT

Abirmat : 57 n5
abut/agut : 43 n5
acantir(s') : 54 n5
aculhir : 18 n2
adieu : 2 phr. 1,8 n7
adieu-siatz : 37 n4
afar/afaire : 26 nl
agachar : 11 nl
agradar : 32 nl
aguèt/agèt : 15 n3
agut : 43 n5
aicí/aquí : 11 n3
aital : 6 n5
ajudar : 8 n7
ajustar : 55 nl
Ailà/alai : 8 n6
alhors : 34 n5
amai : 31 n4
amb (var.) : 2 phr.8
amèlla : 26 n3
-an/-on : 3 phr. 1 et 5 (fin. de verbes)
anariam : 12 n8
ant/ont(e) : 25 n3
antiquitat : 38 n7
(a)passionar : 17 n4
aquels : 6 n7
(es) aquò (que) : 22 n3
arbre : 25 n5
ardesa : 38 n3
arma/ama : 11 n6
assetar : 11 n6
aubèrga /-ja, otèl : 51 nl
aucèl : 23 n8
aur, òr : 47 n6
ausir, entendre : 32 n7
aut/naut : 15 n4,
autís/ utís : 29 n3
auvernhàs/-at : 66 nl

balaja (syn.) : 11 n5
balma : 13 n4
barri : 38 n2
basta/-te : 6 phr.6
batalha, batèsta : 40 n4
bèl : 55 n1
beutat : 6 n5
beure/béver : 18 n7
blau/blu : 55 n2
blòda : 25 n2
boès, bòsc : 11 n6, 37 n3
bogre : 30 n10
boire : 47 n8
bolegar : 66 n3
de bon ... : 10 n6
bòria, bòrda : 30 n1
borrèia : 66 n4
bòsc : cf. boès
brave : 12 n5
bufar/bofar : 31 n11

cabra/craba : 24 n5
cal, fau : 6 n1
caler, faler : 6 n1
caldrà, faudrà : 17 n5
calfar : 12 n6
caminada : 11 n6
campanal : 44 n2
canabièra : 53 n3
can(h), gos : 20 n2
cap, tèsta : 47 n7
carróbia : 33 n1
castanhada (syn.) : 12 n3
castèl/-èu : 53 n4

cauças, bragas : 45 n3
cav-/chivalièr : 17 n1
cerièr/cerièis : 11 n3
cerièira/-sa : 26 n5
chaval : 61 n10
chichomèia : 26 n5
chistre, blesta : 10 n4
cinne : 48 n3
-cion/-tion (fr.) : 6 n2
civilisation (mots de) : 42 fin
clapàs : 38 n4
cloquièr : 44 n2
cò «chez» : 54 n6
coconièr (a) : 61 n4
còire : 12 n4
colina (syn.) : 61 n1
comptador : 37 n2
conéisser : 3 phr. 2; 14 (passé simple)
contorn : 50 n1
convivéncia : 14 n1
còr/cur : 12 n6
correire : 36 n2
costat, ban : 11 n6
création de mots : 20 n8
-ct/-it- : 11 n4
cuèch/cuòch : 12 n3
cuèr : 27 n2
cuol : 12 n5
cusson 29 n7

daissar, laissar : 8 n3
dalha, fauç : 32 n6
dalhar, segar : 32 n6
darrièr/-èrs : 8 n5
davantal, faudal : 33 n1
de-, escapitar : 18 n6
(dec)ont : 54 n2

degun : 16 n2
degut : 17 n3
dejà/ja : 32 n5
dejunar : 54 n6
dempuèi : 5 n2
destruire : 40 n1
dever/deure : 40 n5
Diable : 47 n3
dieumercé : 62 n3
dire (per, a) : 45 n2,4
doás/dos : 5 n5
dobrir : 24 n5
doler : 69 n6
drech/dreit : 11 n4

èbri/ibronhe : 30 n4
(e)ch/-it : 11 n4, 12 n3
el (pronom) : 22 n2
emai/amai : 31 n4
èm/sèm/sièm : 9 n4
emplegar, -at : 50 n4
endacòm/enquicòm : 34 n5
en-/adevenir : 61 n2
ensajar : 31 n13
ensalada : 33 n8
entendèri/-diguèri : 32 n7
enviar/-oiar : 37 n1
es-(oc)/s-(fr.) : 20 n6
escagaròl : 64 n5
escagassar : 38 n5
escalièr(s) : 61 n10
esperar : 23 n9
estrifar : 41 n1
estam/-anh : 45 n6
estanh/-anc : 45 n6
-èstre/èsse : 3 phr. 1,5; 8 n5 (présent); 12 n7 ; 41 n2 (sub.)

fa «il fait» : 2 phr. 5,8
fach/fait : 8 n7
faguèri : 31 n9
faire/far : 10 n7, 27 n4 (subj.)
faler : 6 n1
fanton : 61 n8
farda : 32 n8
faudal : 33 n1
faudrà : 17 n5
femna : 16 n4
fogassa : 26 n7
foire, fòire : 60 n2
font/fònt : 36 n1
fòrça (syn.) : 37 n1
for-/fòrma : 61 n5
fraire : 54 n6
frigola : 39 n2
fruch(a) : 26 n6
fuòc : 11 n6
fustage, carpenta : 11 n1

gaire (syn.) : 15 n6
gaitar, (a)gachar : 11 n1
garar : 8 n3
garric, rove : 11 n1
gaucha, esquèrra : 13 n4
gausar/ausar : 9 n10
gelòs : 55 n4
-gu-/-squ- : 27 n4, 38 n1

heure (l') : 51 n1

i/ié (pronom) : 22 n2
i/ié (là) : 58 n1
-iái (pron.) : 3 phr: 3 (condit.)
idèa/idèia : 46 n1
-iè-/-ièi- : 5 n4
ièi : 11 n2, 18 n7
ièr : 19 n1
ieu/jo : 2 phr.3

-iss- (conj.) : 9 n11 fin
istòria/-oèra : 12 n8

ja/dejà : 32 n5
Jacme/jaume : 18 n2
jalós/gelós : 55 n4
jours (les) : 28
jove/joine : 15 n2
joveneta/chata : 15 n2
joventut : 30 n2
jurons : 64 n6

la de «celle de» : 15 n6
laissar/daissar : 8 n3
lusèrna : 32 n6
Lèira/Letge : 4 n4
lenha : 11 n6
lèu : 31 n3
libre : 41 n3
lièch/lièit : 11 n3
lisar : 11 n5
lo,la «mon, ma» : 57 n4
lo,zo (pronom) : 10 n2
luènh : 4 n3
luòc : 10 n4
lum, lutz : 9 n9

macarèl : 64 n6
mai, pus, plus : 6 n4
maison : 10 n1
mameta, menina : 26 n7
manjar, repais : 33 n8
maquina : 31 n5
mas/mai : 6 n3
maura : 47 n8
melhora/-ona : 43 n4
melhor, mieus : 61 n11
mensorga : 36 n6
mentre que : 12 n4

mercant/marchant : 61 n3
mesenga/besenga : 54 n4
metge/medecin : 39 n1
mièg : 55 n2
mila/-e : 15 n5, 19 n5
mois (les) : 42 (3)
monde : 20 n9
mostrar : 31 n2
mot : 20 n2
muòl/mul : 47 n1

-n- (de liaison) : 15 n5
nasquèt : 67 n2
naut/aut : 15 n4
ne : 13 n6
nis/nieu/niu : 54 n4
noguièr : 11 n2
nosaustres : 23 n8
nòstre : 54 n2
nuèch/nuèit : 11 n4, 14 (1)

oblidar : 23 n10
ola : 44 n1
olm : 29 n3
ongan : 9 n1
ont(e) : 25 n3
òrt (a) : 61 n11
ostal (syn.) : 10 n1

padena, sartan : 33 n4, 61 n10
paire/pèra : 12 n6
païs, patria : 61 n10
papeta, papi : 26 n6
paréisser : 18 n3 (part. passé)
parelh/-rui : 52 n2
parisenc : 32 n1
parladís : 32 n3
partir/partre : 61 n8
partèm/-issèm : 61 n8
pas pus lèu : 61 n1

pascada : 52 n1, 61 n6
passejar, promenar : 53 n1
patana, trufa : 33 n3
pel, pial : 29 n5
pels (per los) : 23 n5
perqué, per de qué : 6 n2, 13 n8
perpaus/prepaus : 24 n3
perpausi/pre- : 29 n1
perqué : 1 phr. 3,4, 13 n8
pescaire/-cador : 58 n2
picar, sonar : 44 n2
pichon/pichòt : 9 n7
plòure (inf., conj.) : 64 n1
pluèja : 48 n1
poder/porre : 12 n7, 27 n4 (subj.)
ponchut : 65 n2
ponde : 11 n1
poirai, -retz : 2 phr. 8
pontet/pontilh : 38 n6
pòr(re) : 54 n2
poscam/poguem : 38 n7
pr'amor : 31 n7
pré-indo-européen : 60 n4, 61 n1
prene/prendre
prepaus/perpaus : 24 n3, 29 n1
presicar/predicar . 67 n3
prima, printemps : 15 n2
puèi/puòi «puis» : 9 n8
puèg : 38 n1, 65 n1
pus, plus, mai : 6 n4
pus(sas) : 50 n6

qual/quant : 18 n5
qualque /-qua : 1 phr. 5,6
quand, quora : 18 n6
quant : 67 n4
que, qui : 15 n1
que «dont» : 2 phr. 6, 11 n5
que...i «où» : 29 n2
qué, de qué : 13 n5
que (gascon) : 34 n3
quèrre, cercar : 25 n3

rabinar : 33 n5
rafe/rabe : 64 n2
rapelar : 26 n7
rasar : 57 n2
re- (répétition) : 10 n6
rebalaire : 64 n3
recebre, recebut : 52 n2
recuècha : 47 n4
refusar/-dar : 40 n3
regulièrament : 2 phr. 8
rei : 31 n10
rejónher : 67 n6
remausar/-ir : 48 n4
renga/-ada : 23 n6
rengar, estremar : 11 n5
res/ren : 47 n3
resistir : 60 n1
ressar, serrar : 31 n5
retard, tardièr : 8 n4
revelhar : 46 n2
roergàs/-at : 10 n6
romieu (syn.) : 18 n2

saber/saupre : 8 n1 fin
sachèsse : 30 n5
Saint-Affrique : 33 n5, 57 n5
salsissòt/sau- : 23 n7
sang : 33 n8
sartre : 27 n1
se, si : 8 n4
se (rire) : 51 n2, 61 n9
segal/segle : 54 n3
sègle/siècle : 55 n1
seguir/sègre : 34 n2
segur : 9 n4
sèm/èm : 9 n4
semblar : 23 n2

sèrra, sèrre : 61 n1
setador, sèti : 61 n9
siá, siague : 41 n2
siaguèri/fog- : 47 n8
sieton : 33 n7
soi «je suis» : 8 n5
solelh/-lèu : 2 phr. n2
sopar, dinar : 54 n6
sòr(re)/sur : 36 n6
sosténer/-tenir : 11 n1
surnoms collectifs : 57 n5
tanben/a- : 54 n6
tanlèu : 61 n1
taular, abocar : 13 n7
taur(e) : 45 n5
téner/tenir : 11 n1, 44 n3
terré (òu) : 66 n2
tèsta, cap : 47 n7
teula, -le : 10 n6
tor(re) : 60 n3
tornar, virar : 13 n2
toston (syn.) : 32 n4
traduire : 46 n2
trapar, trobar : 8 n5
tresaur, tresòr : 6 n7
trobar (présent) : 8 n3
trocha/troita : 64 n4
trolhar, -adís : 67 n1
tròp(a) 50 n6
truèja : 30 n8
truèlh : 67 n1
a tu «toi-même» : 57 n3

-uè-/-uò- : 33 n5
uèi : 5 n1
uèlh : 19 n6
uòu : 20 n7
urós : 18 n4

vaisselièr (syn.) : 11 n2

vaquí, veicí, vaj'aquí : 11 n3, 44 n2
vaustres/vosaustres : 31 n1
vegèt : 67 n2
veire/véser : 9 n8
vencre : 58 n3
vergonha/-gonja : 57 n1
vèrm : 26 n6
vernhe, -nhàs : 29 n6
visca, viva : 54 n3
voldriái (pron.) : 3 phr. 3
vojar : 23 n3

VARIANTES DIALECTALES

PROVENCAL

al/au, 11, 13
ague/aja, 52
aquestei/aquestas, 48
aucèus/aucèls, 45
bèn/plan, 51
bèu/bèl, 43
bòn/bon, 10

canta bèn/canta plan, 47
chivau ou cavau/chaval, 45
còntan, contan, 46
conegut/conoissut, 46

dau/del, 10
d'autrei/d'autras, 50

elei/eles, 48
essenciau/-cial, 51
eu/ei, 43

fai/fa, 11
fau/cal, cau, 9

lei(s)/la(s), 9,10
mai/mas, 11
mau/mal, 46
maugrat/malgrat, 52
meis/mos, 8
mèmbres/membres, 44

nòstrei/nòstres, 9
Nadau/Novè/Nadal, 46

Occitània, 8
ostau/-al, 10,
oblidessiatz/ -èssetz, 51
ponde/postam, 11
pron/pro, 53
plus ges /pas res pus, 54
quauquei/qualques, 51
quauqua rèn/quicòm, 51
recaufarà/cal-, 12
redonas, ṙedondas, 48
rage/raja, 52
saup/sap, 43
seis/lors, 44, 55
sensa/sens, 46
siam/sèm, 45

siau/soi, 8
sias, ès, 50
sigan/siân, 10
sigue/-siá, 10
solèu/solelh, 50
tanbèn/-ben, 8
totei/totes, 12
tèmps/temps, 44
vau/val, 45
Vauràs/Valràs, 50
vòu/vòl, 53

GASCON

aidèn, ajudèron, 40
angoc/anguèt, 76
aquera/-ela, 18
aqueth/-el, 18
arden, craman, 60
arr-/r-, 37

arren/res/ren, 41
arriu(s)/riu(s), 37
au/al, 36
aurén/aurián, 62
atau/atal, 40
aus/als, 18
aute/autre, 17
autes/autres, 19
avè(n)/auriá(n), 19
aveva/aviá, 76
avoc/aguèt, 41

bèras/bèlas, 20
bèth/bèl, 20
boha/bofa, 20

calè/caliá, 62
capèth, 20
carrèra(s)/-ièras, 58
castèth(s)/-èl(s) sota, jos, 50
cau/cal, 36
com/coma, 16
comencèn/-èron, 40
coneish/coneis, 60
coneishença/coneissença, 36
còssos, 40
craba/cabra, 39

dab/amb, 16
deguens, dedins, 58
dens/dins, 16
desbrembam/(d)oblidam, 37
desbremberén/-arián, 62
deus/dels, 19
devarar/davalar, 36
devaravan/davalavan, 76
devè/deviá, 58
devèn/devián, 19
dierbèva/dobrissiá, 76
disparescoc/-esquèt, 76
díser/dire, 16
disèvan/lang. disián, 40
dromir/dormir, 18

dus/dos, 57

-è/-iá (imp.), 17
-èc/ -èt (verbes) p. simp., 36
-ei/ai, 17
ei/es, 16
èm/sèm, 37
en çò de/en cò de, 36
ende/per, 20
enqüèra/encara, 58
entà/per, 18
entau/pel, 57
-èr/-ièr, 19, 59, 61
escrivón/gnèron, 15
eslamas, flambas, 60
espandiscón/-diguèron, 15
estar, èstre, 58
èste/èstre, 17
estoc/foguèt, 15
estón/foguèron, 40
estosse/foguèsse, 17
estrea/estrena, 57
-et/-eit/-ech, 57
-eth/-èl, 17
eth/el, 76
eth-medish, lang. el-meteis, 39
eths/eles, 19
ètz, sètz, 36
èva/iá (imp.), 20

frèbe, fèbre, 39

h-/f-, 36 57, 59
hè/fa(i), 57
hèit/fait, 20
hemnòta, 57
hèr/far, 59
hèra, fòrça, 40
hisança/fisança, 76
hitge/fetge, 61
hont/fond, 36
hred/fred, 20

huec/fuòc, 57
hug (fugís), 62

la loa/lor, 19
lancèn, escampèron, 59
!enhèr(s) - ièr(s), 59
lonh/luònh/luenh, 20. 62

mair/maire, 76
mauagit(s)/maladrech(es), 57
mauhisar/mesfisar, 76
mei/mai, 40, 57, 62
miei/mièg, 37
miélhor/me-, 59
miéijorn, miègjorn, 10
Montpelhèr,/-elhièr, 19
muishan, mòstran, 37

nat, brica, cap, 36

parlèc/-èt, 36
participe présent, 41
pastor/pastre, 37
péu/pel, 57
pisha, raja, 36
pòc/pauc, 57
podèn/podián, 41
podèn/podon, 57
podeva/-diá
pompilhs, botelhs, 36
potet/poton, 57
prumèr/primièr, 57
puei/puèg, 38

quan/quand, 20
quauques/qualques, 41,58
que (énon.), 15

-r- (place dans un mot) 39
-r-/-l-, 18,36
receboc/receupèt, 41
refugièn, refugiguèron, 41

renderén, rendrian, 40
rueinas/roinas, 38
-sh-/-ss- ,36
soa/siá, 36
sons, lors, 41
sortiscoc/-tiguèt, 76
suenhar/sonhar, 39

-t-/-tr-, 37
-th/-l, 17
ta/per, 40
talhan, copan, 57
teule/-lada, 38
tostemps/-jorn, 36
trobèc/-èt, 36
tropèth/-èl, 37
trufandèr/-dièr, 61
-u-/-l-, 17
ua/una, 17, 62
(que)'u/li, 39
us/los, 40

vaishèth, vaissèl, 62

varat/valat, 36
vath/val, 76
vau/va(i), 62
vengoc/-guèt, 76
vengon - guèron, 59
venguèvan/venián, 60, 62
véser/veire, 18
viéner/venir, 17
víver, viure, 41
vivèn/vivián, 59
vita/vida, 17
voi/vòli, 20
volèn/volián, 15
vòlen/vòlon, 57
voleva/voliá, 76
vòu/vòl, 39

LIMOUSIN

agut, 34
-atge, (pron.), 33
-an (6ème pers. présent), 23
an (6ème pers. futur), 34
-au/al, 23
aurá/ara, 22

b'etot, tanben, 31
beu, bèl, 29
beaucòp, fòrça, 32
bien, ben, 32
bois, 29
botar, cargar, 32
busha, bròca, 26

-ch-, 22
chadiera/cadièra, 33
champs/camps, 32
chançon/cançon, 24
chantar/cantar, 23
chaptar, crompar, 26
chas, en cò de, 31
chasque/chada/cada, 22
chauchar, caucar, 32
chaulhar, tacar, 32
codiera (syn:), 32
consonnes finales, 22
cueire/còire, 26

dau, de, 23
daus chapeus/de càpels, 32
deve/devi, 27

-en (6e pers. présent)/ -on, 30
enquera/encara, 22
èstre, estar, 22
eu/el, 25

fau, cau/cal, 22
faudrá, caldrà, 26
frueja/fròja, buta, 29
fuguèt/foguèt, 24

gerbas/garbas, 32
gobeletada, veirat, 30
grun/gran, 32

-ja-/-ga-, 26
jarric/garric, 29
Jesus/jèşus, 34
Joanton, Joanon, 30
jòuna/joina, 26

maison, ostal, 27
manaucha/semal, 23
meiana/mejana, 24
meschaent/missant, 25
mestivar, segar, 32
mieijorn/miegjorn, 22
minjar/manjar, 26
mocar(se), 22
mueble/mòble, 29

-n (pron.), 23
nogier/noguièr, 29
nuòu, nòu, 25

obludar/oblidar, 26
oblude/oblide, 34
ofren/ofrisson, 30
ovelha, feda, 33

pair/paire, 23
pepet/pateta, 26
pintar/espintar, 29
planchas, plancas, 31
platussa, lengassa, 33
pleu/plòu, 22
poder/puesser, 32
podon/-dador, 32
prejan/pregan, 34

prejar/pregar, 34
prenham/prengam, 27
puescham/poscam, 27
puesche/pòsca, 27

quauquaren, quicòm, 27
queu/aquel, 34
quò/aquò, 23

-rá/-rà (futur), 25
recercha/recèrca, 31
regretará/-rà, 25
ren/res, 31

sierv/servís, 32
sierven/-visson, 23
sierves/-visses, 32
sietar/assetar, 33

un, òm, 32

-v-, 22
vacha/vaca, 33
veiquí, (v) aquí, 25
vendenhaire, 23
venen/-non, 34
Vierja/Verge, 34
vòlen/vòlon, 30
vòles/vòls, 27

AUVERGNAT

aquel que, lo que, 66
ascha, pigassa, 67
-aud-/-ald-, 64

belhista(s), beluga(s), 67
ben, plan, 68
blauda/blòda, 69
brajas/bragas, 67

cha-/ca-, 64
cachar, 67
chant/cant, 66
chantan/cantan, 66
chançoneta/sansonha, 68
chastanha(s)/cas-, 67
chau/cal, 65
chaudriá/caldriá, 64
clapa(s), ascla(s), 67

dessota, dejós, 68
despelonar, 67
dreit(a), drech(a), 66
duerm/dormís, 68
duermen (subj. prés.) 68

fa, fait, 66

gente, polit, 65
i a mas/ i a pas, 64
-ja-/-ga-, 67
Joantòt, Joanon, 68

papeir/papièr, 67
part. présent, 69 cf. 41(3)
Provençau(s)/-çal(s), 66
puei/puèg, 65

reverta, rapèla, 65

-u-/-l-, 65

appendice grammatical

CONJUGAISONS
(Languedocien)

Première conjugaison : PARLAR «parler»

INDICATIF

Présent : **parli/-e, -as, -a, -am, -atz, -an.**

Imparfait : **parlavi/-e, -es/-as** (toul., alb., bit.), **-a, -em/-iam** (ag., cév., loz.), **-etz/-iatz** (ag., cév., loz.), **-an** (pron. **-on/-ou(n)**).

Passé simple : **parlèri/-e, -ères, -èt/-èc** (toul.), **-èrem/-èriam** (ag., cév.), **-èretz/-èriatz** (ag., cév.), **-èron** ;
autres var. : **parlèvi** (toul.), **parlègui** (fux., pyr.), 4ème et 5ème pers. **parlèssiam, -èssiatz** (loz.).

Futur : **parlarai** (pron. **-ay, -èy, -è**), **-às, -à/-á** (carc., cév., rgt., loz.), **-em, -etz, -an/-àn** (pron. **-an** ou **-òou**).

Conditionnel : **parlariá(i), -iás, -iá, -iam, -iatz, -ián** (pron. **-yon/-yòou**) ;
le vocalisme de la cons. finale est pron. **-yè** à toutes les personnes (montp., et cév.).

SUBJONCTIF

Présent : **parle, -es, -e, -em, -etz, -en/-on (pron. -ou(n)).**

Imparfait : **parlèsse/-i -èsses, -èsse/-ès, -èssem/-iam (cév., loz.), -èssetz/-iatz (cév., loz.), -èssen/-èsson.**

IMPERATIF

Parla, parlem, parlatz ; parles pas, parlem pas, parletz pas.

PARTICIPES

Présent : **parlant** (pron. parfois **parlén**).

Passé : **parlat.**

Deuxième conjugaison : FINIR

INDICATIF

Présent : **finissi/-e, -isses, -ís, -issèm, -issètz, -isson.**

Imparfait : **finissiá(i), -issiás, -issiá, -issiam (pron. -yan/-yon/-yèn), -issiatz (pron. -yan/-yon/-yèn), -ián (pron. -yon/-yèn/yòou).**

Passé simple : **finiguèri/-e, -ères, -èt, -èrem/-iam, -èretz/-iatz, èron ;**
var. **finisquèri ; finisquèvi** (toul.).

Futur : **finirai, -às, -à/-á, -em, -etz, -an ;**
pour **-á**, cf. 1er groupe **parlará.**

Conditionnel : **finiriái, -iás, -iá, -iam, -iatz, -ián** (pron. -yon/-yòou).

SUBJONCTIF

Présent : **finiga/-isca** (pron. -a, -o, -é), **-as, -a, -am, -atz, -an.**

Imparfait : **finiguèsse/-i, -èsses, -èsse/ès, -èssem/-iam, èssetz/-iatz, -èssen/-on.**

IMPERATIF

Finís, finigam/-iscam, finissètz ; finigas/-iscas pas, /-am pas, /-atz pas.

PARTICIPES

Présent : **finissent ;** formes analogiques : **finiguent/-isquent /-irent.**

Passé : **finit.**

Troisième conjugaison : BATRE

INDICATIF

Présent : **bati/-e, -es, bat, -èm, -ètz, -on** (pron. **-ou(n), -én** (toul., fux.).

Imparfait : **batiái, -iás, -iá, -iam, -iatz, -ián** (pron. -yon, -yén, -yòou).

Passé simple : **batèri/-ègui** (toul., fux.) **/-eguère** (nord et est), **-ères/-ègues/-eguères, -èt/-èc /-èt, -èrem/-èguem/-eguèrem, -èretz/-èguetz /-eguèretz, -èron/-èguen/-eguèron.**

Futur : **batrai, -às, -à/-á, -em, etz, -an** (pron. **-an** ou òou) ; pour **-á**, cf. **parlará.**

Conditionnel : **batriá(i), -iás, -iá, -iam, -iatz, -ián** (pron. -yon, -yén, -yòou).

SUBJONCTIF

Présent : **bata, -as, -a, -am, -atz, -an** (le **-a-** de la syllabe finale est pron. **-o-** ou **-é-**).

Imparfait : **batèsse/-i,** var. **bateguèsse/-i, -èsses, -èsse/-ès, -èssem/-iam, -èssetz/-iatz, -èssen/ -on.**

IMPERATIF

Bat/bati, batam, batètz ; batas pas, batam pas, batatz pas.

PARTICIPES

Présent : batent.

Passé : batut.

CONJUGAISONS
(Provençal)

Première conjugaison : PARLAR

INDICATIF

Présent : parl-i/e,o - parl-as/es - parl - a - parl-am/-em - parl-atz/-etz - parl-an/-on.

Imparfait : parl-avi/e,o - parl-aves - parl-ava - parl-aviam/-avam - parl-aviatz/-avatz, parl-avan (avon).

Passé simple : parl-èri/e,o - parl-ères - parl-èt - parl-eriam - parl-eriatz - parl-èron.

Futur : parl-arai - parl - aràs - parl-arà - parl-arem - parl-aretz - parl-aran

Conditionnel : **parlariáu - parl-ariás - parl-ariá - parl-ariam - parl-ariatz - parl-arián.**

SUBJONCTIF

Présent : **parl-e/i,o - parl-es - parl-e - parl-em - parl-etz - parl-en.**

Imparfait : **parl-èsse/i,o - parl-èsses - parl-èsse - parl-essiam - parl-essiatz - parl-èsson.**

IMPERATIF

Parl-a - parl-em - parl-atz.

PARTICIPE PRESENT

Parlant/-ent.

PARTICIPE PASSE

Parlat, -ada ; parlats -adas.

Deuxième conjugaison : FINIR - PARTIR

INDICATIF

Présent : fin-issi/e,o - fin-isses - fin-ís/-isse - fin-issèm - fin-issètz - fin-isson ;
part-i/e,o - part-es - part/-e - part-èm - part-ètz - part-on.

Imparfait : fin-issiá, iás, -iá, -iam, -iatz, -ián ;
part-iá, -iás, -iá, -iam, -iatz, -ián.

Futur : fin-irai, -iràs, etc ... (comme parlarai, -aràs, etc ...) ;
part-irai, -iras, etc... comme parlarai, -aràs, etc ...).

Passé simple : fini-guèri, fini-guères, fini-guèt, fini-gueriam, fini-gueriatz, fini-guèron ;
part-èri, -ères, -èt, -eriam, -eriatz, -èron.

SUBJONCTIF

Présent : finissi, -issas, -issa, -issam, -issatz, -èssen ;
parte, -as, -a, -am, -atz, -an.

Imparfait : finissèsse, -èsses, -èsse, -èssem, -èssetz, -èssen ;
partèssi, -èsses, -èsse, -èssem, -èssetz, -èssen.

IMPERATIF

Finís, finissem, finissètz.
Part, partem, partètz.

PARTICIPE

Présent : **finissent ;**
partent.

Passé : **finit, -ida ; finits, -idas ;**
partit, -ida ; partits, -idas.

Troisième conjugaison : BATRE

INDICATIF

*Présent : b***at-i/e,o - bat-es - bat-/e, batèm, batètz, bat-on.**

Imparfait : **bat-iáu, bat-iás, bat-iá, bat-iam, bat-iatz, bat-ián.**

Passé simple : **bat-èri, bat-ères, bat-èt, bat-eriam, bat-eriatz, bat-èron.**

Futur : **bat-rai, bat-ràs, bat-rà, bat-rem, bat-retz, bat-ràn/-ran.**

Conditionnel : **bat-riáu, bat-riás/-iàs, bat-riá/-ià, bat-riam, bat-riatz, bat-rián/-ian.**

SUBJONCTIF

Présent : bat-a/e,i,o, bat-as, bat-a, bat-am/em, bat-atz/-etz, bat-an.

Imparfait : bat-èsse/i,o, bat-èsses, bat-èsse, bat-essiam, bat-essiatz, bat-èsson.

IMPERATIF

Bat/-e, bat-am/-em, bat-ètz.

PARTICIPE

Présent : batent.

Passé : batut, -uda ; batuts, -udas.

CONJUGAISONS
(Gascon)

Première conjugaison : PARLAR

INDICATIF

Présent : **parli - parlas - parla - parlam - parlatz - parlan.**

Imparfait : **parlavi - parlavas - parlava - parlàvam - parlàvatz - parlavan.**

Passé simple : **parlèi - parlès - parlèc - parlèm - parlètz - parlèm.**

Futur : **parlarèi - parlaràs - parlarà - parlaram - parlaratz - parlaràn ; (variante majoritaire : parlerèi - parleràs - etc ...).**

Conditionnel : **parlarí - parlarés - parlaré - parlarem - parlaretz - parlarén ; (variante majoritaire) : parleri, parlerés, etc ...).**

SUBJONCTIF

Présent : **parle, parles - parle - parlem - parletz - parlen.**

Imparfait : **parlèssi - parlèsses - parlèsse - parlèssem - parlèssetz - parlèssen.**

IMPERATIF

Impératif positif : **parlas - parlem - parlatz.**

Impératif négatif : **parles pas - parlem pas - parletz pas.**

PARTICIPE PASSE

Parlat - ada ; parlats, -adas.

GERONDIF

En parlar - en tot parlar.

Troisième conjugaison : BASTIR

INDICATIF

Présent : **basteishi - basteishes - basteish - basteishem - basteishetz - basteishen.**

Imparfait : **basteishèvi - basteishèvas - basteishèva - basteishèvam - basteishèvatz - basteishèvan.**

Passé simple : **bastiscoi - bastiscós - bastiscoc - bastiscom - bastiscotz - bastiscón.**

Futur : **bastirèi - bastiràs - bastirà - bastiram - bastiratz - bastiràn.**

Conditionnel : **bastirí - bastirés - bastiré - bastirem - bastiretz - bastirén.**

SUBJONCTIF

Présent : basteisha - basteishas - basteisha - basteisham - basteishatz - basteishan.

Imparfait : basteishossi - basteishosses basteishosse - basteishóssem - basteishóssetz - basteishossen.

Impératif positif : basteish - basteishem - basteishetz.

Impératif négatif : basteishas pas - basteisham pas - basteishatz pas.

PARTICIPE PASSE

Bastit, -ida ; bastits, -idas.

GERONDIF

En bastir - en tot bastir.

CONJUGAISONS
(Gascon)

seconde conjugaison : BÀTER

INDICATIF

Présent : bati - bates - bat - batem - batetz - baten.

Imparfait : batèvi - batèvas - batèva - batèvam - batèvatz - batèvan.

Passé simple : batoi - batós - batoc - batom - batotz - batón.

Futur : baterèi - bateràs - baterà - bateram - bateratz - bateràn.

Conditionnel : baterí - baterés - bateré - baterem - bateretz - baterén.

SUBJONCTIF

Présent : bata - batas - bata - batam - batatz - batan.

Imparfait : batossi - batosses - batosse - batóssem - batóssetz - batossen.

IMPERATIF

Impératif positif : **bat - batem - batetz.**

Impératif négatif : **batas pas - batam pas - batatz pas.**

PARTICIPE PASSE

Batut, -uda ; batuts, -udas.

GERONDIF

En bàter - en tot bàter.

CONJUGAISONS
(Limousin)

Prononciation : -as, (-a) ; -a (-o) ; -es (-èy) ; -etz (-èy) ; infinitif : -er(èy), -er (-è)

INDICATIF

'résent : **parl-e, parl-as, parl-a, parl-am/-em, parl-atz/-etz (-èy), parl-an/-en..**

Imp: parl-ava/-ve, parl-avas, parl-ava, parl-àvam/-àvem, parl-àvatz/àvetz, parl-avan/-aven.

Passé simple : parl-ei/-í, parl-eres/-eras, parl-et, parl-èrem/-èram, parl-èretz/èratz, parl-eren/-eran/-eron.

Futur : parla-rai, parla-ràs, parla-rà, parla-rem/-ram, parla-retz, parla-ràn.

Conditionnel : parl-ariá, parl-ariàs, parl-ariá, parl-ariam, parl-ariatz, parl-arián.

SUBJONCTIF

Présent : parl-e, parl-es/-as, parl-e, parl-em (-am), parl-etz/-atz, parl-en/-an.

Imparfait : parl-esse/-essa/-es, parl-esses/-essas (-á), parl-esse/-essa/-és, parl-èssem/-èssam (ou -em/-am), parl-èssetz/-èssatz (-etz/-atz), parl-essen/-essan.

IMPERATIF

Impératif positif : parla, parl-am/-em, parl-atz/-etz.

Impératif négatif : parlas pas, parlam pas, parlatz pas.

PARTICIPE PASSE

Parlat, -ada ; parlats, -adas.

PARTICIPE PRESENT

Parlant.

FINIR - PARTIR

INDICATIF

*Présent : fin-*isse - fin-isses, -fin-ís, fin-issem, fin-issetz, fin-issen ;
part-e, part-es, part, part-em, part-etz, part-en.

Imparfait : fin-issiá, fin-issiàs, fin-issiá, fin-issiam, fin-issiatz, fin-issián ;
part-iá, part-iàs, part-iá, part-iam, part-iatz, part-ián ;
(rem. : localement, accentuation : finíssia, pàrtia, ...).

Futur : fin-irai, fin-iràs, fin-irá, fin-irem/-iram, fin-iretz, fin-irán ;
part-irai, part-iras, part-irá, part-irem/-iram, part-iretz, part-irán.

Passé simple (commun) : fin-í, fin-iras/ires, fin-it, fin-íram/írem, fin-íratz/iretz, fin-íran/íren;
part-ı́, part-iras/ires, part-it, part-íram/írem, part-ıratz/íretz, part-iran/iren.

Autre passé simple commun : fin-iguei/iguí, fin-igueres/-igueras (à) fin-iguet, fin-iguèrem/iguèram, fin-iguèretz/iguèratz, fin-iguèren/iguèran ;
part-iguei/iguí, part-igueres/igueras [à] part-iguet, part-iguèrem/iguèram, part-iguèretz/iguèratz, part-igueren/igueran.

Autre passé simple inchoatif : fin-issei/issí, fin-isseres/isseras, fin-isset, fin-issèrem/issèram, fin-issèretz/issèratz, fin-isseren/isseran.

Conditionnel (commun) : fin-iriá, fin-iriàs, fin-iriá, fin-iriam, fin-iriatz, fin-irián ;
part-iriá, part-iriàs, part-iriá, part-iriam, part-iriatz, part-irián.

SUBJONCTIF

Présent : fin-issa (isse), fin-issas (isses), fin-issa (isse), fin-issam (issiam), fin-issatz (issiatz), fin-issan (issen) ;
part-a(e), part-as(es), part-a(e), part-am(iam), part-atz(iatz), part-an(en).

Imparfait : fin-ís (issa), fin-issas, fin-ís (issa), fin-issam (issiam), fin-issatz (issiatz), fin-issan ;
part-esse/essa/és [é, éy], part-esses/essas, part-esse/essa/és [é, éy] part-èssem/èssam, part-èssetz/èssatz, part-èssen/èssan.

Autre imparfait : fin-iguesse/iguessa/igués, fin-iguesses/iguessas ; fin-iguesse/iguessa/igués, fin-iguèssem/iguèssam, fin-iguèssetz/iguèssatz, fin-iguessen/iguessan.

Autre forme inchoative : fin-issesse/-issessa/-issés, etc ...

IMPERATIF (positif)

Fin-ís, fin-issam/issem, fin-issetz/issatz.
Part-ís, part-am/em, part-etz/atz.

PARTICIPE

Présent : fin-issent, part-ent.

Passé : finit, -ida ; finits, -idas ; partit, -ida, partits, -idas.

BATRE

INDICATIF

Présent : bat-e, bat-es [-ey], bat, bat-em, bat-etz [-ey], bat-en.

Imparfait : bat-iá [yò] bat-iàs [-à], bat-iá [yò] bat-iam, bat-iatz [-à] bat-ián [òn]

Passé simple : bat-ei/-í, bat-eres/-eras, bat-et, bat-èrem/-èram, bat-èretz/-èratz, bat-èren/ -èran.

Futur ; bat-rai, bat-ràs [a] bat-rá [ò], bat-rem/ -am, bat-retz [èy], bat-rán [òn].

Conditionnel : bat-riá, bat-riàs, bat-riá, bat-riam, bat-riatz, bat-rián.

SUBJONCTIF

Présent : bat-a/-e, bat-as (-es), bat-a/-e, bat-am, bat-atz (-etz), bat-an.

Imparfait : bat-esse/-essa/-és, bat-esses/-essas, bat-esse/-essa/-és, bat-èssem/-èssam, bat-èssetz/-èssatz, bát-essen/-essan.

IMPERATIF

Impératif positif : bat, bat-am/-em, bat-etz/-atz.

PARTICIPE

Passé : batut, -uda ; batuts, -udas.

Présent : batent.

PARLAR

INDICATIF

Présent : parle/i, -as, -a, -am, -atz, -an.

Imparfait : parlave, -avas, -ava, -iam, -iatz, -avan.

Passé simple : parlere, -eres, -et, -em, -etz, -eron.

Futur : parlarai, -as, -a, -em, -etz, -an.

Plus que parfait : aviá, aviás, aviá, aviam, aviatz, avian, parlat.

CONDITIONNEL

Présent : parlariá, -iás, -iá, -iam, -iatz, -ian.

Passé : auriá, -iás, -iá,-iam, iatz, -ian, parlat.

SUBJONCTIF

Présent : parle, -es, -e, -em, -etz, -en.

Imparfait : parlesse, -esses, -esse, -essem, -essetz, -essen ;
var. aje, ajes, aja, ajem, ajatz, ajon
ague, agues, aga, aguem, aguetz, aguen, parlat «que j'aie parlé».
aguesse, -esses, -esse, -essiam, -essiatz, -esson, parlat «que j'eus parlé».

IMPERATIF

Parla, parlam, parlatz ; parles pas, parlem pas, parletz pas.

PARTIR

INDICATIF

Présent : **parte, -es, -e, -em, -etz, -on.**

Imparfait : **partiá, -iás, -iá, -iam, -iatz, -ian.**

Passé simple : **partiguere, -igueres, -iguet, -iguem, -iguetz, -igueron.**

Futur : **partirai, -as, -á, -em, -etz, -an.**

Passé composé : **soi/soei/sei/som, ès/sias, es, sem, setz, son partit.**

CONDITIONNEL

Présent : **partiriá, -iás, -iá, -iam, -iatz, -ian.**

Passé : **seriá, -iás, -iá, -iam, -iatz, -ian, partit.**

SUBJONCTIF

Présent : **parte, -es, -te, -em, -etz, -en.**

Imparfait : partiguesse, -guesses, -guesse, -issiam, -issiatz, -essen.

IMPERATIF

Part, partem, partetz ; partes pas, partem pas, partetz pas.

TEMPS SUR-COMPOSES

Soi agut partit, serai agut partit, siague agut partit.

NOTE

Certains verbes comme FLORIR se conjuguent avec le suf. *-iss-*.

florisse, -isses, -ís, -issem, -issetz, -isson (présent) ;

florissiá, -issiás, -issiá, -issiam, -issiatz, -issian (imparfait).

BATRE

INDICATIF

Présent : bate, -es, bat, -em, -etz, -on.

Imparfait : batiá, -iás, -iá, -iam, -iatz, -ian.

Passé simple : bateguere, -eres, -et, -eguem, -eguetz, -egueron.

Futur : batrai, -as, -á, -em, -etz, -an.

Plus que parfait : aviá, aviás, aviá, aviam, aviatz, avian batut.

CONDITIONNEL

Présent : batriá, -iás, -iá, -iam, -iatz, -ian.

Passé : auriá, auriás, auriá, auriam, auriatz, aurian batut.

SUBJONCTIF

Présent : bate, -es, -te, -em, -etz, -en.

Imparfait : batesse, -esses, -esse, -essiam, -essiatz, -essen.
Viure : (que) visque ; (que) visquesse.

IMPERATIF

Bat, batem, batetz ; bates pas, batem pas, batetz pas.

NOTES PERSONNELLES

NOTES PERSONNELLES

NOTES PERSONNELLES

NOTES PERSONNELLES

NOTES PERSONNELLES

NOTES PERSONNELLES

Aubin Imprimeur
LIGUGÉ, POITIERS

Achevé d'imprimer en juin 1997
N° d'édition, 1358. — N° d'impression, L 54081
Dépôt légal, juin 1997

Imprimé en France